Fischer Kolleg Abiturwissen

ist ein Übungs- und Nachschlagewerk für Schüler, die die Oberstufe des Gymnasiums oder vergleichbarer Schulen besuchen, und hat sich über Jahrzehnte als Standardwerk einen Namen gemacht. Es ist außerdem als Repetitorium für Studenten der Anfangssemester geeignet.

Die vorliegende Neuausgabe wurde umfassend überarbeitet und aktualisiert, einzelne Bände wurden neu konzipiert. Die Einführung von thematischen Übersichten und Merksätzen sowie eine neue Typografie und zahlreiche Abbildungen machen das Fischer Kolleg Abiturwissen besonders benutzerfreundlich.

Fischer Kolleg Abiturwissen

besteht aus folgenden elf Bänden:

Biologie
Chemie
Deutsch
Englisch
Geografie
Geschichte
Latein/Französisch
Mathematik
Physik
Sozialkunde
Wirtschaft/Recht

Fischer Kolleg Abiturwissen

Latein Französisch

Herausgegeben von
Karl Dickopf

Fischer Taschenbuch Verlag

Herausgeber: Dr. Karl Dickopf
Autoren: Edgar Höricht, Jürgen Pilottek,
Dr. Richard Willer (Latein); Dr. Karl Dickopf,
Jürgen Pilottek, Klaus Sturm, Eleonore Weber
(Französisch)
Konzeption und Redaktion
der Neuausgabe 2002:
Peter Lengle und Michaela Mohr
Fachredaktion: Jürgen Pilottek
Grafiken: imprint, Zusmarshausen

Überarbeitete Neuausgabe
Veröffentlicht im Fischer Taschenbuch Verlag,
ein Unternehmen der S. Fischer Verlag GmbH
Frankfurt am Main, November 2004

Satz: imprint, Zusmarshausen
Druck und Bindung: Clausen & Bosse, Leck
Printed in Germany
ISBN 3-596-15607-6
ISBN 3-596-16600-4 (Kassette)

Vorwort zur Neuausgabe 2002

Die vorliegende Ausgabe des Abiturwissens ist der Tradition und den Neuerungen verpflichtet. Ein Wort des Respekts richtet sich an die Erstautoren der Reihe, denen es gelungen ist, in vielen Beiträgen bleibende Bildungsinhalte zu formulieren, die auch Wandlungen der pädagogischen Vorstellungen durch ihre präzise und ansprechende Vermittlung von komplexen Zusammenhängen überdauert haben. Was sich beinahe 30 Jahre bewährt hat, erscheint nun in einem neuen Gewand, das sich an der heute üblichen Aufbereitung von Inhalten orientiert.

Der Wert des Werkes liegt in der Fortführung der bekannten Qualitäten und in einer vorsichtigen Aktualisierung des Lernstoffes, die konsequent weiter geführt wird. Im Mittelpunkt der Reihe steht eine Zusammenschau über das im Abitur vorausgesetzte Wissen, eine Schnittmenge der Lehrpläne der jeweiligen Bundesländer, die in ihrer Differenziertheit schwer zu durchschauen sind. Solides Basiswissen – in den einzelnen Bänden der Reihe vermittelt – ist die Grundlage des in allen Prüfungen geforderten fächerübergreifenden Zusammenhangs, der auch für ein Fachstudium oder für eine qualifizierte Berufsausbildung eine unabdingbare Voraussetzung darstellt.

Die folgenden Hinweise sollen den Lesern eine schnelle Orientierung und einen hohen Lernerfolg gewährleisten.

Gliederungselemente

Jedes Kapitel wird durch eine knappe Zusammenfassung des folgenden Beitrags eingeleitet. Visualisierung der wichtigsten Sachverhalte in Überblicken, Zusammenfassungen und Merksätzen in Form einer Schnellleseebene.

Verweisstrukturen

Es gibt Hinweise auf → Stichworte, die im Register des jeweiligen Bandes zu finden sind. Weiter wird auf → Kapitel und → Abbildungen in dem jeweiligen Band verwiesen. Der fächerübergreifende Zusammenhang wird durch Querverweise zwischen den einzelnen Bänden der Ausgabe hergestellt. Die praktische Umsetzung wurde dabei den Bedürfnissen des jeweiligen Faches sinnvoll angepasst.

Latein

Die lateinische Sprache

Die Römer

Lateinische Literatur

Die Abiturprüfung

Französisch

Die französische Sprache

Französische Literatur

Die Abiturprüfung

Wortschatz

Anhang

Latein

Die lateinische Sprache

Die Basis für eine Beschäftigung und Auseinandersetzung mit der lateinischen Literatur und Kultur ist eine solide Kenntnis der lateinischen Sprache. Der Erwerb eines elementaren Sprachwissens und die Fähigkeit zur Reflexion über sprachliche Ausdrucksmittel sind eine wesentliche Voraussetzung für das Verstehen von Fremdstrukturen.

Neben dem Wortschatz und den Eigentümlichkeiten der Grammatik sind dabei die Beherrschung der Stilmittel sowie die Grundlagen der Metrik von großer Bedeutung.

Geschichte und Entwicklung

Die lateinische Sprache – *lingua Latina* – ist die Sprache von Latium; dieses Gebiet umfasste zur Zeit der ersten Zeugnisse des Lateinischen eine Fläche von etwa 80 mal 20 Kilometer am Tiber, beginnend im Raum südöstlich von Rom. Heute sprechen ungefähr 350 Mio. Menschen die aus dem Lateinischen hervorgegangenen Sprachen. Der Hirtendialekt der Latiner, einer Splittergruppe der um 1000 v. Chr. in Italien eingedrungenen indoeuropäischen Stämme, der mit den Dialekten der → Osker und → Umbrer aus dem gleichen Stamm nahe verwandt war, gehört zur indoeuropäischen Sprachengruppe.

Die Anfänge

Von den Vorstufen des Lateinischen gibt es keine schriftlichen Zeugnisse; sie sind durch die vergleichende Sprachwissenschaft hypothetisch erschlossen worden. Das erste Sprachdenkmal ist folgende Inschrift in griechischen Buchstaben auf einer goldenen Spange (Fibel) aus einem Grab in der Nähe Roms: *Manios med fhefhaked Numasioi* (Manios hat mich für Numasios gemacht). Diese vier Worte machen uns die o-Deklination deutlich (*Manios – Numasios*), zeigen ferner ein reduplizierendes Perfekt zum Stamm *fac* (wie in Resten noch in der Gruppe *cado – cecidi* erhalten) und lassen erkennen, dass auch die o-Deklination wie alle übrigen Deklinationen ursprünglich im Dativ Sg. auf -i endete.

Das nächste Zeugnis lateinischer Sprache sind die bei einzelnen Schriftstellern zitierten (und wohl nachträglich in Formen und Rechtschreibung »modernisierten«) Zwölftafelgesetze; sie wurden im Jahre 451 v. Chr. auf zwölf Bronzetafeln niedergelegt, gingen aber beim Brand Roms während des Galliereinfalls (387 v. Chr.) verloren. Ihre einfache Form und Sprache zeigt das Beispiel (tab VIII 12): *Si nox furtum faxsit, si im occisit, iure caesus esto* (Wenn jemand in der Nacht einen Diebstahl begeht und der Betroffene ihn tötet, soll diese Tötung rechtens sein). Die wechselnden Subjekte fehlen hier als selbstverständlich, ein alter Konjunktiv (*faxsit – occisit*) ist später verloren gegangen, das Substantiv *nox* steht für ein späteres Adverb *noctu*, und *is* wird mit der Akkusativendung -m zu *im* (später: *eum*). Den Bedeutungswandel des Wortes *hostis* (gotisch: *gasts* – althochdeutsch: *gast*) zeigt tab II 2: [...] *aut status dies cum hoste* [...] (oder der mit einem »Fremden« festgesetzte Termin). *Hostis* ist hier wie im Germanischen noch »der Fremde«, wie Cicero in ›de off. I 37‹ bestätigt: *Hostis enim apud maiores nostros is dicebatur, quem nunc per-egrinum dicimus.*

Für das alte Latein zeugt noch genauer eine in Rom gefundene Vase aus der Zeit um 400 v. Chr. mit der Inschrift: *Duenos med fecet* (Duenos hat mich gemacht). Sie lässt schon deutlich die spätere Perfektform von *facio* erkennen. Dieses alte Latein änderte sich ständig – auch durch die Hereinnahme von Spracherscheinungen verwandter Dialekte der unterworfenen Nachbarstämme.

Das literarische Latein

Erst in der ersten Hälfte des 2. Jahrhunderts v. Chr. bildete sich jenes literarische Latein heraus, das wir aus unseren Texten kennen. Das gesprochene Latein des Volkes aber ging seinen eigenen Weg, den wir nur zum Teil in den Komödien von → Plautus und → Terenz und später im ›Satirikon‹ → Petrons verfolgen können. Die ersten Dichter in lateinischer Hochsprache begannen Wortbedeutungen, Formen und Grammatik zu fixieren.

Die Grabschrift des → Naevius († um 201 v. Chr.) zeigt zwar noch Spuren altertümlicher Formen: [...] *obliti sunt Romi loquier lingua Latina* [...] (sie haben es in Rom vergessen lateinisch zu sprechen). Sichtbar wird hier die alte Lokativendung -i, die später im Diphthong als -ae erscheint, und der alte Infinitiv Präsens des Deponens (*loquier*). Immer mehr setzte sich jetzt der Sprachgebrauch der Hauptstadt durch; jedoch bis in die Zeit des Marius wurde Latein fast nur im weiteren Umkreis von

Rom und in den Kolonien gesprochen. Um die Mitte des 1. Jahrhunderts v. Chr. hatte Latein dann die italischen Dialekte verdrängt, und die römischen Soldaten hatten ihre Sprache über alle Gebiete des Imperiums verbreitet. Latein wurde zur Verwaltungssprache eines Weltreichs. Cäsar und Cicero legten es auf die Form fest, die wir heute in unseren Grammatiken lernen.

In der uns überlieferten Form der klassischen Texte lesen wir allerdings eine Literatursprache. Das vom Volk gesprochene Latein indessen war die Sprache des Mittelmeerraums, die Sprache des Westens. Seine Verbreitung wurde noch unterstützt durch das Christentum, sodass gegen 500 n. Chr. auf der iberischen Halbinsel, in Frankreich und in den Donauländern lateinisch gesprochen wurde. Aber gerade diese weite Verbreitung zerstörte die Einheit der Sprache, und um 600 entwickelten sich aus Dialekteigentümlichkeiten die Anfänge der heutigen romanischen Sprachen; es gab von da an kein vom Volk gesprochenes Latein mehr.

Christentum

Das Christentum verhinderte den völligen Untergang der lateinischen Sprache. Die Vulgata (lateinische Bibel) und die Liturgie wurden noch eine Zeit lang vom Volk verstanden und ließen die Tradierung des Lateinischen nicht abreißen. Karl der Große brachte es zu neuer Blüte, als er es zur Verwaltungssprache seines Reiches machte. Die von ihm beauftragten Priester und Mönche reinigten das Lateinische und machten es zur Hochsprache, indem sie auf die Kirchenväter und die klassischen Autoren zurückgriffen und in den Klosterschulen ein einheitliches Latein lehrten. Dieses wurde mit einem teilweise neuen Wortschatz zur Fachsprache der Scholastik. Thomas von Aquin (1225–1274) verwendete es schließlich, um die christliche Theologie auf die Basis der antiken Philosophie zu stellen. Daneben erhielt das Latein lyrische Elemente in den Vagantenliedern der Scholaren; es blieb aber weiterhin die Sprache der Kirche, der Gelehrten und der Diplomaten.

Humanismus

Erst die Renaissance, beginnend mit Petrarca in Italien, ließ nur mehr das Latein der klassischen Autoren, vor allem Ciceros, gelten. Die Schriften des Erasmus von Rotterdam bedeuteten einen neuerlichen Höhepunkt, machten aber Latein endgültig zur Sprache der Wissenschaft (Kopernikus, Galilei, Leibniz, sie alle schrieben lateinisch) und damit zur nur noch geschriebenen Sprache. Im Bereich der katholischen Kirche sowie für manche Fachpublikationen ist Latein heute noch das übliche Mittel der Kommunikation – zum einen wegen der Präzision seiner Aussagen, zum anderen weil es fast überall verstanden wird.

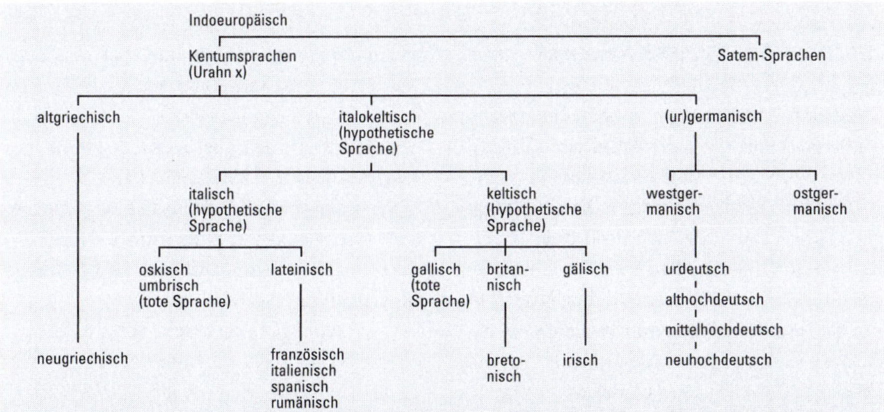

Dieses Schema (nach Marouzeau erweitert) zeigt die für uns wesentlichen Verwandtschaftsverhältnisse der indoeuropäischen Sprachenfamilie.

Der Wortschatz des Lateinischen

Wortschatzarbeit ist ein fester Bestandteil des Lateinunterrichts. Aus lernpsychologischen und ökonomischen Gründen ist eine Begrenzung des Wortschatzes unumgänglich. Mit der Kenntnis von etwa 2400 Wörtern (Leistungskurs) sollte es einem Schüler möglich sein, unter sinnvoller und sparsamer Nutzung weiterer Hilfsmittel (Lexikon, Wortkunde) lateinische Texte zu verstehen. Die Wortkunde bietet durch die Anordnung nach Leitwort und abgeleiteten Wörtern auch eine Wortbildungslehre. Wenige Wörter sind im Lateinischen und Deutschen deckungsgleich. Viele lateinische Wörter haben ein breites Bedeutungsspektrum, Verben ändern ihre Bedeutung je nach abhängigem Kasus bzw. Konstruktion oder werden leicht verwechselt.

Die Aussprache

In der Aussprache bringt Latein wenig Schwierigkeiten; denn ähnlich wie im Deutschen unterscheiden sich die Schriftzeichen und die Aussprache nur unwesentlich. Dass bei Fremdwörtern, Lehnwörtern und der Art, wie in unseren Schulen Latein gesprochen wird, Unterschiede in der Aussprache bestehen, lässt sich von der Sprachentwicklung her erklären. Im klassischen Latein wurden c als k, t immer als t (auch vor i und e) und der Diphthong ae als ai ausgesprochen. Beweis dafür ist, dass die Germanen den Titel der römischen Kaiser, *Caesar*, als »Kaiser« übernahmen. *Cellarium* wurde als Lehnwort zu »Keller«. Erst das Christentum machte aus *cella* die »Zelle« des Mönches. Im späten Latein also wurde *Caesar* als »Zäsar« und *natio* als »nazio« ausgesprochen. *Feminai* (i-Endung im Genitiv und Dativ Sg. und im Nominativ Pl.!) wurde als *feminiae* nur geschrieben und erst spät als »feminä« gesprochen.

Einen weiteren Hinweis auf die Aussprache gibt die Tatsache, dass in lateinischen Handschriften das konsonantische v und das vokalische u nur eine Schreibweise (v) kannten, also ähnlich wie das englische w (double u) gesprochen wurden; daraus lassen sich Kurzformen wie *laudārunt* für *laudavērunt* erklären. Entscheidend für die Aussprache war die genaue Scheidung von Längen und Kürzen der Vokale, da das Latein die quantitierende (nur Längen und Kürzen beachtende) und nicht, wie Deutsch, eine akzentuierende (betonte Silben durch erhöhten Stimmdruck hervorhebende) Sprachmelodie hatte.

Allerdings sprach man schon zu Ciceros Zeiten »betonte« Silben höher, sodass im späten Latein die Betonung der Wörter dann nicht mehr wesentlich von unserer heutigen Art zu betonen abwich. Das quantitierende Prinzip ist wesentlich für die antike → Metrik.

Der Sinngehalt

Erheblich schwieriger dagegen ist die Übertragung der Wortinhalte des Lateinischen in unsere Sprache. Hermes definiert: *Ein Wort ist eine Lautung, welche die Fähigkeit hat, ein Stück Wirklichkeit zu meinen. Wir nennen diese Fähigkeit seine »Bedeutung«* (›Von der Gliederung des lateinischen Wortschatzes‹).

Da aber die damalige Wirklichkeit sich mit der Wirklichkeit, die unsere heutigen deutschen Wörter »meinen«, nicht deckt, und weil wir anders denken und fühlen als die Römer, ist das Ersetzen einer lateinischen Vokabel durch ein treffendes deutsches Wort häufig schwierig und manchmal sogar unmöglich.

Dazu kommt, dass der Wirklichkeitsgehalt eines Wortes erst hervortritt, wenn es im Kräftefeld des Satzes aus einer Lautung zu einem Funktionsträger wird. Wenn Ariovist bei Cäsar sagt: [...] *quid invicti Germani* [...] *virtute possent*, wird durch *invicti* deutlich, dass *virtus* hier die »kriegerische Tüchtigkeit«, die »Tapferkeit« bedeutet. Cicero stellt zusammen *constantia, gravitas, fortitudo, sapientia reliquaeque virtutes* und zeigt *virtus* hier als »gute Eigenschaft des Menschen«.

Eine Vokabel für sich allein ergibt keinen, eine gegebene Wirklichkeit deckenden Sinn. Soll ein lateinisches Wort also ohne den zugehörigen Text gelernt werden, so muss der wichtigste Wirklichkeitsgehalt an erster Stelle stehen, die Grundbedeutung.

W. Schmidt definiert: *Grundbedeutung ist die aktuelle Bedeutung, die bei isolierter Nennung des Wortes im Bewusstsein der meisten Sprachgenossen zuerst realisiert wird.* So ist die Grundbedeutung des Wortes *villa* »Landhaus« (im Sinne eines Hauses auf dem Lande); dabei umfasst dieser Begriff sowohl den »Bauernhof« wie das »Ferienhaus« eines vornehmen Römers.

Die bei der Einzelvokabel zu lernende Bedeutung ist also häufig etwas anderes als die deutsche Formulierung im nun Wirklichkeit wiedergebenden Zusammenhang eines Textes. Oft ergibt sich der Wirklichkeitsgehalt des Wortes, wenn es mit Worten oder Ausdrücken in Zusammenhang steht, die das Gegenteil meinen. Man bezeichnet dies als »Opposition«.

So sagt Sallust (Cat. 53, 3): *cognoveram parvis copiis bella gesta (esse) cum opulentis regibus* [...] Hier ergibt sich aus der Opposition zu *opulentus* (reich an Hilfsmitteln – *opes*! – aller Art), dass *par-*

Hilfe: Den Sinngehalt über Suffixe finden

Einen weiteren Hinweis auf den Sinngehalt eines Wortes oder einer an sich unbekannten Vokabel, von der man nur den Stamm kennt, gibt die Wortbildung durch Suffixe. So bezeichnen die Substantive

- auf *-tor* (fem. *-trix*) und *-sor* einen Handelnden: *proditor* (*prodere*), *defensor* (*defendere*), *inventrix* (*invenire*)
- auf *-tio*, *-sio*, *-us*/*-ūs* eine Handlung und einen Vorgang: *cognitio* (*cognoscere*), *reprehensio* (*reprehendere*), *intellectus* (*intellegere*)
- auf *-or*, *-ium* einen Zustand: *fulgor* (*fulgēre*), *studium* (*studēre*)
- auf *-ia*, *-itia*, *-tās*, *-tūs* (*-ūtis*), *-tūdo* eine Eigenschaft: *patientia* (*pati* – *patiens*), *pigritia* (*piger*), *integritas* (*integer*), *senectus* (*senex*), *aegritudo* (*aeger*)
- auf *-mentum*, *-trum*, *-c(u)lum* Mittel und Werkzeug: *medicamentum* (*mederi* – *medicari*), *argumentum* (*arguere*), *aratrum* (*arare*), *vinculum* und *vinclum* (*vincire*)
- auf *-ulus* (*-a*, *-um*), (nach Vokal) *-olus*, (nach *r*) *-llus*, *-culus* die Verkleinerung (Deminutiva): *adulescentulus* (*adulescens*), *filiola* (*filia*), *libellus* (*liber*), *musculus* (*mus*)

... Adjektive

- auf *-ilis*, *-bilis* die Möglichkeit: *utilis* (*utor*), *intellegibilis* (*intellegere*)
- auf *-osus*, *-(o)lentus* die Fülle: *laboriosus* (*labor*), *violentus* (*vis*), *opulentus* (*opes*)
- auf *-eus* einen Stoff: *aeneus* (*aes*)
- auf *-tus* die Ausstattung: *barbatus* (*barba*)

... Verben

- auf *-(i)tare*, *-sare* die Verstärkung und Wiederholung einer Handlung: *ventitare* (*venire*), *captare* (*capere*), *versare* (*vertere*)
- auf *-scere* den langsamen Beginn einer Handlung: *mollescere* (*mollis*), *ardescere* (*ardēre*)

(Längezeichen nur dort, wo Verwechslung möglich)

Hilfe: Wortbildung durch Zusammensetzung

Eine weitere Hilfe für die Übersetzung einer lateinischen Vokabel bedeutet die Analyse einer Wortbildung durch Zusammensetzung bei

Nomina

- Nomen und Nomen oder Nomen und Verbum: *magn-animus, male-dicus, nau-fragium, tri-ennium* (*annus*)
- Präfixe und Nomina: *in-* (= un-), *dis-* als Verneinung: *in-ops* (*opes*), *dis-cors, in-edia* (*in* und *edere*), *dis-sensus* (*dis* und *sentire*)
- andere Partikel und Nomina: *per* (= sehr) *-multi, con-viva, con-sentaneus, prae-potens, trans-marinus*

Verben

- mit gebräuchlichen Präpositionen: *per-legere, ante-capere, trans-migrare, circum-dare, ad-ire, ab-ire*
- mit nicht mehr gebräuchlichen Präpositionen: *amb* (ringsum)*-urere, dis* (auseinander)*-currere, re* (zurück – wieder)*-solvere, se* (ohne – weg von)*-ponere*

(Längezeichen nur dort, wo Verwechslung möglich)

vis copiis hier nicht die »im Sprachbewusstsein zuerst realisierte« Bedeutung »Truppen« hat, sondern *opibus* (Hilfsmittel) gleichgesetzt wird, mit dem es ja auch (entstanden aus *co – opia*) verwandt ist. Der obige Satz heißt also: *Ich hatte erkannt, dass mit geringen Mitteln Kriege mit mächtigen Königen geführt worden waren.*

Auch die Parallelität zweier Vokabeln kann den Wirklichkeitsgehalt verdeutlichen.

In ›Cat. 54, 6‹ sagt Sallust von Cato: *cum innocente abstinentia certabat. Innocens* kann hier keinesfalls die vordergründige Bedeutung »unschädlich, unschuldig« haben, weil es mit *abstinentia* (Uneigennützigkeit, Integrität) gleichgesetzt wird. In diesem Fall muss es mit »uneigennützig« übersetzt werden.

Es ist hilfreich, bei unbekannten Vokabeln nach dem Stammwort (Subst., Adj., Verbum) zu suchen und durch Analyse der Präfixe und Suffixe (→ Kästen) die Bedeutung zu erschließen.

Ein aufschlussreiches Beispiel wäre: Bei Cicero ›de or. I 44‹ kommt der Ausdruck *de animi permotionibus* vor. Die Vokabel wird zuerst auf den Nom. *permotio* zurückgeführt (*de* mit Abl.); sie ist aus dem Präfix *per* (sehr), dem Stamm *mo* (von *movēre*) und dem Suffix *-tio* (Handlung, Vorgang) zusammengesetzt. Es ergibt sich also der Vorgang (*tio*) einer heftigen (*per*) Bewegung (*mo*) des Geistes (*animi*) – Erregung.

Eine Folgerung daraus ist, dass man für das textunabhängige Vokabellernen am besten eine Wortkunde benützt, die in alphabetischer Ordnung oder nach Sachgebieten oder Wortfeldern geordnet die wichtigen Stammwörter mit den davon abgeleiteten Vokabeln bringt und außerdem einen ausführlichen Abschnitt über die Wortbildungslehre hat. Dort wird nur das Stammwort gelernt; die Sekundärvokabeln brauchen im Allgemeinen nur verstanden zu werden.

Vorteilhaft ist überdies, wenn parallel dazu abgeleitete Vokabeln der anderen Schulsprachen sowie Fremdwörter gebracht werden. Dabei sollten stets solche Wortkunden benützt werden, die ausschließlich den für Leistungs- und Grundkurs geforderten Wortschatz sowie unverzichtbare Kulturvokabeln enthalten.

Wortkunden (in Auswahl):

- Habenstein/Hermes/Zimmermann, ›Grund- und Aufbauwortschatz Latein‹ (Klett)
- Lindauer, ›Lateinische Wortkunde‹ (Oldenbourg)
- Mader, ›Lateinische Wortkunde‹ (Kohlhammer)
- Metzger, ›Latein-Training Wortkunde‹ (Stark)
- Raab-Kessler, ›Lateinische Wortkunde‹ (Oldenbourg)
- Vischer, ›Lateinische Wortkunde für Anfänger und Fortgeschrittene‹ (Stark)

Wortschatz und Vokabeln lernen

Untersuchungen des Wortschatzes der in der Schule allgemein üblichen lateinischen Texte haben ergeben, dass die grammatischen Wörter oder Strukturwörter (Konjunktionen, Präpositionen, ein Teil der Adverbien, Pronomina), die für sich selbst keine Wirklichkeit wiedergeben, sondern grammatikalische Beziehungen herstellen, etwa ein Drittel bis die Hälfte aller in einem Text vorkommenden Vokabeln ausmachen. Bei den »Nennwörtern« (Nomina und Verben) decken nur 100 Wörter rund 50 Prozent, 1 000 Wörter 80 Prozent und 3000 Wörter schon 90 Prozent eines Textes. Der Rest der in Texten vorkommenden Vokabeln muss über ein Wörterbuch oder über Schülerkommentare eingebracht werden, soweit sie sich nicht durch Ableitungen ermitteln lassen.

Ein Teil des Wortschatzes braucht überhaupt nicht gelernt zu werden (*et, in, ad, est* usw.) oder ist in Kürze so geläufig (*ita, pater, terra, mare, multi* usw.), dass er Gedächtnis und Lernfähigkeit nicht mehr beansprucht. Die Masse der Vokabeln aber muss gelernt werden.

Zum Vokabellernen sagt Krauß (›Intelligenz und fremdsprachliche Begabung‹, in: ›Anregung‹, Heft 2/1971): *Was uns gleichgültig ist, ist schnell vergessen. Ferner kann nur gemerkt werden, was klar verstanden und vor allem in einen sinnvollen Zusammenhang eingeordnet wurde. Deshalb ist alles mechanische Pauken von Einzelwörtern sinnlos. Nur wer Wörter in sinnvollem Zusammenhang geboten bekam und wer sie dann selber in möglichst mannigfacher Verwendung in stets neuen Zusammenhängen anzuwenden lernt, der lernt auch eine fremde Sprache.*

Karteikarten

Dazu kommt, dass sich der Wirklichkeitsgehalt einer Vokabel nur im Zusammenhang des Satzes darstellt. Deshalb arbeiten moderne Lernverfahren mit Karteikarten, in die der Lernende die Vokabel in dem notwendigen Zusammenhang des Satzgefüges mit der deutschen Übersetzung einträgt, auf der Vorderseite oben als Stichwort die Grundform des lateinischen Wortes angibt und bei der Lektüre beim erneuten Vorkommen der Vokabel dieses Eintrageverfahren wiederholt. Ein Beispiel zur Verdeutlichung:

tollo (sustuli – sublatum – tollere)

- *quam suspicionem sustulit oratio* – (diesen Verdacht »beseitigte« seine Rede)
- *tollensque ad sidera palmas* – (die Hände zum Himmel »hebend«)
- *clamores ad sidera tollit* – (er »erhebt« ein Geschrei)
- *quadrantem de stercore tollere* – (aus dem Mist »aufheben«)
- *certat tergeminis tollere honoribus* – (durch die drei Ämter »erhöhen«, »auszeichnen«)
- *me Mercurius denso sustulit aere* – (mich »brachte weg«, »entführte«)

Die hier angegebenen, in Klammern gesetzten deutschen Bedeutungen werden auf der Rückseite der Karte, die lexikalischen deutschen Hauptbedeutungen auf der Rückseite oben als Stichwort (aufheben, erheben, beseitigen) eingetragen. Die Kartei wird alphabetisch geordnet. Von Zeit zu Zeit überprüft man mit den Karten die eigenen Vokabelkenntnisse, wobei nicht mehr beherrschte Wörter gesondert herausgenommen und bei passender Gelegenheit eingeübt werden können. Es sind bereits verschiedene derartige Systeme mit Karteikästen im Handel erhältlich.

Wortkunde und Lexikon

Wem dieses System zu umständlich ist (obgleich es reine Lernzeit einsparen hilft), der muss einen Grundstock von Vokabeln ohne Zusammenhang mit dem Text lernen und beherrschen oder neben der Lektüre mithilfe eines guten Lexikons unbekannte Vokabeln in ein Heft eintragen; dabei liegt die Schwierigkeit darin, selbst zu entscheiden, welche Vokabel nur selten vorkommt und welche Dauerbesitz werden soll.

Bei Vokabeln, die unabhängig vom Text (zur Erweiterung zu geringer Wortkenntnisse) gelernt werden, ist es wichtig zu wissen, welche Vokabeln man braucht, um die in der Schule üblichen Texte lesen zu können. Man unterscheidet dabei drei Gruppen, den Grund-, Aufbau- und Ergänzungswortschatz. Grundwortschatz sind die rund 800 Wörter, welche nach zwei Jahren dem Lernenden selbstverständlich geworden sind.

Dazu gehören vor allem die meisten grammatischen Wörter (z. B. *hic, is, qui, ut, cum, in, at, tum, nunc* usw.) und viele Nennwörter (Formen von *esse, dicere, audire, facere, annus, deus, homo, nomen, magnus, longus, altus* usw.). Dieser Wortschatz wird ergänzt durch den Aufbauwortschatz, der etwa 1200 Vokabeln umfasst, sodass im Ganzen nun 2000 Wörter beherrscht werden.

Damit kann man etwa 85 Prozent der Vokabeln eines üblichen Textes decken, muss aber noch jedes siebte Wort nachschlagen; dies macht zügiges Übersetzen und Verstehen des Originaltextes unmöglich. Deshalb braucht man einen Ergänzungswortschatz, den man sich selbst schaffen muss.

Den Gesamtwortschatz enthalten im Allgemeinen die → Wortkunden.

Alle nicht beherrschten Vokabeln müssen im Lexikon oder in der Wortkunde nachgeschlagen werden. Ältere Lexika geben Vokabeln nur in Grundformen an; deshalb ist es wichtig, bei unbekannten Wörtern aus der Endung die lexikalische Grundform zu erschließen. Dazu sind bestimmte Basiskenntnisse Voraussetzung. Wer etwa die Formen *tulerit* oder *viminum* vorfindet, wird sie nicht unter *tulo* oder *viminus* finden, er muss sie auf *fero* und *vimen* (dies auch in neueren Lexika) zurückführen können. Weiterhin darf nicht nur die Vokabel an sich nachgeschlagen werden, sondern man muss ihren Sach- und Wortzusammenhang beachten, da die guten Lexika die Bedeutungen in bestimmten Gruppen ordnen.

Ein Beispiel: Seneca (›ep. mor. 47,15‹) schreibt: *erras, si existimas me quosdam quasi sordidioris operae reiecturum, ut puta* (z. B.) *illum mulionem* (Maultiertreiber) [...] *; non ministeriis illos aestimabo* [...] Dabei ist *sordidioris* unbekannt. Im Lexikon finden sich folgende Angaben:

sordidus

◆ 1. schmutzig, unreinlich: *terga suis* geräucherter Schweinerücken; *amictus*; *nati* in armseliger Kleidung; metaphorisch

◆ 2. schmutzig, geizig, habsüchtig: *periurium, cupido*

◆ 3. verächtlich, gemein, niederträchtig: *sordide dicere* unanständig, *quaestus, vita*

◆ 4. niedrig, unedel, armselig: *sordido loco natus*

Die Verbindung mit *operae* zeigt zunächst, dass wohl nur Bedeutung 1 und 4 infrage kommen, da auch *mulio* die Art der Arbeit näher bestimmt. Das *non ministeriis aestimabo* macht dann deutlich, dass 1 ausscheidet, weil nicht ein Widerwille gegen den Schmutz zum Ausdruck kommt, sondern in *ministeriis* (Dienstleistung) die soziale Differenz betont wird. Ich übersetze *operae sordidioris* demnach mit »zu niedriger Arbeit«. Die Abkürzung met.(-aphorisch) besagt somit, dass unter 2 bis 4 nicht die wörtliche (von *sordes* – Schmutz), sondern eine auf andere Bereiche übertragene Bedeutung vorliegt.

Jedes Lexikon enthält ein Verzeichnis der verwendeten Abkürzungen, oft mit Erklärungen. Es ist gut, diese durchzusehen, da häufig schon ein Hinweis wie dicht.(-erisch) oder rhet.(-orisch) zeigt, ob die angegebene Bedeutung für die fragliche Textstelle passend ist. Für den Lernenden ist der Gebrauch eines großen Lexikons im Allgemeinen unzweckmäßig, da er beim Nachschlagen zu viel Zeit verliert. Braucht er ausnahmsweise für eine sehr schwierige Stelle ein solches Lexikon, findet er es in der Schul- oder Lehrerbibliothek oder im Kollegraum.

Sinnvolles Vokabellernen

Zusammenfassend lässt sich sagen, dass es zwei Formen des Wörterlernens gibt: mechanisches und syntagmatisches Lernen.

Das mechanische Lernen, Ochsen, Büffeln, Pauken der Vokabeln, unabhängig von einem Text, ist meist nur sinnvoll zur Schaffung eines Vorrats von jederzeit abrufbaren deutschen Hauptbedeutungen. Es schafft Wortgleichungen zwischen lateinischen und deutschen Wörtern ohne Wirklichkeitsgehalt. Diese Art zu lernen kann einen Grundvorrat an Vokabeln schaffen, die aber meist rasch vergessen sind, wenn sie in der folgenden Zeit nicht angewendet oder wiederholt werden. Am ehesten kann diese Art zu lernen einen dürftigen Wortschatz erweitern oder vergessene Vokabeln neu festigen.

Das syntagmatische Lernen rückt die neue Vokabel in eine sinn- und konstruktionsverbundene Wortgruppe, die ihr Wirklichkeitsgehalt verleiht. Wiederholen heißt dabei stets übersetzen. Dies ist die sinnvolle Art des Vokabellernens.

Besonderheiten und Schwierigkeiten

Einige häufige und übersetzungsschwierige Vokabeln

gerere, -o (gessi, gestum) .... tragen
pila manu, vestem gerere .... tragen
se fortiter, se illis dignum gerere .... sich benehmen, verhalten
res magnas gerere .... große Taten verrichten, vollbringen (*res gestae* die Taten)
rem bene (male, comminus) gerere .... erfolgreich (unglücklich, im Nahkampf) kämpfen
haec dum geruntur .... während dies geschah, vorging

mittere, -o (misi, missum) .... werfen, schicken
pila mittere .... werfen, schleudern
se in hostes mittere .... sich stürzen, angreifen
legatos mittere .... schicken
lucem in terras mittere .... entsenden, fallen lassen
vocem mittere .... hören lassen
mitte sectari .... gib auf, höre auf
timorem mittere .... von der Furcht ablassen

parare, -o .... Vorkehrungen treffen, sich verschaffen
bellum, epulas parare .... vorbereiten
(mit Inf.) *abire parabam* .... ich hatte vor, war dabei, wegzugehen
regnum, amicos, iumenta parare .... sich verschaffen, erwerben

petere, -o (petivi, petitum)	**zu erreichen suchen, erbitten**
Romam petere	eilen
litus petere	zustreben
gladio hostem petere	angreifen
gloriam, aliam patriam petere	suchen, anstreben
consulatum petere	sich bewerben
partem praedae a sociis petere	fordern von, bitten um
petiverunt, ut sibi licēret	sie baten, forderten, dass
res, -i	**Besitz, Sache, Ereignis**
res familiaris	das Vermögen
e re publica facere	im Interesse des Staates handeln
rem publicam administrare	den Staat verwalten
versari in re publica	sich mit der Politik beschäftigen
status rei publicae	die Verfassung
in rem est	es ist vorteilhaft, sachdienlich
tua res agitur	es geht um deine Sache
res frumentaria	Versorgung mit Proviant, Nachschub
res bonae	Leckerbissen
res postulat	die Lage (er)fordert es
in tanta commutatione rerum	Wechsel der Verhältnisse
res secundae, adversae	Glück, Unglück
rebus novis studere	Änderung der Verhältnisse, Umsturz, Revolution planen, anstreben
gloria rerum	Ruhmestat
res populi Romani	die Geschichte
rerum scriptor	Historiker
res ipsa declarat	die Tatsache selbst verdeutlicht
re ipsa, re vera	tatsächlich
signum, -i	**Zeichen, Abzeichen**
signa timoris	(An)zeichen von Furcht
signum pugnae dare	Signal
signa (militaria)	Feldzeichen, Fahnen
signa ferre, movēre, tollere	aufbrechen
signa deorum	Götterbilder, -statuen
vis (vim, vi)	**Kraft**
Singular	
vis morbi, venti	Kraft, Stärke, Gewalt
vis orationis, conscientiae	Wirksamkeit, Macht
vim facere rei publicae, vim pati	Gewalt, Gewalttat
vis amicitiae, virtutis, animi	Wesen, Bedeutung
vis auri argentique, magna vis pulveris	Menge

Plural

vires corporis, animi, adulescentium	Kräfte
pro viribus	nach Kräften, so gut man kann
vires Poenorum	Streitkräfte, Truppen

Einige Wertbegriffe

auctoritas, -atis	Gültigkeit, Ansehen, Beschluss
auctoritas testimonii	Gültigkeit, Gewicht
auctoritas maiorum	das maßgebende Vorbild
auctoritate eius impulsi	Einfluss, Ansehen (Autorität)
auctoritas senatūs	Senatsbeschluss, -gutachten
legati cum auctoritate	mit Vollmacht
constantia, -ae	Festigkeit, Beständigkeit
constantia vocis atque vultus	Festigkeit, Beständigkeit, Gleichmäßigkeit
constantiae causa dicere	um der Konsequenz willen
constantia Catonis	Charakterfestigkeit, Grundsätze, Beständigkeit
constantia mortis	Unerschrockenheit im Tode
dignitas, -atis	Würde, Rang
laudare aliquem pro dignitate	nach Würdigkeit, nach Verdienst
populi Romani dignitatis non esse	es vertrage sich nicht mit dem Ansehen (Würde)
distinctos dignitatis gradus non habere	keine genau geschiedenen Rangstufen haben
dignitatem servare	ehrenhafte Gesinnung, innere Würde wahren
humanitas, -atis	Wesen des Menschen, Menschenliebe, Bildung
omnem humanitatem exuere	alles Menschliche ablegen
Caesar pro sua humanitate	bei der Caesar eigenen Menschlichkeit
ab humanitate provinciae longe abesse	von der Bildung (Kultur) weit entfernt sein
politior humanitas	die feinere Bildung
virtus, -utis	Tüchtigkeit, Tapferkeit, sittliche Vollkommenheit
virtute gubernante rem publicam	wenn Tüchtigkeit den Staat regiert
virtutes animi et corporis	geistige und körperliche Vorzüge
magis virtute contendere quam dolo	den Kampf führen mehr mit Tapferkeit als mit List
vita beata in virtute est	das Glück liegt in der sittlichen Vollkommenheit
nostrorum hominum ingenia virtutesque	Talente und gute Eigenschaften der Menschen bei uns

Einige Abstrakta

aetas, -atis	**Lebenszeit, Lebensalter, Zeit**
aetatem procul a re publica agere, habere, degere, consumere	sein Leben fern von der Politik verbringen, zubringen
homines omnium aetatum	Menschen aller Altersstufen
imbecilla aetas	die noch unfertige Jugend
morbo atque aetate confectus	durch Krankheit und Alter erschöpft
clarissimus imperator suae aetatis	(...) seiner Zeit
incuriosa suorum aetas	eine Zeit ohne Interesse für die eigene Geschichte
aurea aetas	das goldene Zeitalter
animus, -i	**Seele, Geist, Gemüt, Absicht**
natura animum ita perfecit ut corpus	die Seele (den Geist) wie den Körper
animo aequo	mit Gleichmut
timor animi	Furchtsamkeit
animus apertus et simplex	offene und gerade Denkart, Gesinnung
bono animo esse in aliquem	jemandem wohlgesinnt sein
animus crescit	Mut, Zuversicht wächst
in animo habere	entschlossen sein, beabsichtigen
animum inducere	sich zum Grundsatz machen
causa, -ae	**Grund, Ursache, Rechtsfall**
parva causa	geringfügiger Anlass
ob eam causam	aus diesem Grund
causas fingere	Vorwände erfinden
non sine causa	nicht ohne guten Grund
mea causa	in meinem Interesse, mir zuliebe
causam et hominem probare	die Sache (Sachverhalt) und den Mann anerkennen
causa popularis	die Sache des Volkes
causae privatae	Privatprozesse
causam dicere	sich verteidigen
causam perdere	den Prozess verlieren
consilium, -ii	**Rat, Klugheit, Entschluss, Plan**
consilia nocturna	nächtliche Beratungen
orbis terrae sanctissimum consilium	(vom Senat) die ehrwürdigste Ratsversammlung der Erde
barbaris consilium non defuit	sie waren nicht unklug
consilio regere rem publicam	mit Klugheit den Staat leiten
consilium capere, inire	einen Beschluss fassen

consilium legionis opprimendae	der Entschluss, die Legion zu überfallen
eo (hoc) consilio, ut	in der Absicht, dass
consilium utile dare	einen nützlichen Rat geben
fides, -ei	Vertrauen, Glaubwürdigkeit
fidem habere, tribuere	Vertrauen, Glauben schenken
fides sociorum	die Treue der Verbündeten
fidem praestare	die Treue bewahren
fidem servare	das Wort halten
fallere datam fidem	das gegebene Wort brechen
aliquem in fidem recipere	jemanden unter seine Obhut nehmen
addere fidem alicui rei	einer Sache Glaubwürdigkeit verleihen
fides testium	die Glaubwürdigkeit der Zeugen
mens, mentis	Denkart, Denkvermögen, Geist, Absicht
argumentum compositae mentis	Zeichen einer ruhigen Denkart
mens et ratio	Vernunft und Verstand
suae mentis compotem esse	bei Verstand sein
venit mihi in mentem	mir kommt der Gedanke, fällt ein
mihi alia mens est	ich denke anders
ea mente, ut	in der Absicht, dass
officium, -ii	Pflicht, Pflichterfüllung, Gefälligkeit, Dienst
officium servare, officio fungi	seine Pflicht tun
ab officio discedere	seine Pflicht nicht tun
homo summi officii	ein sehr gefälliger Mann
officium negare	eine Gefälligkeit verweigern
innumerabilia tua in me officia	deine unzähligen Dienste mir gegenüber
officium legationis	der Gesandtschaftsdienst
ratio, -onis	Rechnung, Methode, Vernunft, Theorie
ratio constat	die Rechnung stimmt
rationem inire	eine Berechnung anstellen
rationem alicuius rei reddere, referre	Rechenschaft ablegen über
rationem dignitatis habere	auf das Ansehen Rücksicht nehmen
ratio belli gerendi	die Methode (Theorie) der Kriegsführung
hac ratione	auf diese Weise
ratio est	es ist vernünftig
ratio cunctandi	ein (vernünftiger) Grund zu zögern
ratio Epicuri	Schule, System, Philosophie Epikurs
studium, -ii	Streben, Eifer, Neigung, Beschäftigung
studium veri	das Streben nach der Wahrheit

studium pugnandi .... Kampfeslust
studium erga amicos .... Ergebenheit, Zuneigung den Freunden gegenüber
sine ira et studio .... ohne Voreingenommenheit und Gunst, ohne Parteilichkeit
suo quisque studio ducitur .... jeder folgt seiner Neigung
studium philosophiae .... die Beschäftigung mit der Philosophie
studiis dedit septem annos .... er studierte sieben Jahre

Verben, deren Bedeutungswechsel aus abhängigen Kasus oder Konstruktionen erschließbar ist

concedere, -o (-cessi, -cessum)

mit Präpositionen (Kasus) des Ortes (intr.) .... weggehen
a parentum oculis concedere .... den Eltern aus den Augen gehen
in hiberna concedere .... in das Winterlager abrücken
in populi Romani dicionem concedere .... unter die Herrschaft des römischen Volkes kommen
mit Dativ (intr.) .... weichen, nachgeben
concedere naturae .... eines natürlichen Todes sterben
veris concedere .... sich der Wahrheit fügen
se unis Suebis concedere .... sie würden nur den Sueben den Vorrang einräumen
mit Akk. (trans.) .... überlassen, erlauben
militibus praedam concedere .... den Soldaten die Beute überlassen
omnia concedere .... alles erlauben, uneingeschränkte Zugeständnisse machen
mit *ut (ne)* mit Konj .... erlauben, dass
concedo tibi, ut ea praetereas .... ich erlaube dir, das zu übergehen
concedere, ut arma capiant .... erlauben, dass sie sich bewaffnen
mit AcI .... zugeben, einräumen, dass
concedo eos non esse miseros qui .... ich gebe zu, dass die nicht unglücklich sind, die [...]

constituere, -o (-stitui, -stitutum)

mit Akk. mit Ortsangaben .... aufstellen, hinstellen, einsetzen
octo cohortes in fronte constituere .... vorne acht Kohorten aufstellen
aciem in ripa constituere .... Schlachtaufstellung am Ufer einnehmen lassen
quercum tumulo constituere .... auf den Hügel eine Eiche stellen, setzen
servum in hoc munere constituere .... einen Sklaven für diese Aufgabe einsetzen
aedem in foro constituere .... einen Tempel auf dem Marktplatz errichten
magistratus constituere .... Behörden einsetzen

mit Akk.	ordnen, festigen, festsetzen
rem familiarem constituere	die Vermögensverhältnisse in Ordnung bringen
bene constituta civitas	ein geordnetes, gefestigtes Staatswesen
vir animo ac vita ita constitutus	ein Mann, im Denken und Handeln so gefestigt
diem constituere colloquio	einen Termin festsetzen für die Unterredung
pretium frumento constituere	den Preis für das Getreide festsetzen
constituere capitis poenam iis, qui non paruerint	für Ungehorsame die Todesstrafe anordnen
mit Inf. (gleiches Subjekt)	sich entschließen, beschließen (Infinitiv auch im Deutschen)
Caesar constituit bellum cum Germanis gerere	Cäsar entschloss sich, mit den Germanen Krieg zu führen
mit *ut* mit Konj. (Subjektwechsel)	beschließen, dass
constituerant, ut L. Bestia quereretur	sie hatten beschlossen, dass L. Bestia klagen sollte

consulere, -o (-sului, -sultum)

mit Akk.	um Rat fragen, sich Bescheid holen
quod me de Antonio consulis	wenn du mich wegen Antonius fragst
senatum de foedere consulere	den Senat über den Vertragsabschluss befragen
qui de iure civili consuli solent	bei denen man sich gewöhnlich über das Zivilrecht Bescheid holt
Phoebi oracula consulere	das Orakel des Apollo befragen
mit Dativ	sorgen für, bedacht sein auf
parti civium consulere	für einen Teil der Bürger sorgen
dignitati senatus consulere	auf das Ansehen des Senats bedacht sein
suae ac militum saluti consulere	besorgt sein um das eigene Wohl und das der Soldaten
absolut (intr.)	sich beraten, überlegen
consulendi res non dabat spatium	der Sachverhalt ließ keine Zeit, sich zu beraten
consulunt, quid agant	sie überlegen sich ihre Maßnahmen
mit adverbiellen Bestimmungen	Maßnahmen treffen, verfahren
nullis certis mandatis ex re consulere	Maßnahmen ohne feste Aufträge nach der Sachlage treffen
aliter mihi consulendum est	ich muss anders verfahren
in humiliores libidinose crudeliterque consulebatur	gegenüber den unteren Klassen wurde willkürlich und grausam verfahren

contendere, -o (-tendi, -tentus)

intr.	sich anstrengen
vi contendere	gewaltsam erzwingen
labore contendere	sich abmühen

mit Ortsziel	eilen, schnell reisen, marschieren
domum contendere	nach Hause eilen
ad Rhenum contendere	eilig zum Rhein vorrücken
in Lingones contendere	eilig ins Gebiet der Lingonen marschieren
mit Inf.	sich beeilen, eilig
in Britanniam proficisci contendit	er geht eilig nach Britannien hinüber
mit *ut (ne)* mit Konj.	sich bemühen, dass
contendere debet, ut vincat	er muss sich bemühen zu siegen
contendi, ut plura dicerem	ich habe mich bemüht, noch mehr zu sagen
se id contendere, ne ea enuntiarentur	sie würden sich darum bemühen, dass das nicht verraten würde
mit AcI	behaupten, versichern
apud eos contendit falsa esse relata	er behauptete vor ihnen, dass Falsches berichtet worden sei
hoc contendo me rationem redditurum	ich versichere, dass ich Rechenschaft ablegen werde
cum mit Abl., *contra* mit Akk.	streiten, mit jemandem kämpfen
cum Sequanis bello contendere	mit den Sequanern kämpfen
contra populum Romanum armis contendere	gegen das römische Volk kämpfen

convenire, -io (-veni, -ventum)

intr.	zusammenkommen, sich versammeln
undique ex Gallia conveniunt	sie kommen von überall aus Gallien zusammen
omnes eo convenerant	alle hatten sich dort versammelt
trans. mit Akk.	treffen, aufsuchen, besuchen
cotidie plurimos conveni	ich habe täglich sehr viele Leute aufgesucht
potestatem amici conveniendi habere	die Möglichkeit haben, den Freund zu besuchen
cum legati eum in itinere convenissent	als die Gesandten ihn auf dem Marsch getroffen hatten
convenit und *conveniunt* mit Subj.	passen, passend sein
nomen non convenit	der Name passt nicht
ceterae vites in quemvis agrum conveniunt	die anderen Rebsorten sind für jeden Boden geeignet
convenit mit Inf. oder AcI	es gehört sich
convenit legem timere	es gehört sich, das Gesetz zu fürchten
confestim te interfectum esse convenit	es würde sich gehören, dass du eilig hingerichtet worden wärst
res convenit oder (unpers.) *convenit*	man vereinbart, es kommt zustande
id signum convenerat	dies Zeichen war vereinbart gewesen
pax convenit cum hoste	der Friede mit dem Feind kam zustande

illud unum inter nos non convenit	diese eine Vereinbarung lässt sich zwischen uns nicht treffen
Claudium veneno occisum convenit	es herrscht Übereinstimmung, dass Claudius vergiftet wurde
sibi cum Dolabella convenisse, ut	er habe mit Dolabella vereinbart, dass

decernere, -o (-crevi, -cretum)

mit Subst.	entscheiden, beschließen, kämpfen
praetor decernit	der Prätor entscheidet (vor Gericht)
vindicias decernere	einen Rechtsanspruch entscheiden
senatus decrevit	der Senat hat entschieden, beschlossen
genus poenae novum decernere	eine neue Art der Strafe verhängen
provincias privatis decernere	Provinzen Nichtpolitikern verleihen
de salute rei publicae decernitur	der Entscheidungskampf geht um das Wohl des Staates
equestri proelio decernere	die Entscheidung im Reiterkampf suchen
mit Inf. (gleiches Subj.)	sich entschließen, sich vornehmen
Caesar his de causis Rhenum transire decreverat	Cäsar hatte sich aus folgenden Gründen entschlossen (vorgenommen), den Rhein zu überschreiten
mit *ut (ne)* mit Konj. (versch. Subjekt)	beschließen, dass
decrevit senatus, ut consul videret	der Senat beschloss, dass der Konsul darauf sehen solle
mit AcI	die feste Überzeugung gewinnen
mihi reliquam aetatem procul a re publica habendam decrevi se	ich kam zu der festen Überzeugung, ich müsse den Rest meines Lebens fern von der Politik verbringen

interesse (-sum, -fui)

interesse inter (Ort – Zeit)	dazwischenliegen, sich unterscheiden
Tiberis inter eos intererat	der Tiber lag zwischen ihnen
interest aliquid inter laborem et dolorem	es besteht ein gewisser Unterschied zwischen Plage und Schmerz
mit Dativ oder *in* mit Abl.	dabei sein, teilnehmen
in convivio interesse	am Gastmahl teilnehmen
pugnae navali interfuit	er war bei der Seeschlacht dabei
unpersönliches *interest*	es ist daran gelegen, es ist von Wichtigkeit
Konstruktion:	
Person oder Sache im Genitiv:	
regis, omnium, eius interest	dem König, allen, ihm liegt daran
Personalpronomina:	
mea, tua, sua, nostra, vestra interest	mir, dir (...) liegt daran

wie viel daran liegt:

Neutra: *multum, plus, tantum, nihil* etc.

Adverbien: *magnopere, magis, maxime* etc.

Genitiv pretii: *magni, pluris, parvi* etc.

die Sache, woran etwas liegt:

interest omnium recte facere	allen liegt am rechten Handeln
cuius interest istam legem manere?	wem liegt am Fortbestehen dieses Gesetzes?
magni mea interest una nos esse	ich lege großen Wert darauf, dass wir zusammen sind
utriusque nostrum interest, te ut videam	uns beiden liegt daran, dass ich dich sehe
nihil interest, quomodo nodi solvantur	es ist gleichgültig, wie die Knoten gelöst werden

monēre, -eo (monui, monitum)

mit AcI	erinnern
monet rationem frumenti esse habendam	er erinnert, dass man auf die Getreideversorgung Rücksicht nehmen müsse
mit *ut* (mit Konj.)	ermahnen, auffordern
milites monuit, ut fortiter pugnarent	er ermahnte (forderte auf) die Soldaten, tapfer zu kämpfen
mit *ne* (mit Konj.)	warnen, abraten
immortalia ne speres, monet annus	der Jahresablauf warnt, auf Unsterblichkeit zu hoffen

persuadēre, -eo (-suasi, -suasum)	(eigentlich: mit Erfolg raten)
mit AcI	überzeugen
imprimis hoc volunt persuadere non interire animas	vor allem wollen sie davon überzeugen, dass die Seele nicht zugrunde geht
velim tibi ita persuadeas me tuis consiliis nullo loco defuturum	sei, bitte, überzeugt, dass ich in keinem Fall deinen Plänen meine Unterstützung versagen werde
sibi persuaderi eum suam gratiam non repudiaturum	er sei überzeugt, dass dieser sein Entgegenkommen nicht zurückweisen werde
mit *ut (ne)* mit Konj.	überreden
huic persuadet, ut (...) transeat	er überredet diesen Mann, hinüberzugehen
ei persuasit, ne ad colloquium veniret	er überredete ihn, zu den Verhandlungen nicht zu erscheinen
his persuaderi non poterat, ut frumentum supportarent	sie konnten nicht überredet werden, Getreide heranzubringen

***prospicere, -io (-spexi, -spectum)* und**
providēre, -eo (-vidi, -visum)

mit Akk.	von Ferne sehen, Ausschau halten, voraussehen
navem providere	das Schiff schon von weitem sehen
adventantem hostium classem prospicere	ausschauen nach der herankommenden feindlichen Flotte
futura prospicere, providere	die Zukunft vorhersehen
mit Dativ und Akk.	für jemanden etwas besorgen, Vorsorge treffen
filiae maritum prospicere	für die Tochter einen Mann besorgen
providere frumentum exercitui	für das Heer Getreide besorgen
mit Dativ	sorgen für
saluti civium prospicere, providere	für das Wohl der Bürger sorgen

statuere, -o (statui, statutum)

mit Akk.	aufstellen, errichten, erbauen, festsetzen
aras statuere	Altäre errichten
urbem statuere	eine Stadt erbauen
diem comitiis statuere	den Tag für die Wahlen festsetzen
mit Inf. (gleiches Subjekt)	beschließen zu, sich vornehmen
Caesar statuit decertare	Cäsar beschloss, die Entscheidung zu suchen
ut (ne) mit Konj. (versch. Subj.)	beschließen, dass
statuunt, ut decem milia hominum in oppidum mittantur	sie beschließen, dass zehntausend Mann in die Stadt geschickt werden sollen
statuitur, ne sit Creta provincia	es wird beschlossen, dass Kreta keine Provinz mehr sei

temperare, -o (-avi, -atum)

intr. mit Dativ oder mit Abl.	mäßigen, beherrschen
linguae temperare	seine Zunge hüten – oder: zügeln, in Zaum halten
vix lacrimis temperare	die Tränen kaum zurückhalten
irae temperare	den Zorn beherrschen
ab iniuria temperare	Übergriffe vermeiden
trans. mit Akk.	mischen, ordnen, lenken, besänftigen
vinum temperare	den Wein richtig (mit Wasser) mischen
rem publicam legibus temperare	den Staat durch Gesetze ordnen
ratem temperare	das Floß lenken
mare temperare	das Meer beruhigen

Vokabeln, die häufig verwechselt werden

Stammverwandte Verben

iacēre, -eo, -ui, -iturus	liegen
in lecto iacet	er liegt auf dem Bett
iacere, -io, ieci, iactum	werfen
lapidem iacit	er wirft einen Stein
pendēre, -eo, pependi (intrans.)	hängen
ex arbore pendent	sie hängen am Baum
pendere, -o, pependi, pensum	abwägen, schätzen, zahlen, bezahlen
res, non verba pendo	ich wäge Tatsachen, nicht Worte
amicos magni pendimus	wir schätzen die Freunde hoch
Germanis vectigalia pendunt	sie zahlen den Germanen Tribute
impendēre, -eo	hereinhängen, nahe bevorstehen
saxum Tantalo impendet	ein Felsen hängt über Tantalus
magnum bellum impendet	ein großer Krieg steht bevor
impendere, -o	aufwenden, verwenden
magnam pecuniam impendunt	sie wenden viel Geld auf
sedēre, -eo, sedi, sessum	sitzen
diu tacitus sedit	er saß lange schweigend da
considere, -o, consedi	sich setzen, sich lagern, sich ansiedeln
in sella regis consedit	er nahm auf dem Thron Platz
quo in loco Germani consederant	wo sich die Germanen gelagert hatten
in finibus Ubiorum consederunt	sie siedelten sich im Gebiet der Ubier an
possidēre, -eo, -sedi, -sessum	besitzen
omnia possideat Minos	Minos mag alles besitzen
possidere, -o, -sedi, -sessum	in Besitz nehmen, besetzen
aer necesse est possidat inane	notwendigerweise nimmt er Besitz vom leeren Luftraum
eos agros tenere, quos armis possederint	sie behielten das Gebiet, das sie im Kampf besetzt hätten

Nicht stammverwandte Vokabeln

parēre, -eo, -ui, -iturus ... gehorchen
legibus pareamus! ... wir wollen den Gesetzen gehorchen!
parere, -io, peperi, partum (pariturus) ... gebären, zeugen, erwerben
quintum peperit ... sie hat zum fünften Mal geboren
fruges, quae terra pariat ... die Früchte, die die Erde hervorbringen soll
sibi laudem peperit ... er hat sich Ruhm erworben
quidquid partum est ... alles Erworbene

quaerere, -o, quaesivi, quaesitum ... fragen, untersuchen, suchen, sich verschaffen, erwerben
quaeritur, qui tantae pondera molis sustineat ... gesucht wird einer, der das Gewicht einer solchen Last tragen kann
eadem secreto ab aliis quaerit ... nach demselben fragt er heimlich die andern
si verum quaeris ... wenn du nach der Wahrheit forschst (fragst)
victum sibi quaerere ... sich seinen Lebensunterhalt verschaffen
rem honeste mercaturis faciendis quaerere ... sein Vermögen ehrlich durch Handel erwerben
quaestus, -ūs ... Erwerb, Gewinn
quaestus pecuniae ... Gelderwerb
quaestus sordidus ... schmutziger Gewinn
queri, queror, questus sum ... klagen, beklagen
queruntur in silvis aves ... in den Wäldern klingt der klagende Gesang der Vögel
iniurias suas queritur ... er klagt über das ihm zugefügte Unrecht
fortunas suas querebatur ... er beklagte sein Schicksal
venerunt questum, quod ... sie kamen, um Klage zu führen, dass
questus, -ūs ... die (Weh)Klage
per tota castra questus militum audiebantur ... im ganzen Lager hörte man das Klagen der Soldaten

vincere, -o, vici, victum ... siegen
vici ... ich habe gesiegt
vincire, -io, vinxi, vinctum ... umwinden, binden, fesseln
comas corona vinxit ... er schmückte die Haare mit einem Kranz
legatos trinis catenis vinxerunt ... sie fesselten die Gesandten mit dreifachen Ketten

vivere, -o, vixi, victurus ... leben
satis vixi ... ich habe genug gelebt
vitare, -o, -avi, -atum ... meiden, vermeiden
omnes suspiciones vitent ... sie sollten alle Verdachtsgründe meiden

Die syntaktischen Eigentümlichkeiten des Lateinischen (Grammatik)

Neben der Beherrschung eines angemessenen Wortschatzes ist eine solide Kenntnis der Grammatik Basis für den Umgang mit Texten. Für das Erschließen, Übersetzen und Interpretieren von lateinischen Texten muss nicht immer das gesamte sprachliche System bereitstehen, sondern die häufigsten und typischen sprachlichen Erscheinungen der Satz- und Formenlehre. Das Erlernen der Formenlehre ist als »Paukarbeit« dem Eifer des Einzelnen überlassen. Bei Beginn der Kollegstufe sollte es abgeschlossen sein. Im Bereich der Syntax sind die Kasuslehre, Konstruktionen mit Partizip, Gerundium und Gerundivum sowie der AcI von besonderer Bedeutung.

Grundstrukturen

Latein ist, wie in abgeschwächtem Maße das Deutsche, eine morphosyntaktische Sprache; das heißt, dass in ihm die Funktion der Wörter im Satz und ihre gegenseitigen Beziehungen durch lautliche Veränderungen am Wortanfang (Präfixe) und im Wortinnern (Infixe), vor allem aber am Wortende (Suffixe) gegeben sind.

In den meisten Sprachen unserer europäischen Nachbarn dagegen werden die syntaktischen Beziehungen durch eine fixierte Stellung der einzelnen Satzglieder (z. B. Subjekt – Prädikat – Objekt) und eine starke Verwendung von Präpositionen (Kasusbildung im Englischen und Französischen) hergestellt; demgegenüber treten Änderungen der Formen des Worts zurück.

Das Lateinische dagegen hat die Möglichkeit, durch eine freie, aber sinnvolle Stellung der einzelnen Satzglieder ganz bestimmte Absichten der Aussage deutlich werden zu lassen. Die Genauigkeit der lateinischen Morphosyntax soll ein Beispiel deutlich machen; Cicero zitiert den Vers: *Vitam regit fortuna, non sapientia.* Wörtlich übersetzt lautet der Satz deutsch: »Das Leben lenkt das Schicksal, nicht die Weisheit« oder auch: »Das Schicksal lenkt das Leben, nicht die Weisheit«. Durch die Formengleichheit im Deutschen ist keine Scheidung von Subjekt (Nominativ) und Objekt (Akkusativ) möglich. Der Satz müsste in diesem Fall ins Passiv verwandelt werden und würde dann lauten: »Das Leben wird vom Schicksal, nicht von der Weisheit gelenkt«.

Andererseits erschwert im Lateinischen das Fehlen des Artikels die Bestimmung des Geschlechts der Wörter, oder fehlende Hilfszeitwörter lassen eine Modusaussage nur aus dem Gesamtzusammenhang des Satzes erschließen. *Dicat aliquis* kann heißen: »Irgendjemand soll sagen« (Jussiv) oder »irgendjemand mag sagen« (Konzessiv) oder »irgendjemand möge sagen« (Optativ) oder »irgendjemand könnte sagen« (Potentialis). Entscheidend für alles Verstehen und Übersetzen lateinischer Texte ist also das Erkennen der → Morpheme (Suffixe oder Endungen).

Voraussetzung dafür ist die → Formenlehre; das heißt, dass sowohl die Deklination der Nomina (Substantiva, Adjektiva, Pronomina und Numeralia) als auch die Konjugation der Verben und die Steigerung von Adjektiven und Adverbien beherrscht werden müssen. Hierzu können die einschlägigen Grammatiken herangezogen werden. Im Rahmen dieses Buches können ausschließlich Hilfen für das Erkennen der Wortfunktionen aus den Endungen gegeben werden.

Alle Formen eines Wortes lassen sich nur von den Grundformen her erschließen. Dies sind beim Substantiv Nom. und Gen. Sg. (*honor, -oris*), bei mehrendigen Adjektiven Nom. Sg. der Genera (*bonus, -a, -um; celer, -is, -e; fortis, -e*), bei einendigen Adjektiven Nom. und Gen. Sg. (*sapiens, -ntis*) und beim so genannten unregelmäßigen Verbum die vier Grundformen (*dico – dixi – dictum – dicere* oder *dicere – dico – dixi – dictum*). Für jedes Pronomen aber muss ein besonderes Deklinationsschema gelernt werden.

Formenlehre

Die Formenlehre muss bereits bei Beginn der Kollegstufe beherrscht werden. Im Rahmen der Abiturvorbereitung können hier nur einige Hilfen für Schwierigkeiten gegeben werden.

Mehrdeutige Morpheme

Nomina

Die meisten Wortausgänge lassen durchaus mehrere Deutungen innerhalb einer Deklination zu (*feminae* kann beispielsweise Gen. Sg., Dat. Sg. oder Nom. Pl. sein). Hier gibt es einige Möglichkeiten, im Zusammenhang eines Textes die Funktion der Wortausgänge zu ermitteln:

Zusammenstellung mit anderen Wörtern

- *equ**i** celer**es** – equ**i** celer**is** – equ**os** celer**es***
- *sit**i** magn**ae** – sit**i** magn**a***
- *vir**o** amant**i** – vir**o** amant**e***
- *agricol**ae** milit**es**que; vir**o** strenu**o** et milit**i***
- *natura nobis corp**us** et anim**um** dedit*
- *nec sib**i** sol**i**, sed liber**is***
- *labor agricolae – altitudo turris – appetitio principatūs*
- *intellegi debet figura membrisque corporum*

Dabei spricht die Wahrscheinlichkeit bei den Formen *puellis, viro, viris, hominibus, magistratibus* für den Dativ, da der Ablativ bei Personen meistens von Präpositionen abhängt.

Bei Sachen in der Form *causis, gladio, gladiis, precibus, domibus, rebus* ist der Ablativ weitaus häufiger als der Dativ.

Beziehungen zu einem Verbum

oppidum positum est; servi pareant vilico; hoc rei publicae non persuadebis; Caesar memoria tenebat; fluctus navem tollit; fluctus vento agitantur; navis fluctus impetum timens; nauta fluctus metuens

Der Singular des Prädikats *tollit* bestimmt *fluctus* als Subjekt im Nom. Sg., der Plural bei *agitantur* erfordert ein Subjekt im Nom. Pl. Das Partizip *metuens* hat ein Objekt im Akkusativ bei sich, sodass *fluctus* hier nur Akk. Pl. sein kann.

Struktur des Satzes

Stoici arbitrantur natura intellegi – *natura* kann wegen des AcI nur Abl. sein

natura dicitur homines coniunxisse – *natura* ist Nom. wegen des NcI

hostibus uno impetu repulsis Abl. mit Part., weil Part. conj. im Dativ sehr selten ist

iis partibus rationis, quae hominem regit – *quae* muss wegen *regit* Sg. sein, abhängig von *rationis*

Verba

Es kann vorkommen, dass Verben in bestimmten Formen anderen Wörtern gleichen (*consulis* – des Konsuls; du fragst). Hier ist die genaue Bestimmung aus dem Satzzusammenhang immer möglich. Bei den Verben, die den Perfektstamm ohne Änderung des Präsensstammes bilden (*comperio, statuo, contendo*) oder die mit im Schriftbild nicht erkennbarer Dehnung des Stammvokals auftreten (*venio, lego*), ist bei der 3. und 4. Konjugation die Verwechslung folgender Formen möglich: 3. Sg. und 1. Pl. Ind. Präs. Akt. mit den entsprechenden Personen des Ind. Perf. Akt. (*venit* – er kommt; er ist gekommen; *legimus* – wir lesen; wir haben gelesen). Hier ist die richtige Übersetzung vom Sinn des Satzes her oder von der Parallelität mit anderen Prädikaten zu erschließen (*Caesar tres legiones conscripsit et Galliam ire contendit*).

Eine weitere Verwechslungsmöglichkeit bei der konsonantischen Konjugation zwischen 1. P. Ind. Perf. Akt. und Inf. Präs. Pass. (*minui* – ich habe vermindert; vermindert werden) ist leicht vom Satzsinn her richtig zu stellen. Bei oberflächlichem Übersetzen kann leicht der Imperativ des *Deponens* (*imitare* – ahme nach!) mit einem (nicht vorhandenen!) Infinitiv Aktiv verwechselt werden.

Keine Schwierigkeit macht im Allgemeinen die Übersetzung der (ohne 1. P. Sg.) gleichen Formen von Konj. Perf. Akt. und Futur II Akt., weil das Futur II fast nur in indikativischen Nebensätzen mit *si* und *cum* vorkommt, wobei das Prädikat des übergeordneten Satzes im Futur oder Imperativ stehen muss. Es ist also genau zu unterscheiden: *si veneris, gaudeam* (solltest du kommen, würde ich mich freuen) und *si veneris, gaudebo* (wenn du kommst, werde ich mich freuen).

Die Funktionen der Kasus

Hier wird nur auf wesentliche und vom Deutschen differierende Erscheinungen hingewiesen, die für die Übersetzung und für die Beantwortung der Fragen im Interpretationsteil der Abiturarbeit wichtig sind.

Der Nominativ

Der Nominativ kennzeichnet wie im Deutschen das Subjekt eines Satzes.

Wesentlich stärker als im Deutschen wird er als Prädikativum verwendet. So werden Adjektive, die körperliche oder geistige Zustände bezeichnen, nicht adverbial, sondern als Prädikativa verwendet: beispielsweise *Cicero ex Asia aeger revertit* (Cicero kam krank aus Kleinasien zurück) und *quam te libenter quamque laetus inviso* (wie gerne und wie froh sehe ich dich).

Ferner wird ein Prädikativum im Akkusativ (wie etwa *populus Ciceronem consulem creavit* – das Volk wählte Cicero zum Konsul), wenn der Satz passivischen Sinn bekommt, zum Subjekt parallelisiert *(Cicero a populo consul creatus est* – Cicero wurde vom Volk zum Konsul gewählt). Das Prädikativum wird dabei mit »als«, »zum«, »zur«, »für« eingeleitet.

Der Genitiv

Der Genitiv bestimmt Bereich und Zugehörigkeit.

Zugehörig zu einem (übergeordneten) Nomen

a) zu einem Substantiv

Das übergeordnete Substantiv bezeichnet eine Handlung oder Empfindung, der Genitiv deren Ziel (Genitivus obiectivus):

amor parentum – die Liebe zu den Eltern
poena perfidiae – die Strafe für den Treubruch
timor hostium – die Furcht vor den Feinden
odium mei – der Hass gegen mich

(Die Wiedergabe erfolgt durch den deutschen Präpositionalausdruck.)

Hier ist stets aus dem Gedankengang des Satzes heraus zu untersuchen, ob nicht (viel häufiger!) wie im Deutschen der Träger von Handlung oder Empfindung gemeint ist:

litterae Ciceronis – Ciceros Brief; seltener: der Brief an Cicero

b) zugehörig zu einem Adjektiv oder Partizipium Präsens

Der Genitiv gibt den speziellen Bereich an, auf den sich das übergeordnete Adjektiv auswirkt:

particeps rationis – im Besitz der Vernunft (teilhaftig)
expers humanitatis – ohne Anteil an der (ohne) Bildung
immemor periculi – ohne an die Gefahr zu denken
memor pristinae virtutis – im Bewusstsein früherer Tapferkeit
hominis proprius – dem Menschen eigen(tümlich)
appetens gloriae – nach Ruhm gierig, ehrgeizig
patiens laborum – fähig, Strapazen zu ertragen

c) zugehörig zu einem Pronomen, bestimmten oder unbestimmten Zahlwort.

Auch hier gibt der Genitiv das Ganze an, von dem das übergeordnete Nomen einen Teil bezeichnet:

nihil laboris – keinerlei Mühe
nemo nostrum – keiner von uns
paulum temporis – ein wenig Zeit
parum temporis – zu wenig Zeit
si quid rationis – wenn etwas Vernunft
eo temeritatis (ad tantam termeritatem) procedere (progredi) – so weit in der Unüberlegtheit gehen

Der Genitiv ist zugehörig zu einem Verbum

a) Hilfszeitwörter mit Genitiv

esse mit Genitiv drückt aus, dass etwas Besitz, Eigentümlichkeit, Pflicht, Aufgabe von jemandem ist:

Pompei totus sum – ich gehöre ganz dem Pompeius
Gallorum est – es ist eine Eigenart der Gallier
adulescentis est – es ist Aufgabe, Pflicht eines jungen Mannes, es gehört sich für einen jungen Mann, es ist ein Zeichen von Jugend
fieri mit Genitiv – jemandes Besitz werden
omnia viri fiunt – alles wird Besitz des Mannes
esse mit Wertangaben im Genitiv – »wert sein«, »gelten«
magni (pluris, minoris) esse – viel (mehr, weniger) wert sein, gelten

b) Verba mit Genitiv

- Genitiv als Objekt bei *meminisse, oblivisci*:

memini patris – ich erinnere mich an meinen Vater
obliviscere iniuriarum acceptarum – vergiss das erlittene Unrecht!

- Genitiv bei den unpersönlichen Verben *piget, pudet, paenitet, taedet, miseret* gibt die Ursache der Empfindung an:
  me pudet stultitiae – ich schäme mich über meine Dummheit
  me non paenitet facti – ich bereue meine Tat nicht
- Genitiv als Wertangabe bei den Verben *aestimare, facere, putare* (schätzen, achten), *emere* (kaufen), *vendere* (verkaufen), *venire* (verkauft werden), *stare, constare* (kosten):
  magni (pluris, plurimi) *facere* – hoch (höher, am höchsten) schätzen
  minoris stare – weniger kosten
- Genitiv bei → *interest*

Der Dativ

Der Dativ ist der Kasus des Anteil-Gebens und der Beteiligung; er bezeichnet die Person, um derentwillen etwas geschieht und antwortet auf die Fragen: Wem? Wofür? Wozu?

Der Dativ als entfernteres Objekt

Hier steht der Dativ wie auch im Deutschen auf die Frage: Wem?
alicui (rei) …
conciliare aliquem – jemanden mit jemandem verbinden, befreunden
reconciliare aliquem – jemanden mit jemandem wieder versöhnen
favere – jemanden begünstigen, gnädig sein gegen jemanden
invidere – jemanden beneiden
parcere – jemanden schonen, etwas sparen
persuadere – einen überreden, überzeugen
studere – sich bemühen, etwas betreiben, streben nach
afferre vim, manus – jemandem Gewalt antun
antecellere, excellere, antecedere, praestare – jemanden übertreffen
supplicare – jemanden anflehen
superesse – jemanden überleben

Der Dativ der beteiligten Person oder Sache steht auf die Frage: Für wen oder was?

Wird im Deutschen meist durch »für« eingeleitet:
non scholae, sec vitae discimus – wir lernen nicht für die Schule, sondern für das Leben
haec tractanti animo existit cognitio – für den, der sich damit beschäftigt, ergibt sich die Erkenntnis
non solum nobis divites esse volumus – wir wollen nicht nur für uns reich sein
turres procul intuentibus pares erant – aus der Entfernung waren die Türme für die Betrachter gleich hoch

Ein Prädikativum im Dativ

Es gibt den Zweck an – meist in Verbindung mit einem Objektsdativ – und antwortet auf die Frage: Wofür?

- bei *esse* – gereichen, dienen, einbringen
  monumenta urbibus ornamento esse voluerunt – sie wollten, dass die Denkmäler ein Schmuck der Städte seien
  arbitrabatur sibi rem adiumento fore – er glaubte, die Sache würde für ihn eine Hilfe bedeuten
  iis divitiae honori esse coeperunt – für sie bedeutete der Reichtum allmählich eine Ehre
  iis divitiae mihi videntur ludibrio fuisse – mir scheint, dass ihnen der Reichtum nur zum Spott gedient hat
  nomen regis Romanis odio fuit – der Begriff »König« wurde von den Römern gehasst
  mihi magnae curae est te valere – mir liegt viel an deiner Gesundheit
  usui esse – von Nutzen sein
- bei *dare, tribuere* – anrechnen
  aliquid alicui vitio dare – einem etwas als Fehler anrechnen
  Caesar id imprudentiae suae tribueret – Cäsar solle dies ihrer Unwissenheit zuschreiben (ind. Rede)
- bei *dare, mittere, venire, relinquere*
  regi equum dono (muneri) dedit – er gab dem König ein Pferd als Geschenk
  Labienus laborantibus auxilio venit – Labienus kam den Bedrängten zu Hilfe

Caesar tres cohortes oppido praesidio reliquit – Cäsar ließ drei Kohorten zum Schutz der Stadt zurück

diem dicere colloquio – einen Termin für die Besprechung bestimmen

Der Akkusativ

Der Akkusativ gibt Richtung und Ziel eines Handelns oder Geschehens an. Dabei wird als bestimmtes Ziel ein affiziertes, bereits vorhandenes Objekt, das »Gegenstand« des Handelns ist, und ein effiziertes Objekt, das durch das Handeln erst »bewirkt« wird, unterschieden.

Der Akkusativ als affiziertes Objekt bei Verben:

aliquem, aliquid ...
(ad)aequare aliqua re – jemandem gleichkommen in etwas
deficere – fehlen, im Stich lassen
sequi – folgen
ulcisci – jmdn. rächen; sich an jmdm. rächen; etwas rächen; strafen
respicere – Rücksicht nehmen auf
dolere – Schmerz empfinden über etwas, etwas bedauern
queri – klagen über etwas
horrere – schaudern vor
indignari – unwillig sein, sich ärgern über
praecedere – übertreffen

Unpersönliche Verben:

decet (*me, te, eum* usw.) – es gehört sich für mich usw.
ebenso: *dedecet* – es gehört sich nicht
iuvat – es freut
fallit, (fugit, praeterit) – es entgeht, bleibt verborgen
neminem fugit – jeder weiß

Mit Gegenstand der Empfindung im Genitiv:

mendacii me paenitet – die Lüge reut mich, ich bereue die Lüge
ebenso: *piget* – es ärgert
pudet – es beschämt
taedet – es ekelt
miseret – es jammert

Verbindung von affiziertem und effiziertem Objekt (doppelter Akkusativ):

doceo te artem – ich lehre dich eine Fertigkeit
aliquem aliquid ...
deligere, eligere, creare – jemanden als etwas wählen
facere, reddere – jemanden zu etwas machen
putare, existimare, iudicare, ducere, arbitrari – jemanden für etwas halten
dicere, appellare, vocare, nominare – jemanden etwas nennen, als etwas bezeichnen
habere – jemanden als etwas haben
se praebere, se praestare – sich als etwas zeigen

Richtung und Ziel in Raum und Zeit

(mit und ohne Präpositionen)
domum, rus ire – nach Hause, aufs Land gehen
Romam, Delum, Athenas proficisci – nach Rom, Delos, Athen reisen
in urbem advenire – in der Stadt ankommen
in portum convenire – im Hafen zusammenkommen, zusammenlaufen
in alium locum (eo) equites cogere – an einem anderen Ort (dort) die Reiter sammeln, zusammenziehen
in castra (Romam) nuntiare – im Lager (in Rom) melden
in posterum diem – für den folgenden Tag
in dies crescere – von Tag zu Tag wachsen
sub montem succedere – an den Fuß des Berges heranrücken

Besondere Verwendung von Neutra

id non dubito – daran zweifle ich nicht
idem studeo – ich strebe nach demselben
hoc te hortor – dazu fordere ich dich auf
id vos oro – darum bitte ich euch
quid me interrogas – wonach fragst du mich?

Akkusativ als Adverb

maximam partem – größtenteils
multum – vielfach, oft, sehr
ceterum – übrigens
nihil – in keiner Weise
tantum – so viel, so sehr
quid – warum, wieso

Einige Ausdrücke

auxilium a dis precari – die Götter um Hilfe bitten
epistulam ab amico petere – den Freund um einen Brief bitten
quaerere aliquid ex (ab) aliquo – jemanden um etwas bitten, nach etwas fragen

Der Ablativ

Der Ablativ ist ein Kasus, den es im Deutschen nicht gibt. Er drückt Begleitumstände der verschiedensten Art aus. In fast allen Fällen ergänzt er die im übergeordneten Verbum gemachte Aussage, ist also ein Adverbiale.

Der Inhalt seiner Aussage wird durch den Wirklichkeitsgehalt der Nomina bestimmt, mit denen er auftritt. Im Deutschen wird der Ablativ meist durch eine Präposition mit Substantiv wiedergegeben. Im Ablativ sind drei ursprüngliche Kasus aufgegangen: Der *Instrumentalis*, der *Locativus* und der *Separativus*.

Instrumentalis

Als Instrumentalis gibt der Ablativ bei Sachen Werkzeuge, Mittel, Methode, Grund eines Handelns oder Geschehens an. Er antwortet auf die Fragen »womit?«, »wodurch?«, »wie? (auf welche Weise?)«.

Der Satz *homines lingua et ratione consociantur* (die Menschen schließen sich durch Sprache und Vernunft zusammen) zeigt deutlich, wie in diesem Bereich des Ablativs *lingua et ratione* Mittel, Methode und Grund bedeuten können.

- Werkzeug und Mittel (»wodurch?« – »womit?«):
  manu capere – mit der Hand ergreifen
  memoria tenere – im Gedächtnis behalten
  proelio lacessere – zum Kampf herausfordern
  tecto recipere aliquem – jemanden in sein Haus aufnehmen
  uti aliqua re – etwas benützen
  fungi aliqua re – etwas verwalten, sich einer Sache bedienen
  munere fungi – eine Aufgabe erfüllen
  exercitui frumento opus erat – das Heer brauchte Getreide (eigentlich: dem Heer war gedient mit …)
  abundare aliqua re – reich sein an etwas
- Adjektive mit dem Instrumentalis:
  aliqua re refertus – voll (voll gestopft) mit
  aliqua re fretus, confisus – im Vertrauen auf
  aliqua re dignus, indignus – einer Sache würdig, unwürdig
  consul laude dignus est – der Konsul verdient Lob
- Ablativ bei Maßangaben auf die Frage: »um wie viel?«:
  dimidio minor – um die Hälfte kleiner
  multo maior – viel größer
  multo ante – viel früher
  paulo (brevi) post – bald darauf
  nihilo minus (setius) – nichtsdestoweniger
  multo praestare alicui – jemanden weit übertreffen
  quo (…) eo – je (…) desto
- Ablative, die Grund oder Art und Weise angeben:
  his rebus adductus – dadurch veranlasst
  inopia adductus – aus Not
  ira motus – aus Zorn
  more maiorum – nach alter Sitte
  meo iudicio – nach meiner Meinung, meinem Urteil
  consuetudine Gallorum – nach der Gewohnheit der Gallier
  voluntate militum – mit Zustimmung der Soldaten
  specie – unter dem Schein
  imperio Pompei – unter dem Oberbefehl des Pompejus
  ea ratione – auf diese Weise
  eo consilio, ea mente – in der Absicht
  aequo animo – mit Gleichmut

Separativus

Der Ablativus separativus drückt die Entfernung von einem Ausgangspunkt aus auf die Fragen: »Wovon«? und »Woher«?

- Ort und Zeit auf die Fragen: »Woher«? »Seit wann«?
  domo – von zu Hause
  rure – vom Land (herein)
  Roma, Carthagine, Delo proficisci – von Rom, Karthago, Delos abreisen

nobili genere natus – aus vornehmem Geschlecht
ordine senatorio ortus – aus dem Senatorenstand

- Mit Präpositionen (oft abweichend vom Deutschen):
  ex eo tempore – seit dieser Zeit
  ex quo – seitdem
  ex arbore pendere – am Baum hängen
  a Pompeio stare – auf der Seite des Pompejus stehen
  a fronte – a tergo – vorne – im Rücken
  a latere – von der Flanke (Seite)
  ex (ab) omnibus partibus – auf allen Seiten
- Bei Verben, die eine Trennung ausdrücken, stehen Sachen im bloßen Ablativ auf die Frage: »Wovon«?
  liberare curis – von Sorgen befreien
  privare, spoliare, exuere, orbare aliquem aliqua re – jemandem etwas rauben
  Gallos omni spe privare – den Galliern jede Hoffnung nehmen
  nudare aliqua re – von etwas entblößen
  egere, indigere pecunia – Geld brauchen
  carere exercitu – kein Heer haben
  vacare curis – frei sein von Sorgen, keine Sorgen haben
  arcere, prohibere finibus – fern halten vom Gebiet
  intercludere commeatu – vom Nachschub abschneiden
  (ex)pellere urbe – aus der Stadt vertreiben
  (se) abstinere iniuria – sich des Unrechts enthalten, kein Unrecht begehen
  desistere impetu – mit dem Angriff aufhören
  abire magistratu – ein Amt niederlegen
  aber: *defendere, tueri ab hostibus* – vor den Feinden verteidigen, schützen
  dissentire ab aliquo – mit jemandem nicht übereinstimmem
- Einige Adjektiva:
  nudus defensoribus – entblößt von Verteidigern
  vacuus negotiis – frei von Geschäften
  campus vacuus arboribus – baumlose Ebene
  aber: *tutus ab hostibus* – sicher, geschützt vor Feinden

Ablativus comparationis

Der Ablativus comparationis bringt den Ausgangspunkt eines Vergleichs im Ablativ vor allem bei Sätzen mit verneinendem oder fragendem Sinn: *Nihil ratione praestantius habemus* – Wir haben nichts Besseres als die Vernunft (Ausgehend von der Vernunft haben wir ...) *Quid philosophia sanctius est?* – Was ist erhabener als die Philosophie?

Hier ist besonders darauf zu achten, ob in der Nähe eines nicht sinnvoll übersetzbaren Ablativs (meist vor ihm) ein Komparativ steht. Besonders häufig kommen folgende Ablative vor:

celerior opinione, expectatione, spe – schneller als erwartet (erhofft); unerwartet, unverhofft schnell

Bei Relativpronomina: *Ex vita tollunt amicitiam, qua nihil melius habemus* – Sie beseitigen die Freundschaft aus dem Leben, von der ausgehend wir nichts Besseres haben – Sie beseitigen die Freundschaft aus dem Leben, das Beste, was wir haben; ... aus dem Leben; es gibt nichts Besseres als sie. Steht ein Relativpronomen im Ablativ, und finden wir im Relativsatz einen Komparativ, dann nehmen wir für eine Übersetzung diesen Komparativ in Form einer Apposition im Superlativ vor dem Relativsatz heraus und hängen den Relativsatz an; oder wir begreifen den Relativsatz als selbstständigen Satz und behandeln das Relativpronomen als relativen Satzanschluss im *Ablativus comparationis* (siehe vorstehendes Beispiel!).

Der Ablativus loci et temporis

Der Ablativus loci et temporis steht auf die Frage »Wo?« und »Wann?« ohne oder mit Präposition. Seine jeweilige Funktion ergibt sich aus der Bedeutung der Vokabel.

- Seine Endung -i als eigener Kasus wird noch deutlich in:
  domi, ruri, humi – zu Hause, auf dem Land, auf dem Boden
  Romae (aus *Romai*) (a-Dekl. Sg.) – in Rom
  Corinthi, Deli (o-Dekl. Sg.) – in Korinth, auf Delos
  luci, vesperi – am hellen Tag, am Abend
- sonst steht der bloße Ablativ:
  vespere – am Abend

hieme – im Winter
multo die – spät am Tage

- Bei den Substantiven mit *totus*:
  totis castris – im ganzen Lager
  toto orbe terrarum – auf der ganzen Welt
- Bei *locus* mit und ohne Präposition:
  hoc loco invenitur – an dieser Stelle (eines Buches) findet sich
  idoneo loco – an einer geeigneten Stelle
  eodem loco esse – sich in derselben Lage befinden
  (in) loco angusto – an einer Engstelle
- Bei »stellen, setzen, legen, zählen zu« fragt der Lateiner »Wo?«
  in mensa ponere – auf den Tisch stellen, setzen, legen
  in urbe (ibi) copias collocare – Truppen in die Hauptstadt (dorthin) verlegen
  in tecto consistere – sich auf das Dach stellen
  in ignavis numerare – zu den Feiglingen rechnen

Locativus – Separativus – (Richtungsakkusativ) bei Städtenamen (→ Kasten)

Ablativus qualitatis

Der Ablativus qualitatis nimmt eine Sonderstellung ein:

- attributiv: *Zeno fuit vir summo ingenio* – Zenon war ein hoch begabter Mann
- prädikativ: *Agesilaus corpore exiguo fuit* – Agesilaos war klein (von kleiner Gestalt)

Die Konstruktionen mit Partizip

Das Partizip steht wie im Deutschen attributiv: *milites pugnantes* – die kämpfenden Soldaten, *epistula accepta* – der empfangene Brief.

Das Partizip Futur wird im Deutschen meist durch einen Relativsatz wiedergegeben: *mercator navigaturus* – der Kaufmann, der wegsegeln wird, will, ... der dabei ist, wegzusegeln.

Wird letzteres Partizip dann als Prädikativum mit dem Hilfszeitwort *esse* verbunden *(coniugatio periphrastica activa)*, so drückt es eine Absicht oder den bevorstehenden Eintritt eines Handelns oder Geschehens aus: *mercator navigaturus est* – Der Kaufmann will wegsegeln, ist gerade dabei, wegzusegeln.

Bei → *quin*- und indirekten Fragesätzen dient es der Umschreibung eines Konjunktiv Futur: *Non dubito, quin venturus sis* – ich zweifle nicht, dass du kommen wirst.

Participium coniunctum

Abweichend vom Deutschen wird das Partizip in Abhängigkeit von einem Nomen als Ersatz eines umfassenderen Ausdrucks oder eines Gliedsatzes verwendet.

Locativus – Separativus – Richtungsakkusativ bei Städtenamen

Bei den Namen von Städten und kleineren Inseln wird bei Ortsangaben auf die Fragen woher? wo? wohin? keine Präposition gesetzt. Die Funktion des Kasus genügt:

Ort	woher? (aus)	wo? (in)	wohin? (nach)
Roma	*Roma*	*Romae*	*Romam*
Corinthus	*Corintho*	*Corinthi*	*Corinthum*
Delphi	*Delphis*	*Delphis*	*Delphos*
Athenae	*Athenis*	*Athenis*	*Athenas*
Carthago	*Carthagine*	*Carthagine*	*Carthaginem*

Bei den Formen der a- und o-Deklination im Singular hat sich der alte Lokativ auf -i erhalten. Äußerlich stimmt er mit dem Genitiv Singular überein: *Corinthi*, *Romae* (aus *Romai*).

Gibt das Partizip einen mit einem nominalen Satzglied verbundenen Vorgang wieder, so nennen wir es Participium coniunctum. Dabei bevorzugt das Lateinische die geschlossene Stellung; das heißt: die Partizipialkonstruktion bringt das Nomen meist am Anfang, dann folgen die vom Partizip abhängigen Teile und schließlich das Partizip: *Caesar Helvetios omnibus copiis secutus.*

Am häufigsten ist das Participium coniunctum im Nominativ und mit Deponentien, da diese eine Vorzeitigkeit im Aktiv ausdrücken können; es steht aber auch in jedem anderen Kasus.

Ablativus absolutus (Ablativ mit Partizip)

Nicht adnominal (zu einem Nomen gehörig), sondern adverbial ist der Ablativus absolutus. Er gibt Zeit, Grund, Mittel, Begleitumstände usw. wieder: *Caesar re frumentaria comparata iter facere coepit.* – Als die Getreideversorgung sichergestellt war, marschierte Cäsar ab.

Caesar iter facere coepit ist ein sinnvoller selbstständiger Satz. Die verbale Aussage *iter facere* wird näher bestimmt durch das aus der Satzstruktur losgelöst (absolutus) erscheinende *re frumentaria comparata*, das die Zeit und die dem Abmarsch vorhergehenden Umstände angibt.

Ein Ablativus absolutus lässt sich am besten durch einen Adverbialsatz, einen Präpositionalausdruck oder durch Beiordnung ins Deutsche übersetzen.

Übersetzung der Partizipalkonstruktionen

Die Übersetzung dieser Partizipialkonstruktionen kann durch folgende Methoden erfolgen:

- Nominale Wendung:
  Legati paulum morati dixerunt – nach kurzem Zögern sagten die Abgesandten.
  Hostibus summa vi aggredientibus legio pedes non rettulit – trotz des kraftvollen Angriffs der Feinde ging die Legion nicht zurück.
- Relativsatz:
  Suebi viam tridui progressi reverterunt – die Sueben, die drei Tage weitermarschiert waren, kehrten um.
  Cicero per Sangam consilio cognito legatis praecepit – Cicero, der durch Sanga von dem Plan erfahren hatte, gab den Gesandten Anweisungen.
- Nebensätze der Zeit:
  Suebi omnia experti simulaverunt se in suas sedes reverti – als die Sueben alles (vergeblich) versucht hatten, taten sie so, als ob sie in ihre Heimat zurückkehren würden.
  Plato scribens mortuus est – Platon starb, während er schrieb.
- Nebensätze des Grundes:
  Hac consuetudine cognita Caesar celeriter ad exercitum proficiscitur – weil Cäsar diese Gewohnheit kannte, brach er eilig zum Heer auf.
- Nebensätze des Umstandes, der Bedingung:
  Divinum animum corpore liberatum cogitatione complecti possumus – wenn die dem Göttlichen zugehörige Seele vom Körper befreit ist, können wir sie denkend erfassen.
- Einräumungssatz:
  Graeci in multos viros de se optime meritos iniuste consulebant – die Griechen behandelten viele Männer ungerecht, obwohl sich diese sehr große Verdienste um sie erworben hatten.
- Partizip wird durch Beiordnung zu einem Hauptsatz:

Übersetzungsmöglichkeiten des Partizips

Sinnrichtung	Adverbialsatz	Beiordnung	Präpositionalausdruck
temporal	als, nachdem, während	und, dabei, dann	während, bei, nach
kausal	weil, da	deshalb, daher	wegen
kondizional	wenn, falls	in diesem Falle	im Falle
final	damit	dazu	zum Zwecke von
modal	indem	und so	mit, bei, durch
konzessiv	obwohl	dennoch, trotzdem	trotz

Incolis interfectis eorumque navibus occupatis Germani flumen transierunt – die Germanen töteten die Einwohner, beschlagnahmten ihre Schiffe und gingen über den Fluss.

Pueri Sueborum nullo officio assuefacti nihil contra voluntatem faciunt – die jungen Sueben sind an keine Pflicht gewöhnt; deshalb tun sie nichts gegen ihren Willen.

- Verneintes Partizip wird meist übersetzt mit »ohne dass«; »ohne zu«:
  Nullo resistente milites in urbem invaserunt – die Soldaten drangen in die Stadt ein, ohne dass jemand Widerstand leistete (ohne Widerstand zu finden).
- Beim Ablativus absolutus tritt an die Stelle des Partizips ein Nomen:
  Caesare duce – unter Führung Cäsars
  Mario auctore – auf Veranlassung des Marius
  imperatore invito – gegen den Willen des Feldherrn
  Hannibale vivo – als Hannibal (noch) lebte
  omnibus incolumibus – wobei alle heil davonkamen, ohne alle Verluste
  paucis superstitibus – wobei nur wenige überlebten

Gerundium und Gerundivum

Noch stärker als im Partizip erfährt das Verbum durch die Endungsbildung mit *-nd* eine Änderung zum Nomen hin, es wird zum Substantiv und Adjektiv.

Das Gerundium

Das Gerundium ist der (im Deutschen durch den Artikel) deklinierte Infinitiv; es kann ein Objekt und ein Adverb bei sich haben.

Genitiv:

ars vera et falsa diiudicandi – die Kunst, Wahres und Falsches zu unterscheiden
dies inquirendi – der Termin der Vernehmung
studium dominandi – der Machttrieb
avidus pugnandi – kampflustig
ars legendi – die Fertigkeit des Lesens

Akk. mit Präp.:

Virtus ad beate vivendum se ipsa contenta est – Die Tugend ist für ein glückliches Leben ganz allein ausreichend.

Ablativ:

Coeperunt senatum criminando plebem exagitare – sie fingen an, mit Vorwürfen gegen den Senat das Volk aufzuhetzen.

Das Gerundium kann also übersetzt werden durch den Infinitiv mit »zu«, durch den Artikel beim Infinitiv, durch substantivierte Verben und durch nominale Zusammensetzungen.

Das Gerundivum

Das Gerundivum ist ein Verbaladjektiv, das attributiv und prädikativ stehen kann. Es war ursprünglich ein Part. Präs. Passiv (*in ponte faciendo* – beim Brückenbau = bei der Brücke, die gebaut wird) wie dies in vielen Fällen beim attributiven Gerundivum deutlich wird. In den anderen Fällen aber drückt es aus, dass etwas getan werden muss oder nicht getan werden darf, hat also fast immer passive Bedeutung.

Das attributive Gerundiv

Es wird verwendet wie ein Adjektiv (im Deutschen mit Suffix »-wert«, »-lich«, »-würdig« oder durch Relativsatz):

virtus admiranda – eine bewunderungswerte Eigenschaft; eine Eigenschaft, die bewundert werden muss
superbia non toleranda – ein unerträglicher Hochmut, ein Hochmut, der nicht ertragen werden darf

Meist aber erscheint das Gerundiv als das Part. Präs. Passiv:

iudicium corrumpendum – (das Gericht, das bestochen wird) die Bestechung des Gerichts.

Bei der Übersetzung wird also das Gerundiv *corrumpendum* zum deutschen Substantiv (die Bestechung), das im Lateinischen übergeordnete Substantiv *(iudicium)* wird im Deutschen zum attributiven Genitiv (des Gerichts).

Eine weitere Möglichkeit ist die Bildung eines zusammengesetzten Substantivs (*mors contemnenda* – die Todesverachtung). Diese Konstruktion kommt in allen Kasus vor (Akkusativ nur nach Präposition):

pons faciendus – der Brückenbau

facultas belli gerendi – die Möglichkeit der Kriegführung; die Möglichkeit, Krieg zu führen

navium parandarum causa – wegen der Bereitstellung von Schiffen

studere amicis reconciliandis – sich um die Wiederversöhnung der Freunde bemühen

satis esse ad transportandas duas legiones – ausreichend sein für den Transport von zwei Legionen

paratus ad dissimulanda omnia – bereit, alles abzuleugnen

navibus coniungendis – durch das Zusammenbinden der Schiffe

agere de transferendis iudiciis – über die Übertragung der Gerichtsverfahren verhandeln

Das prädikative Gerundiv

In Verbindung mit *esse* im Nominativ (nur im AcI im Akkusativ), die *coniugatio periphrastica passiva.* Dabei wird immer ausgedrückt, dass etwas getan werden muss. Die handelnde Person steht im Dativ:

diligentia est adhibenda – Sorgfalt ist anzuwenden; muss angewendet werden.

Caesari omnia uno tempore erant agenda – Cäsar musste alles gleichzeitig tun.

has occupationes sibi anteponendas non esse iudicabat – er war der Ansicht, dass er diese Beschäftigungen nicht vorziehen dürfe.

Bei intransitiven Verben steht das Gerundivum stets im Neutrum Singular:

mihi laborandum est – ich muss arbeiten.

militibus simul et de navibus desiliendum et in fluctibus consistendum et cum hostibus erat pugnandum – die Soldaten mussten gleichzeitig von den Schiffen springen, in den Wellen Halt suchen und mit den Feinden kämpfen.

Das Gerundiv steht als Prädikativum im Akkusativ (in passiven Sätzen im Nominativ) bei Verben des Besorgens, Übergebens, Übernehmens und Überlassens.

Caesar pontem in Rheno faciendum curavit – (Cäsar sorgte für den Bau einer Brücke über den Rhein) Cäsar ließ eine Brücke über den Rhein errichten.

Gloriam P. Africani tuendam et conservandam suscepi – ich übernahm es, den Ruhm des P. Afrikanus zu schützen und zu bewahren.

Alexander a patre Aristoteli educandus traditus est – Alexander wurde von seinem Vater dem Aristoteles zur Erziehung übergeben.

Konstruktionen mit dem Infinitiv

Der Infinitiv steht allgemein wie im Deutschen.

Der AcI

Der Accusativus cum Infinitivo (AcI) ist eine typisch lateinische Konstruktion. Er steht nach Verben des Sprechens, der geistigen Tätigkeit und der Gefühlsbewegung, nach vielen unpersönlichen Ausdrücken und nach einer Gruppe von Verben des Wollens und Wünschens; er bringt subjektive und objektive Feststellungen. Die Widergabe im Deutschen erfolgt durch folgende Konstruktionen:

- Infinitiv: *Legati polliciti sunt se reversuros (esse)* – die Gesandten versprachen zurückzukehren.
- Verkürzter Gliedsatz: *Occasionem sibi ad occupandam Asiam oblatam esse arbitratur* – er glaubt, ihm sei eine Gelegenheit geboten, Kleinasien zu besetzen.
- Einsetzung des übergeordneten Verbums in Parenthese: *Nam tum scimus Romae solutione impedita fidem concidisse* – denn damals brach, wie wir wissen, in Rom durch die Zahlungsunfähigkeit das Kreditwesen zusammen.
- Wiedergabe des übergeordneten Verbums als Adverb: *Tresviri nihil aliud se spectare simulabant, nisi ut necem Caesaris persequerentur* – das Triumvirat sah angeblich auf nichts anderes als auf die Strafverfolgung des Mordes an Cäsar.
- Dassatz nur, wenn es nicht anders möglich ist: *Ab initio vidi nihil quaeri praeter fugam* – von Anfang an habe ich gesehen, dass nur die Flucht beabsichtigt ist.

Der NcI

Der Nominativ mit Infinitiv (NcI) steht häufig wie im Deutschen. Abweichend vom Deutschen steht er jedoch:

- bei Verben im Passiv, die im Deutschen ein Dativobjekt, im Lateinischen aber als transitive Verba ein Akkusativobjekt haben: *Milites castra munire iussi sunt* – den Soldaten wurde befohlen, ein festes Lager auszubauen.
- bei *dici, negari, audiri, putari* und Ähnlichem: *Multi cecidisse dicebantur* – es hieß, viele seien gefallen; viele sollen gefallen sein. *Animus immortalis esse putabatur* – man glaubte, dass die Seele unsterblich sei.
- bei *traditur, traduntur, fertur, feruntur*: *Homerus caecus fuisse traditur (fertur)* – es wird überliefert, dass Homer blind gewesen sei; Homer soll blind gewesen sein.

Die Tempora und Modi im unabhängigen Satz

Die Tempora

Bei der Übersetzung der Tempora ist zu beachten: In der Erzählung wird das lateinische Perfekt mit dem deutschen Präteritum wiedergegeben: *veni, vidi, vici* – ich kam, ich sah, ich siegte.

Präsens

Viel häufiger als im Deutschen wird im Lateinischen in der Erzählung das Präsens verwendet: *A compluribus civitatibus ad Caesarem legati veniunt; eis liberaliter respondet* [...] – von mehreren Stämmen kamen Abgesandte zu Cäsar; er antwortete ihnen großzügig [...]

Erzählender Infinitiv

Oftmals wird auch der erzählende Infinitiv bei lebhafter Darstellung verwendet. Sallust berichtet von Catilina: [...] *in dies plura agitare: arma per Italiam parare* [...] – [...] von Tag zu Tag wurde seine Betriebsamkeit größer: er legte in ganz Italien Waffenlager an [...]

Imperfekt

Das lateinische Imperfekt ist ebenso wie das deutsche Präteritum auch Tempus der Schilderung. Oft drückt es das Unvollendete *(imperfectum)* einer Handlung aus: *Cenabam forte, cum amicus venit* – ich war gerade beim Essen, als ein Freund kam. *Galli nostros intra munitiones ingredi prohibebant* – die Gallier suchten die unseren am Eindringen in ihre Verteidigungsanlagen zu hindern (aber es gelang ihnen nicht!).

Futur

Beim Futur ist die lateinische Sprache genau: *Cras veniam* – ich komme morgen. Das Futur II wird in der deutschen Sprache nur selten verwendet. Im Lateinischen kommt es fast nur entweder in Wennsätzen (mit *si* und *cum*) oder in Relativsätzen vor. Es drückt die Vorzeitigkeit zu einer futurischen Handlung aus. Man übersetzt es im Deutschen mit Präsens, Perfekt oder Futur: *Si legati reverterint, colloquium ducent* – wenn die Gesandten zurückkehren (werden – zurückgekehrt sind), werden sie die Verhandlungen in die Länge ziehen.

Infinitive drücken keine Zeitstufe, sondern das Zeitverhältnis zum übergeordneten Verb (vorzeitig, gleichzeitig, nachzeitig) aus.

	Vorzeitigkeit (Inf. Perfekt)	Gleichzeitigkeit (Inf. Präsens)	Nachzeitigkeit (Inf. Futur)
Aktiv	*laudavisse* gelobt (zu) haben	*laudare* loben	*laudaturum, -am, -um esse* loben werden
Passiv	*laudatum, -am, -um esse* gelobt worden (zu) sein	*laudari* gelobt (zu) werden	*laudatum iri* (präsentische Wiedergabe)

Die Modi

Indikativ

Den Indikativ verwendet der Lateiner oft bei Ausdrücken des Könnens, Sollens und Müssens statt des deutschen Irrealis:
dicere possum – ich könnte sagen
dicere poteram, potui – ich hätte sagen können
decet – es würde sich gehören
venia ei danda non fuit – man hätte ihm nicht verzeihen dürfen
ferner: *paene dixi* – beinahe hätte ich gesagt
non multum afuit – es hätte wenig gefehlt

Konjunktiv

Der Konjunktiv wird in den folgenden Fällen verwendet:

- Für den Wunschsatz (Optativ):
  Di tibi omnia bona dent! – die Götter mögen dir alles Gute geben!
  Utinam epistulam tuam acciperem! – bekäme ich doch einen Brief von dir!
  Velim venias – ich wollte, du kämest!
  Vellem, venisses – ich wollte, du wärest gekommen!
  Senatus ne hoc concedat – möge der Senat das nicht zulassen!
- Für Aufforderung und Befehl (Hortativ – Jussiv):
  eamus! – lasst uns gehen!
  eat! – er soll gehen!
  eant! – sie sollen gehen!
- Für die Einräumung (Konzessiv):
  Sit fur, sit sacrilegus: at est bonus imperator – mag er ein Dieb, ein Tempelschänder sein: aber er ist ein guter Feldherr.
  Hoc dixerit, sed ei non assentior – mag er das gesagt haben; aber ich stimme ihm nicht zu.
- Für die abgemilderte Behauptung (Potentialis):
  quaereat, quaesiverit aliquis – es könnte, dürfte, würde, wird wohl einer fragen
  hoc confirmem – confirmaverim – ich möchte das bestätigen
  haud facile discerneres – man hätte nicht leicht unterscheiden können
  videres – man hätte sehen können
  quis crederet? – wer hätte geglaubt?

Es stehen also Konj. Präs. oder Perf. für die Gegenwart, Konj. Imperf. für die Vergangenheit.

- Für die zweifelnde Überlegung (Deliberativ):
  Quo me conferam? – Wohin soll ich gehen?
  Quo me conferrem? – Wohin hätte ich gehen sollen?
  Archiam ego non diligam? – Ich sollte den Archias nicht schätzen?
- Für den Fall der nur angenommenen Wirklichkeit (Irrealis):
  Id facerem! – Ich würde das tun!
  Id fecissem! – Ich hätte das getan!

Imperativ

Er wird im Präsens verwendet wie im Deutschen. Der Imperativ II (oder Imp. Futur) bringt ein für die Zukunft gültiges Gebot oder Verbot: *Caelestia*

Unabhängige Begehrsätze

Im Begehrsatz stehen, je nach Art, die Modi Konjunktiv oder Imperativ.

Optativ	Wunsch	*(Utinam) di tibi faveant!*
Hortativ	Aufforderung (1. Pers. Pl.)	*Eamus!*
Jussiv	Aufforderung (3. Pers. Sgl. od. Pl.)	*Eat! Eant!*
Konzessiv	Einräumung, Zugeständnis	*Hoc dixerit, sed* […]
Imperativ	Befehl	*Mone! Venite!*
Prohibitiv	Verbot	*Ne timueris! Ne monueritis!*

semper spectato, humana contemnito! – auf das Himmlische sollst du immer schauen, das Irdische verachten!

Die Verneinung des Imp. Präs. geschieht durch die Umschreibung mit *noli* und *nolite* oder durch *ne* mit Konj. Perfekt: *Nolite timere!/Ne timueritis!* – fürchtet euch nicht (Prohibitiv)! Der Imp. II wird mit *ne* verneint: *Magistratus dona neve dunto neve capiunto!* – Politische Beamte sollen Geschenke weder geben noch annehmen!

Die Fragesätze

Wir unterscheiden zwei Arten von Fragesätzen: die Wortfragen und die Satzfragen.

- Wortfragen werden wie im Deutschen durch ein Fragepronomen eingeleitet: *Quando venies?* – Wann kommst du? (wirst du kommen)
- Satzfragen werden durch Fragepartikel eingeleitet: *ne, nonne, num*
  veniesne? – Kommst du? (Antwort: ja oder nein)
  Nonne venies? – Du kommst doch? (Antwort: ja)
  Nonne venies? – Kommst du nicht? (Antwort: ja)
  Num venies? – Kommst du etwa? (Antwort: nein)
- Wahlfragen: *utrum – an; -ne – an; an* = (ob) – oder: *Utrum vigilas an dormis? Vigilasne an dormis? Vigilas an dormis?* – Wachst du oder schläfst du?

Die Nebensätze

Wir unterscheiden für die Übersetzung Fragesätze, Relativsätze und Konjunktionalsätze.

Die abhängigen Fragesätze

Die abhängigen Fragesätze hängen von *verba dicendi* und *sentiendi* ab. Sie stehen im Konjunktiv (Konjunktiv Futur auf *-urus sim, essem)*; ein Personal- oder Possesivpronomen der 3. Person, das sich auf das Subjekt des übergeordneten Satzes bezieht, hat die reflexive Form. *Caesar quaesivit, quando legati ad se reversuri essent* – Cäsar fragte, wann die Gesandten zu ihm zurückkämen.

quaesivit, veniantne – num veniant – nonne veniant – er fragte, ob sie kämen.

Quaeritur, utrum ratio hominem regat an voluptas.– Quaeritur, ratione hominem regat an voluptas. – Quaeritur, ratio hominem regat an voluptas. – Zur Frage steht, ob die Vernunft den Menschen leitet oder der Trieb.

Quaeritur, utrum ratio hominem regat necne – Zur Frage steht, ob die Vernunft den Menschen leitet oder nicht.

Die Relativsätze

Die Relativsätze stehen wie im Deutschen mit Indikativ. Bei finalem, konsekutivem, kausalem oder konzessivem Sinn haben sie den Konjunktiv.

- *Caesar misit, qui nuntiarent* [...] – Cäsar schickte Leute, die melden sollten [...] (finaler Sinn).
- *Nihil commisi, quod auctoritate mea indignum esset* – Ich habe nichts getan, was (= sodass es) meinem Ansehen nicht entspräche. (konsekutiver Sinn)
- *Tum demum dux, qui nihil antea providisset, trepidare coepit.*– Jetzt erst wurde der Führer, der doch (= weil er) vorher keine Vorsorge getroffen hatte, allmählich ängstlich. (kausaler Sinn)
- *Cur tibi invideam, qui omnibus rebus abundem?* – Warum sollte ich dich beneiden, der ich (= obwohl ich) im Überfluss schwimme? (konzessiver Sinn)
- *Sunt (reperiuntur), qui credant* [...] – Es gibt Leute, die glauben [...] (nach unbestimmten Ausdrücken des Vorhandenseins)

Der Konjunktiv kann auch stehen, wenn das Prädikat des übergeordneten Satzes im Konjunktiv steht *(attractio modi)*.

Beim verschränkten Relativsatz ist der Relativsatz (im Deutschen nicht nachvollziehbar) mit Infinitiv-, Partizipialkonstruktionen oder Nebensätzen verflochten:

- *Plures epistulas, quas scribis te dedisse, non acceperam* – mehrere Briefe, von denen du schreibst, du habest sie abgeschickt, hatte ich nicht erhalten; oder: mehrere Briefe, die du, wie du schreibst, abgeschickt hast, hatte ich nicht erhalten.

- *Librum in illud ipsum mare deiciemus,quod spectantes scribimus* – Ich werde das Buch genau in das Meer hinunterwerfen, auf das ich beim Schreiben schaue (Pluralis modestiae!).
- *Plerique laborem doloremque reformidant, quibus ut careant, omnia experiuntur.* – Die meisten fürchten Mühe und Schmerz; um sie (diese) nicht haben zu müssen, versuchen sie alles.
- *Adhuc colitur memoria Alexandri, cui si vita longior contigisset, totum orbem terrarum subegisset.* – Noch heute lebt die Erinnerung an Alexander fort, der, wenn ihm ein längeres Leben beschieden gewesen wäre, den ganzen Erdball unterworfen hätte.

Bei Verschränkung mit Nebensätzen wird das Relativpronomen für die Übersetzung am besten als relativer Satzanschluss betrachtet.

- *Firmi et constantes amici eligendi sunt, cuius generis est magna penuria.* – Man muss feste und zuverlässige Freunde suchen, eine Gattung, an der großer Mangel herrscht.

Ist das Relativpronomen mit einem nachstehenden Substantiv verbunden, so wird dieses Substantiv im Deutschen als Apposition dem Relativsatz vorangestellt.

Die Konjunktionalsätze

Die Konjunktionalsätze werden in zwei Gruppen dargestellt (→ Kasten auf folgender Seite):

- Konjunktionen, die in ihrer Bedeutung im Lateinischen eindeutig sind und die nur als Vokabel beherrscht werden müssen,
- mehrdeutige Konjunktionen.

Bei allen Konjunktionen mit Indikativ steht im Falle innerer Abhängigkeit des Nebensatzes oder in der abhängigen Rede der Konjunktiv.

Die abhängige Rede (oratio obliqua)

Catilina coniuratis haec fere dixit: Libertatem, divitias, gloriam illis in oculis sita esse; fortunam omnia ea victoribus praemia posuisse. Cur dubitarent? Nonne praestare mori quam superbiam paucorum potentium pati? Vel imperatore vel milite se uterentur! Se numquam, dum viveret, ab illis afuturum esse. – Catilina sagte zu den Verschwörern ungefähr Folgendes: Freiheit, Reichtum und Ruhm lägen ihnen vor Augen; das Glück habe dem Sieger all das als Belohnung ausgesetzt. Warum würden sie zögern? Sei es nicht besser, zu sterben, als den Übermut weniger Machthaber zu ertragen? Sie sollten sich seiner als Feldherr oder als Soldaten bedienen! Er werde sie, solange er lebe, niemals verlassen!

Hauptsätze:

- Die Aussagesätze stehen im AcI (*fortuna … posuisse*).
- Sätze, die Wunsch oder Befehl ausdrücken, stehen im Konjunktiv; ihr Prädikat wird mit dem Hilfszeitwort »sollen« wiedergegeben (*imperatore … se uterentur*).
- Echte Fragen stehen im Konjunktiv (*cur dubitarent*), rhetorische Fragen (Urteile in Frageform) stehen im AcI (*nonne praestare*).

Nebensätze:

Nebensätze stehen im Konjunktiv (*dum viveret*).

Pronomina, die sich auf die Angeredeten beziehen, sind *is* und *ille*, die Pronomina des Sprechers sind *sui*, *sibi*, *se*, *suus*, zur Verdeutlichung auch *ipse* (*se ab illis afuturum*).

Eindeutige Konjunktionen

antequam	Ind. o. Konj.	bevor
dummodo	Konj.	wenn nur
etiamsi	Ind. o. Konj.	wenn auch, auch wenn
etsi	Ind. o. Konj.	wenn auch, auch wenn
licet	Konj.	mag auch
modo	Konj.	wenn nur
nisi	Ind. o. Konj.	wenn nicht
postquam	Ind. Perf.	nachdem
praesertim cum	Konj.	zumal da
priusquam	Ind. o. Konj.	bevor
quamdiu	Ind.	solange
quamquam	Ind.	obwohl
quamvis	Konj.	wie sehr auch, wenn auch noch so sehr
quasi	Konj.	wie wenn, als ob
quia	Ind.	weil
quin	Konj.	dass (nicht), ohne zu
quippe cum	Konj.	zumal da
quo (= ut eo)	vor Komp. u. Konj.	damit um so
quodsi	Ind. o. Konj.	wenn also
quominus	Konj.	dass
quoniam	Ind.	weil ja
si	Ind. o. Konj.	wenn, falls, ob
sin	Ind. o. Konj.	wenn aber
sive – sive (seu – seu)	Ind.	sei es dass – oder
tametsi	Ind. o. Konj.	wenn auch, auch wenn
tamquam si	Konj.	wie wenn, als ob
ubi (primum)	Ind. Perf.	sobald
velut si	Konj.	wie wenn, als ob

Mehrdeutige Konjunktionen

cum	Ind.	wenn; als; dadurch dass
cum	Konj.	als, da, obwohl, während (doch)
donec	Ind.	solange
donec	Ind. o. Konj.	bis
dum	Ind. Präs.	während
dum	Ind. aller Tempora	solange
dum	Ind. o. Konj.	bis
dum	Konj.	wenn nur
ne	Konj.	dass nicht, damit nicht
ne	nach *fürchten, hindern*	dass
quoad	Ind.	solange
quoad	Ind. o. Konj.	bis
quod	rel. Satzanschluss	= id, hoc
quod	Ind.	weil, dass
quod	Ind. – Satzanfang	wenn
ut (primum)	Ind. Perfekt	sobald
ut	Ind.	wie
ut	Konj.	dass, damit, sodass, um zu
ut	(nach *fürchten*)	dass nicht
ut non	Konj.	sodass nicht

Stileigentümlichkeiten des Lateinischen

Wie ein Redner, der in der Öffentlichkeit auftritt, will auch ein Autor den Lesern seine Botschaft vermitteln und bei ihnen eine bestimmte Wirkung hervorrufen. Eine Möglichkeit dazu ist die Verwendung von Stilmitteln. Die Kenntnis dieser Abweichungen von der grammatikalischen und lexikalischen Norm ist sehr hilfreich für das Verständnis des Textes in dem vom Autor angestrebten Sinn. Auf syntaktischer Ebene bietet das Lateinische durch die freie Wortstellung eine ganz besondere Möglichkeit, um Redeabsichten deutlich zu machen. Die metrische Form eines lateinischen Textes hat neben der ästhetischen Wirkung auch die Funktion, bestimmte Aussageintentionen zu vermitteln.

Freie Wortstellung

Die Kenntnis der Stileigentümlichkeiten ist wichtig für den Interpretationsteil der Abiturarbeit.

Zwei wesentliche Unterschiede zum Deutschen prägen die Art, wie Gesprochenes oder Gedachtes im Lateinischen schriftlich fixiert wird. Während das Deutsche sich im Allgemeinen an den Sprachgebrauch der gehobenen Umgangssprache hält und seine Satzglieder auf bestimmte Stellen im Satz festgelegt sind, kann das Latein durch die → Morphosyntax seine Worte und Satzglieder frei stellen; ferner ist Latein von der Rhetorik her bestimmt, weil diese die tragende Form einer Sprachschulung und Sprachgestaltung in der Antike war. Auch las der Römer laut und nicht leise wie wir. Deshalb führt lautes Lesen im Lateinischen häufig an das Verstehen der Aussage eines Satzes heran.

Der Normalbau eines lateinischen Satzes bringt die Reihenfolge: Anknüpfung an den vorhergehenden Satz – Subjektsgruppe – Adverbialien – Objektsgruppe – Prädikat

At | *Vercingetorix* | *castris prope oppidum in monte positis mediocribus circum se intervallis separatim* | *singularum civitatum copias* | *collocaverat.*

Dabei sind Anfang und Ende des Satzes die betonten Stellen, die das für den Sprecher Wichtige hervorheben.

Wenn es bei Cicero heißt: *Tenuit igitur hoc in statu senatus rem publicam* [...], so wird hier durch Vorausstellung des *tenuit* (»er hielt fest in der Hand«) die fast unumschränkte Macht des Senats (kritisch) hervorgehoben.

Dies wird noch verstärkt durch die Prolepsis, das heißt ein an sich gegen die grammatikalische Konstruktion des Satzes gehendes Vorwegnehmen eines Satzglieds, wie das auch im Deutschen in lebendiger Rede häufig ist: *Virtutes autem noli vereri, ne expostulent et querantur* – Die Tugenden aber – fürchte nicht, dass sie sich beschweren und klagen [...]

Auch die bevorzugte Endstellung kann zur Hervorhebung herangezogen werden: *A quo tandem est aequius consulem defendi quam a consule?* Die beiden Kernworte *consulem* – *consule* umrahmen das entscheidende *defendi*, da es sich um eine Verteidigungsrede handelt.

Oft werden in geschlossene Konstruktionen (AcI, Abl. mit Part.) oder zusammengehörige Satzglieder andere Satzteile eingeschoben: *Sed aliud alii natura iter ostendit.*

Das zusammengehörige *aliud iter* ist durch das Objekt II und das Subjekt getrennt, aber das betonte *aliud alii* wird gerade dadurch besonders hervorgehoben.

Im Lateinischen ist kaum ein Satz ohne logischen Zusammenhang zum vorhergehenden; deshalb werden neben den zahlreichen Konjunktionen (*ita, itaque, tum, nam* usw.) auch ein Demonstrativpronomen oder im relativischen Satzanschluss ein Relativpronomen, das auf das Vorhergehende hinweist, an den Satzanfang gerückt: *Id* (*quod*) *cum vidisset.* – *Cuius legationis Divico princeps fuit.*

So steht auch das gemeinsame Subjekt von Haupt- und Gliedsatz am Anfang: *At hostes ubi pri-*

mum nostros equites conspexerunt, impetu facto celeriter nostros perturbaverunt.

Im Deutschen wird hier das vorgezogene Subjekt in den Gliedsatz einbezogen: »Sobald aber die Feinde [...]«

Auch die Stellung von Attributen kann besondere Hervorhebung bedeuten. Während Adjektiva der Quantität normalerweise im Lateinischen vorausstehen, heißt es bei Cicero: *In Cn. Pompeio aliae quoque animi virtutes magnae et multae requiruntur.* Diese Hervorhebung durch die Nachstellung lässt sich im Deutschen so wiedergeben: »Bei Cn. Pompejus lassen sich auch andere geistige Vorzüge, und zwar große und zahlreiche, feststellen.«

Ferner führt der von der Rhetorik kommende rhythmisch gegliederte Schluss eines Satzes (Klausel) vor allem bei Reden zu freier Wortstellung. Die Hauptklauseln sind (→ Metrik):

- Der Doppeltrochäus: –́ ⏑ –́ ⏒ oft nach Kretikus (–́ ⏑ –́):
  –́ ⏑ –̀ | –́ ⏑ | –́ ⏒ |
  [...] *est C. Cassius con | stantia | singulari.*
- Der Doppelkretikus:
  –́ ⏑ –́ | –́ ⏑ ⏒ |
  [...] *et eum propter esse, quo eti | am carent | aegrius*
- Kretikus (— ⏑ —) und Trochäus (— ⏑):
  –́ ⏑ –́ –́ ⏑
  [...] *classem magnam superatam esse | atque de | pressam*

An den Beispielen zeigt sich, dass das Lateinische durch die freie Wortstellung eine besondere Möglichkeit bietet, Redeabsichten deutlich zu machen. Wo es im Deutschen möglich ist, sollte diese besondere Wortstellung beibehalten werden.

Ausdrucksweisen und Stilmittel

Folgende Ausdrucksweisen und Stilmittel sind dem Lateinischen in der Prosa, vor allem aber in der Dichtung und Rhetorik eigen. Die Fachausdrücke kommen meist aus dem Griechischen, da die Rhetorik und die wissenschaftliche Sprachforschung von dort her stammen.

Die **Kürze** des Lateinischen ist neben dem Fehlen des Artikels und der viel geringeren Zahl von zusammengesetzten Verbalformen, dem Ersatz von Gliedsätzen durch AcI, *-nd*-Formen und Partizipialkonstruktionen auch darauf zurückzuführen, dass Selbstverständliches fehlen kann.

So wird das Possessivpronomen nur dann gesetzt, wenn ein Missverständnis entstehen könnte, oder wenn es besonders betont wird: *Galli coniuges et liberos in silvas abdiderunt* – die Gallier versteckten **ihre** Frauen und **ihre** Kinder in den Wäldern. Aber: *Librum tuum legi, nunc a te librum meum exspecto* – ich habe dein Buch gelesen, nun erwarte ich mein Buch von dir. Ferner fehlen häufig nach Prädikativa Formen des Hilfzeitworts *esse*: *Hoc mihi faciendum (esse) scio – Spero te venturum (esse) – Terra, etsi aliquanto specie differt, tamen aut silvas aut paludibus foeda (est).* Vor allem bei Tacitus und in Sprichwörtern ist diese Erscheinung (Ellipse) häufig.

Die **größere Genauigkeit** des Lateinischen zeigt sich darin, dass beim Neutrum von Pronomina und substantivierten Adjektiven immer statt des deutschen Singular der Plural steht, sofern der Begriff mehrere Einheiten umfasst: *Quid multa*? Was soll ich noch viel sagen? – *Omnia honesta placent.* – Alles sittlich Gute gefällt. Aber: *Virtus honesto circumscribitur* – Die Tugend wird mit dem (einen!) Begriff des sittlich Guten genau definiert.

Die Tropen

Die Tropen (»Wendungen«) setzen eine bildhafte an die Stelle einer wörtlichen Bedeutung und wenden sich an die Fantasie und das geistige Auge des Lesers oder Hörers.

Die Metapher

Die Metapher (Vergleich) ersetzt eine Vorstellung oder Aussage durch ein Bild. Cicero sagt: *Ex hox igitur Platonis quasi quodam sancto augustoque fonte nostra omnis manabit oratio* – aus dieser gewissermaßen heiligen und erhabenen Quelle Platons also werden meine ganzen Ausführungen herkommen. Die Metapher ist im Deutschen oft nicht wörtlich wiederzugeben (*manare ex* – herkommen aus); so bedeutet bei Cäsar etwa *civitas florens* – ein mächtiger Stamm, wobei »Stamm« im Deutschen wieder eine Metapher ist.

Die Allegorie

Die Allegorie macht aus den einzelnen Metaphern ein ganzes Gemälde. Wenn es bei Horaz heißt: *cum decorum mitibus pomis caput Autumnus agris extulit*, so wird hier der einfache Zeitbegriff »Herbst« in das Gemälde eines Naturgottes verwandelt, dessen »Haupt« mit reifen Früchten geschmückt ist.

Die Litotes

Die Litotes verbindet zwei Negationen zu einer nur scheinbar gemilderten Behauptung:
non ignoro – ich weiß recht gut
non possum non – ich muss
non nego – ich will gerne zugeben

Die Metonymie

Die Metonymie ersetzt einen Begriff durch einen mit ihm verwandten: *ferro ignique* – mit Feuer und Schwert; *tota vicinitas confluxit* – alle Nachbarn strömten zusammen; Ceres (Göttin des Getreidebaus) für *frumentum*. Entscheidend ist also meist das Abstrahieren einer realen Sache.

Die Synekdoche

Die Synekdoche (*pars pro toto*) setzt den Teil für das Ganze oder umgekehrt: *tectum* (Dach) – Haus; *pinus* (Fichte) – Schiff; *laurus* (Lorbeer) für Lorbeerkranz.

Die Figuren

Die Figuren dagegen machen aus der natürlichen Sprache eine bewusst gestaltete Kunstsprache, die sich an die *ratio* (er bewundert) oder das Unterbewusstsein (er wird mit- oder hingerissen) des Lesers oder Hörers wendet; deshalb sind die Figuren vor allem in der Rhetorik und in der Dichtung zu Hause.

Das Asyndeton

Das Asyndeton (Zusammenstellung gleichartiger Wörter ohne Kopula) bringt besondere Prägnanz des Ausdrucks. Cicero schreibt an seinen Sklaven und Privatsekretär Tiro: *Innumerabilia tua sunt in me officia, domestica forensia, urbana provincialia, in re privata in publica, in studiis in litteris nostris* – unzählig sind deine Dienste für mich, zu Hause und vor Gericht, in der Hauptstadt und in der Provinz, im privaten Bereich und bei meiner öffentlichen Tätigkeit, bei meiner wissenschaftlichen Tätigkeit und bei meinem Briefwechsel.

Hier wird die Kürze des lateinischen Ausdrucks besonders deutlich.

Das Polysyndeton

Das Polysyndeton wird verwendet, wenn sonst gleichartige Glieder verbunden werden sollen: (*Et*) *equites et naves et frumentum Romanis deerant* – den Römern fehlten Reiter, Schiffe und Proviant.

Bei folgenden verbindenden Konjunktionen lässt man am besten die erste Konjunktion unübersetzt: *Philosophiam et diligo et magni aestimo* – die Philosophie liebe und schätze ich. *Vel principum aliquis vel pater vel propinqui* – einer von den Häuptlingen, der Vater oder Verwandte.

Bei *neque – neque* (weder – noch), *aut – aut* (entweder – oder), *modo – modo* (bald – bald) müssen stets alle kopulativen Glieder übersetzt werden.

Der Pleonasmus

Der Pleonasmus bringt keinen neuen Begriff, sondern eine Wiederholung: *initia inire* – anfangen; *ante providere* – vorhersehen.

Das Hendiadyoin

Das Hendiadyoin (»eins wiedergegeben durch zwei«) verwendet zwei durch eine Kopula verbundene Substantiva oder Verba für einen starken Ausdruck:
iuventus et vires – jugendliche Kraft
metus et timor – panische Angst
fundere ac fugare – in wilde Flucht jagen

Der Chiasmus

Der Chiasmus (»das Über-Kreuz-Stellen«) variiert parallele Ausdrücke durch spiegelbildliches Stellen von zwei Satzgliedern: *vir clarissimus, amantissi-*

mus patriae – non divitiis cum divite neque factione cum factioso, sed cum strenuo virtute, cum modesto, pudore, cum innocente abstinentia certabat.

Das Hyperbaton

Das Hyperbaton (Sperrung; weite Auseinanderstellung zusammengehöriger Worte) soll zu aufmerksamem Lesen oder Hören veranlassen; es bietet oft erhebliche Schwierigkeiten beim Übersetzen. Cicero sagt: *Neque enim quisquam est tam aversus a Musis, qui non mandari versibus aeternum suorum laborum facile praeconium partiatur. aeternum* und *praeconium* sind nicht nur durch ihr Genitivattribut, sondern auch durch das Adverb *facile* »gesperrt«, das zu *partiatur* gehört; *facile* und *partiatur* stehen nun ihrerseits in Sperrung.

Die Alliteration

Die Alliteration (Wortgruppen fangen mit den gleichen Buchstaben an) hebt bestimmte Stellen hervor. Cicero schreit Catilina an mit harten p-Lauten: *patent portae: proficiscere* und am Ende der Rede *cum tua peste ac pernicie* [...], *proficiscere* [...] Bei Horaz klopft der Tod ans Tor: *pallida Mors aequo pulsat pede pauperum tabernas regumque turris.*

Die Antithese

Die Antithese stellt Gegensätze scharf nebeneinander und macht so jedes der antithetischen Glieder deutlich. Sallust vergleicht: *Caesar beneficiis ac munificentia magnus habebatur, integritate vitae Cato.* Die Antithese wird noch verstärkt durch den → Chiasmus des Satzbaus.

Die Ellipse

Die Ellipse (Auslassung) ist häufig der bewegten, engagierten Rede entnommen. Cicero schreibt an Atticus: *Tu, si quid erit de ceteris, de Bruto utique, quidquid!* – Schreib du mir, wenn es irgendetwas von den anderen zu berichten gibt, jedenfalls von Brutus, was es auch sein wird!

Die Anapher

Die Anapher (Wiederholung) hämmert dadurch auf den Zuhörer ein, dass sie Satzglieder oder Sätze mit dem gleichen Wort beginnen lässt und meist auch (Parallelismus) die Satzglieder gleich baut. Cicero lobt das schnelle Handeln des Pompejus: *non avaritia ab instituto cursu ad praedam aliquam devocavit, non libido ad voluptatem, non amoenitas ad delectationem, non denique labor ipse ad quietem.*

Die Enallage

Die Enallage (Hypallage) setzt ein Adjektiv, das meist zu einem Genitivattribut gehört, zu dem diesem übergeordneten Substantiv. Horaz spricht von *signa derepta Parthorum superbis postibus* – Tempelsäulen der »stolzen« Parther.

Die Klimax

Die Klimax (steigende oder fallende Aneinanderreihung von gleichen Satzgliedern) hilft die Aufmerksamkeit des Lesers oder Hörers steigern. – Cicero sagt von Pompejus: *nulla res* [...] *tam difficilis, quam ille non et consilio regere et integritate tueri et virtute conficere possit.*

Das Oxymoron

Das Oxymoron (geistreicher Unsinn) regt gerade durch den Widersinn des Ausdrucks zum Nachdenken an: *P. Scipio dicere solebat numquam se minus otiosum esse, quam cum otiosus esset.* Dabei wird mit dem Doppelsinn von *otiosus* (»unbeschäftigt« und »frei von Tätigkeit für die Allgemeinheit«) gespielt.

Der Satzbau

Der Satzbau des Lateinischen unterscheidet sich in wesentlichen Punkten von dem der deutschen Sprache. Wir ziehen das Aneinanderreihen von Gedanken in Hauptsätzen vor.

Der Lateiner hat gegenüber dem Deutschen eine außerordentliche Vorliebe für konjunktionale Gliedsätze und Partizipialkonstruktionen.

Er gruppiert mit deren Hilfe Voraussetzungen, Nebengedanken und Folgerungen um den als Hauptsatz stehenden Hauptgedanken. Ein solches größeres Satzgefüge nennen wir Periode. Ihre → Übersetzung ins Deutsche ist fast nie wörtlich möglich; sie muss aufgeteilt werden.

Ein Beispiel (Cicero ›de rep. I 69‹): *Haec constitutio primum habet aequabilitatem quandam magnam, qua carere diutius vix possunt liberi, deinde firmitudinem, quod et illa prima facile in contraria vitia convertuntur, ut exsistat ex rege dominus, ex optimatibus factio, ex populo turba et confusio, quodque ipsa genera saepe commutantur novis, hoc in hac iuncta moderateque permixta conformatione rei publicae non ferme sine magnis principum vitiis evenit.*

Die Hauptaussage des Satzes, der Scipios Beweisführung für die Mischverfassung als beste Verfassungsform zusammenfasst, wird eingeleitet mit der Kernaussage *haec constitutio habet*. Diese wird zu Ende geführt mit den beiden Objekten *aequabilitatem* und *firmitudinem*, den entscheidenden Forderungen an eine gute Verfassung. Das *aequabilitatem* wird unmittelbar anschließend in einem Relativsatz begründet *qua* [...] *liberi*. Weiter ausholend begründen das *firmitudinem* die beiden Gliedsätze 1. Grades *quod et* [...] *convertuntur* und *quodque* [...] *commutantur*. Das *convertuntur* wird erläutert mit dem dreigliedrigen *ut*-Satz: *ut exsistat* [...] *dominus* [...] *factio* [...] *confusio*.

Die zweite aus der ersten hervorgehende Begründung oder Tatsache (Doppeldeutigkeit – kausal und faktisch – des *quod-que*) erfährt erst den eigentlichen Beweis durch das in einem Anakoluth folgende *hoc* [...] *non* [...] *evenit*.

Wenn wir bei genügenden Lateinkenntnissen diesen Satz durchlesen, verstehen wir seinen Inhalt dank des konsequenten Fortschreitens der Gedanken sofort. Für die Übersetzung ist aber eine Teilung der Periode in selbstständige Sätze für die Verständlichkeit der Aussage nötig: *Diese Verfassung enthält als Erstes einen hohen Grad von Gleichheit, auf die freie Menschen kaum verzichten können; zweitens garantiert sie Dauerhaftigkeit, weil einerseits jene zuerst genannten (reinen Verfassungsformen) leicht in entgegengesetzte Fehlentwicklungen umschlagen; denn es entsteht aus dem König der Tyrann, aus der Herrschaft der Besten die Herrschaft einer Partei und aus der Herrschaft des Volkes die Anarchie. Ferner schlagen diese jeweiligen Verfassungsformen in neue um. Ein solcher Wechsel ereignet sich so leicht nicht in dieser durch Vereinigung und Einhalten des rechten Maßes entstandenen Mischverfassung ohne große Fehler der führenden Männer.*

Metrik (Verslehre)

Der deutsche Vers wird durch einen bestimmten Sprechrhythmus mit Heben und Senken der Stimme und in der Regel auch durch den Endreim gebildet. Im Lateinischen ist der Vers, die gebundene Sprache, nur durch den Rhythmus gekennzeichnet; diesen bestimmen Länge (—) und Kürze (◡) der Silben.

Quantität

Die Quantität (Länge und Kürze) einer Silbe ist durch den Sprechton gegeben. Sie ist von Natur aus lang, wenn ihr Vokal lang ist. Da das Lateinische für die Dichtung über zu wenige lange Silben verfügt, gelten durch Position Silben mit kurzem Vokal als lang, wenn auf den Vokal im gleichen oder folgenden Wort unmittelbar zwei Konsonanten (dies gilt meist nicht bei b, p, d, t, g, c mit folgendem l oder r) oder x folgen.

Metrum

Die Grundlage eines Verses ist der Versfuß, das heißt eine bestimmte Reihenfolge langer und kurzer Silben. Die wichtigsten Versfüße sind:

- Jambus: ◡ _́ (*equos*)
- Trochäus: _́ ◡ (*fidus*)
- Daktylus: _́ ◡ ◡ (*claudere*)
- Anapäst: ◡ ◡ _́ (*equites*)
- Die beiden letzteren können durch den Spondeus: _́ _ (*sedes*) ersetzt werden, da eine lange Silbe die Dauer von zwei kurzen Silben hat.

Mit Ausnahme des Daktylus, der allein steht, werden zwei gleiche Versfüße zu einem *Metrum* (entspricht ungefähr dem Takt in der Musik) zusammengefasst.

Der eigentliche Vers besteht aus Folgendem:

- einem Metrum = Monometer
- zwei Metren = Dimeter
- drei Metren = Trimeter
- vier Metren = Tetrameter
- fünf Metren = Pentameter
- sechs Metren = Hexameter

Hiat

Endet innerhalb des Verses ein Wort mit Vokal (oder m) und fängt das nächste mit Vokal (oder h) an (Hiat), so fällt der Endvokal (oder m mit dem vorausgehenden Vokal) des ersten Wortes aus. *Monstrum horrendum informe ingens* wird gelesen und gesprochen: *monstr' (h)orrend' inform' ingens.*

Folgt auf ein mit Vokal (oder m) endendes Wort *est*, so verliert dies sein *e*. Aus *orandum est* wird *orandum'st*; aus *visa est* wird *visa'st.* Man bezeichnet diese Erscheinung als Verschleifung (Synalöphe).

Die wichtigsten Versarten sind der daktylische Hexameter und Pentameter sowie der jambische Trimeter.

Der daktylische Hexameter besteht aus sechs Versfüßen, wobei der Daktylus durch den Spondeus ersetzt werden kann mit Ausnahme des fünften Fußes. Der letzte Versfuß ist grundsätzlich zweisilbig. So ergibt sich das Schema:

–́ ⏕ | –́ ⏕ | –́ ⏕ | –́ ⏕ | –́ ⏑ ⏑ | –́ ⏓ |

Íbam fórte viá sacrá, sicút meus ést mos

Im so genannten elegischen Versmaß folgt dem Hexameter ein daktylischer Pentameter. Er besteht aus zwei Hälften von jeweils zwei Daktylen mit der langen Silbe des dritten Daktylus; dabei können in der ersten Hälfte die Daktylen durch Spondeen ersetzt werden:

–́ ⏕ | –́ ⏕ | –́ || –́ ⏑ ⏑ | –́ ⏑ ⏑ | ⏓ |

cúm cecidít fató | cónsul utérque parí.

Der Zweizeiler aus Hexameter und Pentameter heißt elegisches Distichon:

Dic, hospés, Spartaé nos te híc vidísse iacéntes,
dúm sanctís partiaé | légibus óbsequimúr.

Der jambische Trimeter besteht aus sechs Jamben, die in drei Metren zusammengefasst sind. Dabei kann im ersten, dritten und fünften Fuß an die Stelle der Kürze eine Länge treten. Ferner kann die (betonte) lange Silbe im ersten und im fünften Fuß in zwei Kürzen aufgelöst werden, sodass drei Kürzen ⏑ ⏑́ ⏑ (Tribrachys) entstehen; im ersten, dritten und fünften Fuß gibt es auch den Daktylus (— ⏑́ ⏑).

Grundschema:

⏑ ⏖ ⏑ ⏖ | ⏑ ⏖ ⏑ ⏖ | ⏑ ⏖ ⏑ –́ |

Beátus ille, quí procúl negótiís

Die aus dem Griechischen übernommenen lyrischen Versmaße (Catull, Horaz) findet man in der jeweiligen Schulausgabe der Dichter: Jambischer Septenar, Hendekasyllabus, sapphische Strophe, asklepiadeische Strophe, Galliambus.

Die Römer

Die Kenntnis der Zeit, der Welt und der Weltanschauung der Römer ist die Voraussetzung für das Verstehen und die sinnvolle Übersetzung lateinischer Texte sowie die Interpretation ihrer Inhalte.

Das römische Volk

Die römische Frühgeschichte ist stark vom Einfluss der Etrusker geprägt. Viele Erscheinungen im Leben der Römer – von der religiösen Haltung bis hin zum Imperialismus – lassen sich auf den Ursprung der Römer als ein Volk von Bauern und Hirten zurück führen.

Frühgeschichte

Etwa um 1200 v. Chr. waren indoeuropäische Stämme über die Alpen nach Mittelitalien vorgedrungen; von diesen als Italiker bezeichneten Stämmen wurden dort im westlichen Teil der Halbinsel die Latiner, Samniten und Umbrer ansässig.

Ein wenig später siedelten oskisch-umbrische Stämme im benachbarten Apennin. Dort, wo eine uralte Handelsstraße auf einer Furt den Tiber überquerte und wo Hügel nördlich des Tiber Schutzlage und – über den Sumpfgebieten – gesunde Siedlungsmöglichkeiten boten, ließen sich um das Jahr 1000 v. Chr. latinische Bauern und Hirten auf dem *mons Palatinus*, und wenig später Sabiner (»Raub der Sabinerinnen«) auf dem *collis Quirinalis* nieder. Beide Gruppen schlossen sich zu einer Art Wehrsiedlung zusammen.

Erst als die Etrusker aus dem Raum der Toskana nach Süden vorstießen, machten sie kurz nach 600 v. Chr. durch den Bau einer Mauer diese Siedlung zur Stadt Roma (etruskischer Name). In ihr herrschten etruskische Könige, die besser als »Stadtfürsten« zu bezeichnen sind (der letzte: Tarquinius superbus). Neben ihnen gab es eine starke Adelsschicht, die einen Rat (*senatus*) der Sippenältesten (*patres* – daher später *patricii* für Angehörige der Adelsschicht) dem König zur Seite stellten. Ein Aufstand der latinischen Städte gegen die Etrusker vertrieb um 500 v. Chr. auch aus Rom den letzten Etruskerkönig und machte Rom zur Republik (*res publica = res populi*, im Gegensatz zur *res regis*). Über die weiteren Perioden der römischen Geschichte gibt das an der jeweiligen Schule eingeführte Geschichtsbuch für die Oberstufe Auskunft. Einen knappen Überblick verschafft der ›dtv-Atlas Weltgeschichte 1‹.

Überall in Rom war der Einfluss der Etrusker spürbar, vor allem im kulturellen und religiösen Bereich. Von ihnen stammte der Triumphzug, der Brauch der Eingeweideschau, die Abzeichen der Beamten und die Zirkusspiele. Gerade in der Adelsschicht blieb vieles aus dem Etruskertum lebendig. Hinzu traten die griechischen Einflüsse aus den Kolonien Unteritaliens, die den Römern vor allem ihr Alphabet gegeben haben, das in der lateinischen Form alle europäischen Alphabete nachhaltig bestimmt hat.

Auch einen Teil der Götter – manche durch Vermittlung der Etrusker – übernahmen die Römer von den Griechen. Die römische Kultur, besonders Kunst und Literatur, erfuhr entscheidende Anregungen aus Hellas. Schließlich verdrängten gegen 400 v. Chr. Kelten (Galli) die Etrusker aus der Poebene (Gallia cisalpina) und bedrohten sogar Rom selbst. Auch ihre Spuren finden sich in Sprache und Kultur der Römer.

Mos maiorum

Die Römer waren ein Volk von Bauern und Hirten (*pecunia* – das Geld – ist abgeleitet von *pecus* – das Vieh). Fast alle wesentlichen Züge ihres Volkscharakters lassen sich darauf zurückführen. Der dem Bauern eigene Konservativismus zeigte sich in der Wahrung der Tradition, in der Beachtung des *mos maiorum*. Von daher kommt auch ihre fantasiearme realistische Betrachtung der Welt, ihre Fähigkeit, alles Nützliche von überallher zu übernehmen. Der Bauer in seiner Abhängigkeit von den unbeeinflussbaren und unberechenbaren Mächten der Natur versuchte – ohne die Innerlichkeit des Gefühls – diese Mächte in der Religion durch Gewissenhaftigkeit im Kultischen versöhnlich zu stimmen. So erklärt sich die religiöse Haltung des Römers im privaten Bereich.

Der Bauer hing am Besitz und suchte ihn zu schützen, er sicherte ihn ab durch das Recht. Aus dieser Sicht ist begreiflich, dass die Römer vorzügliche Juristen waren, wie ihr Zwölftafelgesetz (um 450 v. Chr. niedergelegt) schon früh gezeigt hat. Livius bezeichnet dieses Gesetzeswerk als *Quelle des gesamten öffentlichen und privaten Rechtes.* Auch Erwerbsstreben und Sparsamkeit sind typische Eigenschaften des Bauern. Im Politischen verband sich in Rom das Gewinnstreben mit dem Machttrieb und wurde zum Motor des römischen Imperialismus; hier lag aber auch die Ursache des römischen Kernlasters der *avaritia* – sie ist Gewinnstreben und Geiz zugleich –, die im privaten Bereich immer wieder in der → Satire gegeißelt wurde und die zur unerträglichen Ausbeutung der Provinzen geführt hat.

Der lange Zeit gegebene Zwang, ihren zunächst kleinen Lebensraum gegen immer neue Feinde zu verteidigen und ihn offensiv zu erweitern, machte die Römer außerdem zu vorzüglichen Soldaten. Ihre Geschichte ist eine Kette von aneinander gereihten Offensiv- und Defensivkriegen. Daraus lassen sich wohl auch ihre staatsbürgerlichen Tugenden erklären wie *disciplina* und die Achtung vor der *auctoritas* sowie die Bedeutung, die der Begriff *officium* im Lateinischen hat.

Realien

Dieser Abschnitt soll einen kurzen Überblick über die wesentlichen Gegebenheiten im staatlichen und privaten Bereich der Römer geben.

Die *res publica*

Eine fixierte Verfassung kannte Rom nicht. Die Tradition war entscheidend, Änderungen der politischen Verhältnisse mussten meist erzwungen werden. Rom blieb bis zur Kaiserzeit im Grunde ein Stadtstaat. Das Bürgerrecht (*civitas*) hatte ursprünglich nur der Bewohner der Hauptstadt, später erhielten es die Latiner, und erst Cäsar gab es allen Italikern. Doch konnte dieses Recht nur in Rom selbst ausgeübt werden.

Gesellschaftliche Strukturen

Nach der Königszeit übernahmen einflussreiche und besitzende Familien (*patricii*) die Herrschaft im Staate und machten damit für fast 150 Jahre das kleine Gemeinwesen zu einer Oligarchie. Das politisch machtlose Volk (*plebs* – Masse, Menge; Stamm *pleo* – ich fülle) hatte nur Pflichten, aber keine Rechte.

Mit den ersten Streiks (*secessiones plebis*) der Geschichte setzte die *plebs* schließlich im Jahre 366 v. Chr. ihre politischen Rechte durch; neben den *patricii* standen nun die → *plebei(i)*. Aber auch von den Letzteren konnten nur die wohlhabenden Familien die politischen Ämter ausüben, sodass sich aus Patriziern und Plebejern ein Amtsadel, die *nobilitas*, entwickelte, der nun bis zum Ende der Republik die führenden politischen Ämter (→ *magistratus*) innehatte.

So blieb Rom eine *Optimaten-Republik* (M. Gelzer). Es bildeten sich seit 133 v. Chr. zwei Parteien: die *optimates* (der alte Adel) und die *populares*, welche die Interessen der *plebs* vertraten, deren Führer aber ebenfalls der *nobilitas* angehörten. Die Parteikämpfe steigerten sich zum Bürgerkrieg (Marius – Sulla).

Schließlich siegten mit Cäsar die *populares*; aber damit war auch schon das Ende der Republik gekommen. Vom Jahre 30 v. Chr. an begann mit Augustus die Form des *principatus*, einer Monarchie, die noch äußerlich Formen der *res publica* beibehielt (Senat, Komitien). Von 284 n. Chr. ab wurde das römische Imperium unter Diokletian in der Gestalt des *dominatus* zur absoluten Monarchie, bis es in der Völkerwanderung von den germanischen Stämmen zerschlagen wurde.

Die im Grunde aristokratische Verfassung der *res publica* wies bei scharfer Abgrenzung der gesellschaftlichen Schichten alle Zeichen eines Ständestaats auf. Nach der Königszeit stand der kleinen Gruppe der → *patricii*, die alle Rechte besaßen, die Masse der *plebeii* (Handwerker, Kleinbürger, Bauern) gegenüber, auf die alle Pflichten (Wehrdienst, Abgaben) fielen.

Erst 366 v. Chr. erhielten diese nominell die Gleichberechtigung, die aber praktisch nur Bedeutung für die wenigen Reichen hatte. Dabei war *plebeii* nicht von vornherein mit dem Begriff der Besitzlosigkeit verbunden; sie waren eine »Kaste«, in die man hineingeboren wurde.

Als nun durch die Ausdehnung des Imperiums vor allem nach Osten ungeheure Reichtümer in Rom zusammenflossen, kam ein großer Teil davon in die Hände von Geschäftsleuten und Kaufleuten der *plebs*, da die *patricii* keinen Beruf ausüben durften. Letztere waren eine feudale Schicht von Großgrundbesitzern, die von der Rente aus ihrem Land-, Grund- und Hausbesitz lebten (Rentenkapitalismus).

Aus der *plebs* aber ging damit ein weiterer Stand hervor, die *equites*, die ursprünglich im Heer die Reiter gestellt hatten und die wegen der hohen Kosten der Ausrüstung vermögend sein mussten. Es entwickelte sich eine neue Schicht, die über riesige Kapitalien verfügte; diese bildete ab 123 v. Chr. – gefördert von den Gracchen, die sich eine Stärkung der Opposition der *plebeii* gegen die *patricii* davon versprachen – den dritten Stand neben den beiden anderen. So gab es bis zur Kaiserzeit, in der sich diese Unterschiede schließlich verwischten, in Rom drei Stände.

Die drei Stände (*ordines*)

- Die *optimates (optimus)* oder *nobiles* bildeten den *ordo senatorius*, da nahezu von ihnen allein das politisch entscheidende Gremium des Senats gestellt wurde.
- Die *equites* als *ordo equester* bestanden vornehmlich aus Angehörigen des Großhandels und des Geldgeschäftes. Sie hatten meist die *vectigalia* (Steuereinkünfte) gepachtet.
- Die *populares* waren jetzt die besitzlosen, oft auch einkommenslosen Bürger in der Stadt Rom. Sie hießen auch *proletarii*, weil sie dem Staat nur ihre Nachkommen *(proles)* zur Verfügung stellen konnten.

Die rechtliche Stellung

Die rechtliche Stellung des Einzelnen unterscheidet vier Gruppen:

Civis Romanus

Der *civis Romanus* (ohne Rücksicht auf Volkszugehörigkeit) war voll rechtsfähig und hatte alle politischen Rechte.

Libertus

Der *libertus* (freigelassene frühere Sklave) besaß in der Republik keine politischen Rechte und sein Bürgerrecht war eingeschränkt.

Clientes

Die *clientes* waren persönlich, aber nicht rechtlich von einem *patronus* abhängig, der sie vor Gericht vertrat und oft auch finanziell unterstützte (durch *sportulae*). Sie bildeten eine Art Gefolge des *patronus* und unterstützten ihn politisch bei Wahlen.

Servi

Die *servi* (meist Kriegsgefangene oder von Seeräubern auf Sklavenjagden »erbeutet«) waren als Sklaven eine Sache und Eigentum ihres Herrn. Sie bildeten die Basis der Wirtschaft in Gewerbe und Landwirtschaft und hatten keinerlei Rechte. Sie wurden eingeteilt in *mancipia* (gekaufte Sklaven), *vernae* (im Haus geborene Sklaven) und *servi publici* (Sklaven öffentlicher Körperschaften). Die Gesamtheit der Sklaven gehörte zur *familia* des Besitzers.

Die Staatsgewalt

Die Staatsgewalt ging offiziell vom *populus* (Gemeinde aller Bürger) aus. Cicero definiert *res publica* als die *res populi* (Angelegenheit, Sache, Eigentum des Volkes). Diese Gewalt war aufgeteilt auf den *populus*, den *senatus* und die *magistratus*.

Populus

Der *populus* (die Masse der Vollbürger – *cives Romani*) hatte zu bestimmen über die Gesetzgebung, über Krieg und Frieden (beides rechtsgültig nur mit Zustimmung des Senats), über schwere Fälle des Strafrechts und über die Wahl der hohen politischen Beamten. Der *populus* übte seine Rechte in den *comitia* (Wahlversammlungen) aus; gewöhnlich wurde nach Zenturien (*comitia centuriata*) auf dem Markt abgestimmt. Diese zuletzt 373 Zenturien gingen auf eine ursprüngliche Hundertschaftseinteilung innerhalb der Stadt und Landbezirke (*tribus*) zurück. Die *concilia plebis* (Volksversammlungen) wählten die Volkstribunen und die unteren Beamten. Sie hatten das Recht, Gesetze zu beschließen, die als *plebiscita* den *leges* gleichgestellt waren.

Der Senat

Die eigentliche regierende Körperschaft Roms aber war der Senat, ursprünglich ein »Ältestenrat«. Die Zahl seiner Mitglieder stieg von den Anfängen bis zum Ende der Republik von 300 auf 600 Mitglieder. Er bestand aus Angehörigen der alten Familien.

Die offizielle Anrede *patres* (*et*) *conscripti* weist noch auf die Zusammensetzung aus *patricii* und *plebeii* hin (*conscripti* sind die in einer Liste erfassten plebeischen senatsberechtigten Familien). Ihr Abzeichen war der breite Purpurstreifen an der → Tunika (*tunica laticlavia*). Der Senat ergänzte sich (nach Vorschlag des → Zensors) meist aus den ehemaligen hohen politischen Beamten. Im Senat wurden praktisch alle Entscheidungen getroffen: er entschied über die Gesetzgebung, er war Regierung und Parlament in einem.

Die Beamten

Die Ausführungsorgane des Senats waren die *magistratus* (ohne Trennung von Exekutive und Judikative). Ihre Ämter wurden als *honores* bezeichnet (hohe Ehre und unbezahlte Tätigkeit dieser Funktionen). Abzeichen ihrer Würde (mit Ausnahme der *quaestores*) waren der Purpursaum der → Toga *(toga praetexta)* und bei den *consules* zwölf, bei den *praetores* sechs Liktoren als Begleitung, die die *fasces* (Rutenbündel mit Beilen) trugen.

- Die zwei *consules* (*consul* konnte man erst mit 43 Jahren werden) vertraten den → Senat nach außen; sie hatten das Recht, im Senat Gesetzesanträge einzubringen und die → *comitia* einzuberufen, auch waren sie bis zur Zeit Sullas die obersten militärischen Befehlshaber. Ihre Amtszeit dauerte ein Jahr.
- In Zeiten der Gefahr aber (zum letzten Mal nach Cannae) wurden sie durch einen *dictator* ersetzt, der unumschränkte zivile und militärische Gewalt besaß (jedoch begrenzt auf höchstens sechs Monate).
- Die bis zu 17 *praetores* (vom 40. Lebensjahr an) waren in ihrem ersten Amtsjahr als Leiter der Gerichte eingesetzt und gingen meist im zweiten Jahr ihrer Amtszeit als *propraetores* in die Verwaltung der Provinzen.
- Die vier *aediles* (vom 37. Lebensjahr an) hatten Polizeifunktionen, die Bau- und Gewerbeaufsicht sowie die öffentlichen Spiele zu organisieren.
- Bis zu 20 *quaestores* (vom 30. Lebensjahr an) leiteten die Finanzverwaltung in Rom und in den Provinzen, häufig auch beim Heer.
- Aufgabe der zwei *censores* aus den → *patricii* war es, die Bürger nach ihrer Steuerkraft und Leistung einzuschätzen *(censere)* sowie die moralische Haltung vor allem der Senatoren zu überwachen. Sie hatten auch das Recht, Mitglieder wegen unmoralischer Lebensführung aus dem Senat auszuschließen *(senatu movere)*.
- Die → *plebs* wählte als Schutz gegen Senatsbeschlüsse und Willkür der *magistratus* in den → *comitia* vier *tribuni plebis* (später zehn) als Vertreter. Sie konnten Senatsbeschlüsse und Entscheidungen der *magistratus* mit dem *veto* aufheben. Mit der Zeit entwickelten sie sich zur Daueropposition gegen den Senat, der aus Mitgliedern der *optimates* bestand. Daher nahm Sulla den Volkstribunen die Rechte. In der Kaiserzeit wurden die Ämter dann bedeutungslos.

Gerichtsverfahren

Bei den Gerichtsverfahren lag im Zivil- wie im Strafverfahren die Untersuchung und Vorverhandlung beim → *praetor*; im Zivilprozess führte ein *iudex* die Hauptverhandlung und traf die Entscheidung, gegen die keine Berufung möglich war. Ein Geschworenengericht unter Vorsitz des Prätors fällte das Urteil im Strafprozess, gegen das es eine Berufung an das Volk (in den → *comitia*) gab. In allen Verfahren mussten Kläger (als Erster) und Beklagter (als Zweiter) mit einer Rede Anklage und Verteidigung selbst führen.

Das Heerwesen

Von etwa 390 v. Chr. bis 100 v. Chr. (Marius) war das römische Heer nichts anderes als eine Bürgerwehr, das heißt, jeder Bürger war vom 16. bis zum 60. Lebensjahr waffenpflichtig, wurde im Frieden gelegentlich ausgebildet und im Bedarfsfall einberufen. Die Masse der Soldaten wurde von den Bauern gestellt. Mit Marius begann eine Umorganisation des Heeres, die von Caesar zu Ende gebracht wurde. Nach der Niederwerfung Karthagos gab es im Grunde nur mehr Grenz- und Kolonialkriege mit Besetzungsaufgaben, die eine stehende Truppe mit Berufssoldaten verlangten. Diese wurde hauptsächlich von den → *proletarii* gestellt, die jetzt Löhnung *(merces, stipendium)* und Verpflegung erhielten, sich Beute erwarteten und nach dem Ende ihrer Dienstzeit (23 Jahre) mit einem kleinen Bauerngut *(ager)* abgefunden wurden; für die Bereitstellung der *agri* hatten die jeweiligen Feldherrn (meist über die Gesetzgebung des Senats) zu sorgen.

Zu Caesars Zeit bestand das Heer aus etwa 25 Legionen (ungefähr je 3600 Mann; Sollstärke je 6000 Mann), die in den Provinzen eingesetzt wurden. Die *legio* wurde untergeteilt in zehn *cohortes* (360 Mann), die *cohors* dann in drei *manipuli* (120 Mann) und der *manipulus* wiederum in zwei *centuriae* (60 Mann).

Die Führung eines Heeres hatte ein vom Senat bestimmter *dux* (Feldherr), der nach dem Sieg den Titel *imperator* führen durfte. Ihm stand für die Logistik (Nachschub, Verpflegung, Finanzverwaltung) ein → *quaestor* zur Seite. Dem *dux* unterstanden als höhere Führer (meist Kommandeure einer Legion) die *legati* (Legaten). Die sechs *tribuni militum* (Militärtribunen) einer Legion waren teils Berufsoffiziere, teils nur kurzfristig dienende junge Adlige. Führer von Sondertruppen führten den Titel *praefectus*. Den unmittelbaren Befehl über die Soldaten hatten die Führer einer *centuria*, die *centuriones*, Unteroffiziere, die aus dem Mannschaftsstand hervorgegangen waren.

Da während der Kaiserzeit meist nur mehr die Grenzen des Imperiums defensiv gesichert wurden, waren die Legionen fast überall in kleine Grenzschutzeinheiten aufgespalten, die in Stützpunkten *(castella)* oft in Verbindung mit einem befestigten Grenzwall *(limes)* fest stationiert waren. Wehrbauern – meist römische Siedler oder entlassene Soldaten *(veterani)* – verstärkten in Notfällen im Milizsystem ihre Abwehrkraft.

Die jetzt auch in Rom selbst untergebrachten Legionen, vor allem die Gardetruppen der Kaiser *(cohortes praetoriae)* griffen oftmals in das politische Geschehen ein (Soldatenkaiser!). Die römischen Berufsoldaten wurden zunehmend durch angeworbene Nichtrömer ersetzt und die Wehrkraft der Truppen ließ immer mehr nach, sodass schließlich das römische Wehrsystem unter dem Ansturm der unverbrauchten Stämme der Völkerwanderung zerbrach.

Die Kriegsflotte

Die Kriegsflotte (*classis*) war nicht der stärkste Punkt im römischen Wehrsystem. Ihre Erfolge errang sie weniger durch die nautische Führung als vielmehr durch die große Zahl der Seesoldaten (*milites classici*), die beim Entern den Kampf entschieden. Das Rückgrat der Flotte bildeten ursprünglich Schlachtschiffe mit fünf Ruderreihen (*quinqueremes*) neben den leichter beweglichen Dreiruderern (*triremes*).

Weil es nach der Niederlage Karthagos keinen ernsthaften Seegegner mehr gab und die Flotte immer mehr Polizeifunktionen übernahm (Seeräuber!), wurden seit Marius fast nur mehr *triremes* und von der Zeit Caesars an die noch schnelleren *liburnae* (Schiffe mit zwei Ruderdecks und Besegelung) verwendet.

Die Kriegsschiffe hießen *naves longae* im Unterschied zu den gedrungeneren Handelsschiffen (*naves mercatoriae*); daneben gab es außerdem reine Transportschiffe (*naves onerariae*). Für Landeunternehmen (beispielsweise Britannien) wurden zum notwendigen Transport der Legionssoldaten Handelsschiffe beschlagnahmt.

Die *res privatae*

Die Ehe

Grundlage der Familie war im römischen Staat die Ehe (*matrimonium*). Sie hatte die Aufgabe, für Kinder zu sorgen (»heiraten« vom Mann her: *in matrimonium ducere*) im Interesse des Fortbestandes der Familie des Mannes (»heiraten« von der Frau her: *nubere viro* – sich in den Brautschleier hüllen für den Mann). Die beiderseitigen Familien bestimmten nach rationalen Gesichtspunkten Sohn und Tochter für die Ehe.

Es gab zwei Formen der Eheschließung und der Ehe: In einem feierlichen Akt mit förmlichem Ehevertrag und bestimmten Zeremonien trat die Frau mit ihrem Vermögen und ihrer Mitgift (*dos*) aus ihrer Familie (aus der *potestas* des Vaters) in die Gewalt (*manus*) ihres Mannes (*vir, maritus*) über und wurde zur *mater familias*.

In der zweiten Form erklärten die Verlobten nur ihren Willen, die Ehe zu schließen. Die Frau blieb dabei unter der *potestas* ihres Vaters und verfügte selbst über ihr Vermögen. Sie wurde als *uxor* bezeichnet. Die Scheidung *(divortium, discidium)* einer solchen Ehe war leicht möglich.

Der Mann hatte die entscheidende Stellung in der Ehe (Patriarchat); doch war die Frau in der Oberschicht als *domina*, bei den Bauern und Bürgern als Gefährtin des Mannes (sie arbeitete auf dem Hof, leitete das Hauswesen, erzog die kleineren Kinder und die älteren Mädchen) zwar nicht politisch und nicht juristisch, wohl aber menschlich dem Manne gleichgestellt. Sie bewegte sich im Allgemeinen frei in der Gesellschaft der Männer und in der Öffentlichkeit (eine zusammenfassende Darstellung gibt Burck, ›Die Frau in der griechisch-römischen Antike‹, München 1969).

Erst der sittliche Zusammenbruch gegen Ende der Republik gefährdete dann zunehmend die Ehe und förderte die Ehelosigkeit, sodass der Nachwuchs für die Verwaltung des Imperiums, aber ebenso für die militärischen Bereiche nicht mehr gesichert war. Deshalb versuchte schon Augustus mit Ehegesetzen (*leges Iuliae*) die Ehe zu festigen und zu fördern.

Die Kinder

Die Kinder wuchsen unter der Obhut der Mutter auf, bis die Knaben mit sechs Jahren, in der Oberschicht auch die Mädchen, zu Hause oder in der »Grundschule« *(ludus)* im Lesen, Schreiben und Rechnen unterrichtet wurden. Bei den Angehörigen der Oberschicht schloss sich daran ein Unterricht in Griechisch an, in dessen Mittelpunkt Homer stand; es wurde viel auswendig gelernt und viel Sport betrieben. Den Abschluss bildete die Rhetorenschule (meist im Hause eines Lehrers der → Rhetorik).

Der *puer* (Mädchen heirateten oft schon mit zwölf Jahren) wurde mit Beginn des 17. Lebensjahres in einer feierlichen Zeremonie, in der man ihm die *toga virilis* anlegte, für mündig erklärt. Von nun an führte er den vollen Namen, der aus drei Teilen bestand: *praenomen, nomen gentile, cognomen* (Marcus Tullius Cicero). Dabei entsprach das *praenomen* unserem Vornamen und das *cognomen* unserem Familiennamen. Das *nomen gentile* gab die Zugehörigkeit zur *gens* (Großfamilie, Sippe) an (Cornelius, Julius). Das *cognomen* nannte die Familie im engeren Sinne (Scipio, Caesar).

Mit dem Anlegen der *toga virilis* wurde der *puer* zum *iuvenis* (junger Mann, Mann bis zum 40. Lebensjahr). *Adulescens* (junger Mann) dagegen umfasste keinen festen Altersabschnitt, sondern betonte die Jugend im Gegensatz zum Alter. Vom 40. Jahr ab wurde der Mann als *senior* (älterer Mann), mit 60 Jahren als *senex* (alter Mann) bezeichnet.

Vir war der Mann allgemein, im Unterschied zur Frau *(femina)*, und der Ehemann; *mulier* war die Frau als Trägerin der weiblichen Charakterzüge und als verheiratete Frau.

Die Bestattung *(funus, -eris)* fand unter feierlichen Zeremonien *(pompa, exsequiae)* statt, in den älteren Zeiten in Form der Beisetzung, in der Republik zunehmend als Feuerbestattung. Die Grabstätten mussten außerhalb der Städte liegen.

Das Haus

Das Haus der Römer war in den ältesten Zeiten wohl ein dem Niedersachsenhaus ähnliches Giebelhaus, das später vom Atriumhaus abgelöst wurde. Das *atrium* war der zentrale Raum des Hauses mit einer viereckigen Öffnung im Dach (ursprünglich für den Rauchabzug?), unter der sich der kleine offene Hofraum, das *impluvium*, befand. Um das *atrium* ordneten sich die übrigen, meist fensterlosen Räume des Hauses.

Das Atriumhaus wurde allmählich vom Peristylhaus abgelöst, das an der Stelle des *atrium* einen großen Freiraum (oft mit Gartenanlagen) hatte, das so genannte *Peristylon*, das von einem Säulengang umgeben war. Auf diesen Freiraum öffneten sich die übrigen Räume. Beide Haustypen waren »Einfamilienhäuser«.

Das *atrium*, das allmählich zum Empfangsraum wurde, und das *triclinium*, der Speiseraum, waren die Repräsentationsräume des vornehmen Stadthauses (*domus*), das man häufig zum Palast erweiterte. Die *plebs* lebte in Zimmern oder Kammern von Mietshäusern (*insulae*), die bis zu acht Stockwerke hatten; sie wurden von den Reichen als Kapitalanlage gebaut. Mietwucher war an der Tagesordnung. Daneben gab es das »Haus auf dem Land«, die *villa*, die sowohl einfaches Bauernhaus wie auch die prunkvolle Zweitwohnung des reichen Städters sein konnte. Die *villa rustica* war der Wohnsitz eines Großgrundbesitzers oder seines Verwalters mit allen Nebengebäuden, die für einen landwirtschaftlichen Betrieb erforderlich waren.

Die Religion

Die römische Religion ist mit unserem durch fast zweitausendjährige christliche Tradition geformten Denken nicht zu fassen. Dies zeigt schon das Wort *religio*, das Gewissenhaftigkeit, Beachtung des Heiligen, Rücksicht auf die Ansprüche höherer Mächte bedeutet. *Religio* kann als Gegenstand ebenso Götter wie auch einen Ort haben; stets aber ist es mit einer Reaktion, einer Handlung, wenigstens mit einer Geste verbunden.

Das Wesen der Religion

Das Wesen der römischen Religion ist zunächst von der Tatsache her zu erklären, dass die Römer kriegerische Bauern waren. Alles Überirdische, Außermenschliche war ihnen in ihrer Frühzeit nicht Person, sondern Kraft und Wirkung; man konnte es durch magische Handlungen, Zauber oder Beschwörung anziehen oder abwehren. So bezeichnet etwa *numen*, das immer in Verbindung mit dem Göttlichen gebraucht wird, *eine unpersönliche Kraft, die irgendeinem Gott eignet* (Latte).

Entscheidend für den Bauern ist der durch Fruchtbarkeit gesicherte Ertrag, die Abwehr aller diesen Ertrag mindernden Schäden und die Bekämpfung und Überwindung der *hostes*, die den bäuerlichen Besitz gefährden oder der Besitzerweiterung im Wege stehen.

So waren die *penates* ursprünglich die Schutzgeister der Vorratskammer, die *lares* die der Flur; später wurden sie zu Schutzgöttern von Haus und Familie.

Schäden, das Wetter und Absichten der Feinde vorauszusehen, ist für den Bauern lebenswichtig. Daher wurden *prodigia* (Vorzeichen), wie etwa das Fallen der Blitze, sorgfältig beobachtet; die Beobachtung des Vogelflugs *(auspicium)* und die Betrachtung der Eingeweide und der Leber von Opfertieren *(haruspicium)* – von den Etruskern übernommen – gaben Aufschluss über Gunst oder Ablehnung oder Wollen außermenschlicher Mächte. Diese suchte man sich zu verpflichten durch magischen Zwang und Vertrag über Gebet, Opfer und Gelübde.

Das Opfer war bäuerlich: Früchte, Speisen, Tiere. Sein Sinn war Bitte, Dank und Sühne. Heilige Orte (meist Altäre) lagen ursprünglich in der bäuerlichen Flur und im Wald.

Erst vom 6. Jahrhundert v. Chr. ab wurden für bestimmte Gottheiten in den Städten Tempel errichtet. In frühen Zeiten vom *pater familias* für den Hof und vom *rex* für den Staat vollzogene Kulthandlungen gingen allmählich auf die *sacerdotes* (*qui sacra dant*) über; meist hatten sie – so die *flamines, haruspices* und *augures* – ganz bestimmte Funktionen im Dienst einer bestimmten Gottheit.

Die *pontifices* stellten eine Art Aufsichtsbehörde dar, die den Kult zu überwachen hatten. Ihr Vorsteher war der *pontifex maximus.*

Über das Kultische hinaus gab es kaum religiöse Gebote, vor allem keine Ethik, die dem Menschen ein bestimmtes Handeln vorschreibt oder verbietet, ein Handeln, das im Jenseits Lohn oder Strafe nach sich ziehen würde.

Die römische Religion kannte kein Leben nach dem Tode, nur ein trübes Existieren von Schatten in der Unterwelt. Kennzeichnend ist die Bedeutung von *pius* und *pietas*, das nicht »fromm« im heutigen Sinne meint. Die beiden Worte bezeichnen vielmehr eine *Haltung, die herkömmliche soziale Ordnung respektiert* (Latte) im Verhältnis Gott – Mensch, vor allem aber in Gemeinde und Familie.

Die Entwicklung der Religion

Die Entwicklung der römischen Religion begann mit einer prädeistischen Phase, in der in erster Linie Kräfte und Wirkungen aus dem Bereich der Natur (Fruchtbarkeit, Wachstum) verehrt und magisch gebannt wurden. Auf die früheste Zeit sind auch Begriffe aus dem Bereich des Tabu zurückzuführen, z. B. *sacer* (den Göttern gehörig oder verfallen, den Menschen entzogen) und *fas* (von der Religion her erlaubt) sowie *nefas* (aus Kultgründen verboten).

Zum ersten Mal als Staatsgötter greifbar werden im alten Rom Jupiter, Mars (der Kriegsgott vom Palatin) und Quirinus (der Kriegsgott der Sabiner). Die beiden letzteren verschmolzen später zum Kriegsgott Mars. Doch waren diese Gottheiten noch Verkörperungen von Kräften, keine Personen. Erst die Etrusker brachten mit ihrer Dreiheit von Stadtgöttern (Tinia – Uni – Menrva) anthropomorphe Gottheiten.

Im 6. Jahrhundert v. Chr. wurden sie in Rom – zum ersten Mal als Götterbilder in einem Tempel auf dem Kapitol verehrt – zu Iuppiter Optimus Maximus, → Juno und → Minerva. Damit waren Naturkräfte (Jupiter = Himmel und Blitz, Juno = Fruchtbarkeit) personifiziert, das Göttliche nahm menschliche Gestalt an. Hierher gehört auch Vesta, Schutzgeist des bäuerlichen Herdfeuers, die zur Schutzgöttin des Staates wurde. In deren Tempel bewachten jungfräuliche Priesterinnen, die Vestalinnen, das heilige Feuer.

Die sibyllinischen Bücher (eine Orakelsammlung in griechischer Sprache), die im 6. Jahrhundert v. Chr. auch im Politischen als Staatsorakel Bedeutung bekamen, machten die Römer mit den griechischen Göttern bekannt, sodass nun einheimische Gottheiten mit diesen identifiziert wurden. Der Blitz- und Himmelsgott Jupiter wurde wie Zeus zum König der Götter und Menschen und oberste Gottheit des römischen Staates. Die Geburts- und Frauengöttin Juno erhielt Qualitäten der griechischen Hera, und die Stadtgöttin Minerva übernahm von Athene die Schirmherrschaft über Handwerker und Künstler. Die alte Flussgottheit Neptunus wurde zum Gott der Gewässer wie Poseidon und die Teilfunktionen des griechischen Gottes Hermes als Gott des Handels und des Marktes gingen auf Mercurius über.

Neben diese Gottheiten traten nun Venus (Liebe), Fortuna (Glück), Volcanus (Feuer), Saturnus (Aussaat), Tellus (Erdgöttin), Ceres (Getreide und Ackerbau), Liber (Fruchtbarkeit, später: Wein), Flora (Blüten und Blätter), Pomona (Obst), Hercules (Gewinn und glücklicher Fund), Aesculapius (Heilgott). Der Kult einiger dieser Gottheiten wurde im Laufe der Zeit bedeutungslos. Der griechische Gott Apollo hingegen war zwar von Anfang an im Kult kaum vertreten, erschien aber umso mehr in der griechisch beeinflussten Literatur.

Der Kult der Götter war Sache des Staates, der für Tempelbau, Feiertage, Opfer, Zeremonien aller Art sowie für Festspiele sorgte. Erst allmählich traten persönliche Beziehungen des einzelnen zu den Göttern neben die Handlungen des Staates. Eine seltsame Erscheinung war es, dass gegen Ende des 2. Jahrhunderts v. Chr. die Wertbegriffe der → *nobilitas* vergöttlicht wurden. So gab es in Rom Tempel von Honos, Virtus, Concordia, → Pietas, Libertas, Victoria, Mens. Daneben drangen mit der Ausdehnung des Imperiums vor allem orientalische Kulte ein.

Der Kaiserkult brachte von Augustus an die Erhebung der Kaiser zu Göttern nach ihrem Tode: die *Apotheose*. Mit Commodus galten die Kaiser schon im Leben als göttlich. Das Christentum bedeutete das Ende der römischen Religion, wenn sich auch gerade in ländlichen Gegenden das »Heidentum« (*paganus* von *pagus* »Gau«) noch lange hielt.

Scharf geschieden werden müssen die Staatsreligion, wie sie im Vorstehenden geschildert wurde, die Volksreligion, in der der magische Naturglaube der Anfangszeit immer mehr in Aberglauben umschlug (→ Petrons *cena Trimalchionis* bietet Beispiele), die mythologische Darstellung in der Dichtung und schließlich der Ersatz der Religion in der Schicht der Gebildeten durch die Philosophie.

Römische Götter

Jupiter	Göttervater, höchster Gott, Schutzpatron
Juno	Göttermutter, Frauen
Minerva	Künste, Wissenschaften, Handwerker
Mars	Krieg
Venus	Schönheit, Liebe
Diana	Jagd
Merkur	Götterbote, Handel
Neptun	Meer
Vulkan	Feuer
Ceres	Getreide, Ackerbau
Vesta	Herdfeuer
Fortuna	Glück
Saturnus	Aussaat
Liber, Bacchus	Wein
Flora	Blüten, Blätter
Äskulap	Heilkunde
Apollo	Weissagung, Dichtkunst, Heilkunde

Die Philosophie

Alle Philosophie in Rom kam aus Griechenland. Jedoch gewann für die Römer von allen Teilgebieten der Philosophie nur die Ethik, die Lehre vom richtigen Leben, wirkliche Bedeutung. In Griechenland hatten sich vier führende philosophische Schulen entwickelt: die Akademiker, die Peripatetiker, die Stoiker und die Epikureer.

Die Akademie

Die Akademie übernahm die Lehre Platons und bildete sie in der jüngeren Akademie im 2. Jahrhundert v. Chr. zu einem gemäßigten Skeptizismus weiter. Dieser lehrte, dass die Erkenntnis der absoluten Wahrheit nicht möglich sei, sondern nur eine Annäherung an diese (das »*verisimile*«); doch müsse der Mensch unablässig nach der Wahrheit suchen.

Letzten Endes geht auf das von Sokrates (Platon war sein Schüler) angewendete unablässige Fragen (und »Hinterfragen«) mit dem Abwägen der Gegenpositionen der Dialogpartner das »dialektische« Verfahren zurück. Viele philosophische Werke der Römer sind deshalb in Dialogform (*pro* und *contra*) geschrieben.

Rom kam 155 v. Chr. durch Karneades mit dieser Lehre in Berührung, der dort als Mitglied einer Philosophengesandtschaft seine Lehren öffentlich vortrug. Philon von Larissa musste als Haupt der Schule nach Rom flüchten und wurde hier der Lehrer des 18-jährigen Cicero, den er stark beeinflusste. Wenig später hörte Cicero in Athen Antiochos, den neuen Leiter der Schule.

Die Peripatetiker

Die Peripatetiker, die Schule des Aristoteles, gewannen in Rom kaum Einfluss. Aristoteles, Schöpfer des systematischen Aufbaus der Philosophie von der Metaphysik bis zur Logik und Ästhetik, wurde über das Christentum zum großen Vorbild der Scholastik; ihr Hauptvertreter, Thomas von Aquin, baute seine lateinisch geschriebenen theologischen Schriften ganz auf den aristotelischen Lehren auf.

Die Stoa

Die Stoa wurde für die Römer die beherrschende Philosophie. Begründet von Zenon dem Jüngeren gegen 300 v. Chr. in Athen, stellte sie die → Ethik in den Mittelpunkt ihrer Lehre. Als Ziel des Menschen setzte sie die Glückseligkeit (*vita beata*).

Der Weg dorthin führt über die Tugend (*virtus*), die dadurch erlangt wird, dass man gemäß der menschlichen Natur (*convenienter naturae*) lebt; deren Hauptkennzeichen ist die Vernunft (*ratio*); sie unterscheidet den Menschen von den anderen Lebewesen und verbindet ihn mit dem Göttlichen. Die Tugend besteht darin, dass der Mensch mithilfe ihrer vier Haupteigenschaften, der Gerechtigkeit (*iustitia*), der sittlichen Einsicht (*sapientia*), der Tapferkeit (*fortitudo*) und der Besonnenheit (*temperantia*) seine Pflichten (*officia*) in diesem Leben erfüllt.

Diese strenge (»rigorose«) Lehre lernten die Römer in abgemilderter Form über die mittlere Stoa (185 - 29) kennen, deren Hauptvertreter Panaitios (etwa 180 - 110) lange Zeit als Gast im Hause Scipios des Jüngeren lebte. Panaitios und dessen Schüler Poseidonios (etwa 135 - 51), den Cicero in Rhodos lehren hörte, verschoben nun den Wirkungsbereich der → *virtus* vom Einzelnen auf ein aktives Handeln in der Gemeinschaft; die *virtus* wird zum mannhaften Handeln. Die Lehren dieser mittleren Stoa, deren griechisch geschriebene Originale verloren gingen, kennen wir vor allem aus den Schriften → Ciceros und Senecas.

Epikur

Epikur aus Athen (341 - 270) wurde durch seine Lehren kaum weniger einflussreich, vor allem bei Roms Jugend. Auch er sah das Ziel des Menschen in einem glücklichen Leben. Dessen Grundlage ist das Freisein von Schmerz und die Beseitigung von allem, was Unlust verursacht; damit erst gelangt der Mensch zur Lust (*voluptas*), die aber nicht Triebbefriedigung und Lusterfüllung bedeutet, sondern die Beherrschung beider durch den Verstand zum Inhalt hat.

Epikurs Kernlehre war: *Lebe zurückgezogen!*; denn vor allem die Verpflichtungen in Öffentlichkeit und Staat stören die glückliche Ruhe des Menschen. So ist Epikur der Begründer eines ausgeprägten Individualismus. Diese Lehre wurde gerade von der Jugend der römischen Oberschicht als Rechtfertigung für egoistisches Genussleben missverstanden, sodass sich Horaz selbst (ep. I 4, 16) geradezu als *Schweinchen aus Epikurs Herde* (*Epicuri de grege porcum*) bezeichnete.

Die griechische Philosophie in Rom

Das Eindringen der griechischen Philosophie in Rom ging nicht reibungslos vor sich. Zwar hatte schon → Ennius (239 – 169 v. Chr.) in seinem ›Euhemerus‹ nach der Lehre des Griechen Euhemeros die Götter als große Menschen der Vorzeit zu deuten versucht und damit die Religion der philosophischen Kritik ausgesetzt; doch erst die persönliche Berührung mit den Griechen in Rom selbst machte die Philosophie als letzte der griechischen Wissenschaften dort heimisch.

Bei dem Sinn der Römer für das Reale (*res* ist ein lateinisches Kernwort), für Landwirtschaft, Recht und Politik, war ihnen das theoretische (*theoria*, ist ein griechisches Wort) Schrifttum der Griechen verdächtig gewesen, zog doch die Beschäftigung mit ihm den jungen Menschen von eigentlich römischen Aufgaben ab.

Cato der Ältere (234 – 139) war ein erbitterter Gegner des Griechischen und seiner Literatur. Auf seine Veranlassung hin wurden im Jahre 183 griechische Schriften öffentlich verbrannt und wurde 161 durch Senatsbeschluss griechischen Rhetoren und Philosophen der Aufenthalt in Rom verboten, ja noch 154 wies man zwei → Epikureer aus Rom aus. Aber der Kreis um Scipio den Jüngeren (185 – 129) und seinen Freund Laelius wurde zur Kernzelle der Aneignung der griechischen Bildung. Der Historiker Polybios, der mit 1000 vornehmen griechischen Geiseln (sie blieben 17 Jahre) 165 nach Rom gekommen war, und der Stoiker → Panaitios lebten in Scipios Haus.

Im Jahre 155 kam eine akademische Gesandtschaft mit dem Akademiker → Karneades, dem Stoiker Diogenes und dem Peripatetiker Kritolaos nach Rom und lehrte dort öffentlich. Damit war die Jugend der *nobilitas* für die Philosophie gewonnen, und selbst Cato lernte noch im Alter Griechisch. Von diesem Zeitpunkt an war in der Oberschicht die Philosophie Grundlage aller Bildung, Regulativ für das eigene Verhalten und Maßstab für das Handeln in Gesellschaft und Staat.

Die Römer waren keine Denker und Forscher und hatten kein Verständnis für Erkenntnistheorie oder Probleme der Metaphysik; sie übersetzten oder übernahmen, was einleuchtete und praktisch verwertbar war, nämlich die Ethik. Eine Ausnahme bildete → T. Lucretius Carus (98 – 55), der in seinem Lehrgedicht ›De rerum natura‹ → Epikurs Philosophie darstellte. Der große Vermittler der griechischen Philosophie in ihrer hellenistischen Ausprägung aber war → Marcus Tullius Cicero (106 – 43), der nach seiner politischen Entmachtung in wenigen Jahren seine wesentlichen philosophischen Werke schrieb, um nach seinen eigenen Worten seinen Mitbürgern auch fern der Politik zu nützen, wenn er ihnen mit seiner politischen Tätigkeit je früher nützlich war ([...] *ut, si occupati profuimus aliquid civibus nostris, prosimus etiam, si possumus, otiosi.* – Tusc. I 5). Entscheidend ist hier die Vokabel *prodesse*, weil sie die für Rom typische Betrachtung der Philosophie als etwas Nützliches deutlich macht.

Cicero wählte aus den philosophischen Systemen der Griechen aus, was ihm für Rom nützlich schien, er ist Eklektiker: Seine erkenntnistheoretischen Betrachtungen entstammen der → jüngeren Akademie, seine Ethik schwankt zwischen der → Stoa und den → Peripatetikern, nur → Epikurs Lehre bekämpft er.

L. Annaeus Seneca (etwa 4 v. Chr. – 65 n. Chr.) dagegen folgte in den Grundzügen seiner Philosophie der → Stoa, die dem Römer besonders lag, da sie zum praktischen Handeln in der Gemeinschaft aufforderte. Seneca sagt in ep. mor. 16,3: *Non est philosophia populare artificium nec ostentatione paratum. Non in verbis, sed in rebus est* (Philosophie ist kein Handwerk für alle und nicht zum Herzeigen da. Ihr Tätigkeitsfeld sind nicht die Worte, sondern das Handeln). Dieses Motto lässt sich über sein ganzes Werk stellen. Belehrung und Predigt zur Besserung des menschlichen Handelns (er wurde zum Erzieher Neros bestellt!) sind die Formen seines philosophischen Wirkens.

Der Einfluss der Stoa blieb in der Kaiserzeit zunächst beherrschend. Da aber die politische Tätigkeit des Einzelnen nicht mehr möglich war, traten jene Züge stoischer Philosophie wieder in den Vordergrund, die sich mit dem Verhalten des Menschen gegenüber Schicksal, Leid und Schmerz befassten. Die Unerschütterlichkeit, die heitere Ruhe (griech. *ataraxia*) wird das Symbol stoischer Haltung bis auf die heutige Zeit. Kaiser Marcus Aurelius (121–180, Kaiser seit 161) verfasste zwölf Bücher mit stoischen Selbstbetrachtungen (Titel: ›eis heauton‹) in griechischer Sprache .

Ciceros Einfluss wird erst wieder deutlich bei den christlichen Schriftstellern Minucius Felix (um 200), L. Caelius Lactantius (um 300), dem heiligen Ambrosius (gest. 397). Aurelius Augustinus (354–430) verfasst ›de civitate dei‹ nach dem Vorbild von Ciceros ›de re publica‹. Über diese Autoren kommt vieles von dem philosophischen Ideengut der Römer in die christliche Scholastik.

Philosophische Spezialbegriffe

animus	die Seele; der Geist
animus aequus	die Seelenruhe; der Gleichmut
ars	die Kunst; die praktische Fähigkeit; die Wissenschaft
atomus	das Atom
bonum	das sittlich Gute; das Gut
bona	das sittlich Gute; die Güter
casus	der Zufall
causa	die Ursache
cogitatio	die Überlegung; (philosophische) Reflexion
cognitio	die (Er-)Kenntnis
cupiditas	das Verlangen; die Begierde; das Bedürfnis
disciplina	die Lehre; die Schule
doctrina	die Belehrung; der Grundsatz
elementum	das Element (der Grundstoff)
fatum	das Schicksal
fortuna	das (zufällige) Glück
honestum	das sittlich Gute; die Tugend
malum	das (sittlich) Schlechte
materia	der Urstoff; die Materie
mens	der Geist; die Gesinnung
mundus	die Welt; das All
natura	die Natur; das Dasein; das Wesen; die Beschaffenheit
notio	der Begriff; die Vorstellung
principium	die Grundlehre; Grundlage
providentia	die Vorsehung
quaestio	die (philosophische) Untersuchung
ratio	die Vernunft; die Lehre; die Art und Weise
sapiens	der Weise; der Philosoph
sapientia	die Weisheit
sententia	der Satz, Spruch, Sinnspruch; die Lehrmeinung
turpe	das sittlich Verwerfliche
universum	das All
vacuum	der leere Raum
virtus	die Tugend
vitium	der (sittliche) Fehler; das Laster
voluptas	die Lust

Zeittafel zur römischen Geschichte

Jahr	Ereignis	Autoren und Schriften
753	Gründung Roms	
510	Abschaffung des Königtums	Spange aus Praeneste
ca. 500	Beginn der Republik	
ca. 450	Zwölftafelgesetz	
ca. 390	Einfall der Kelten in Italien	
366	Zulassung der Plebejer zum Konsulat	
338	Ende der Latinerkriege	Ludi Romani
312	Bau der Via Appia	
264–241	1. Punischer Krieg	Lex Aquilia; Lex Oppia Livius Andronicus
218–201	2. Punischer Krieg	Ennius; Plautus; Cato
216	Niederlage gegen Hannibal (Cannae)	
202	Scipio besiegt Hannibal bei Zama	
168	Sieg bei Pydna über Makedonien	Terenz
149–146	3. Punischer Krieg	Lucilius
146	Zerstörung Karthagos	
133–121	Reformen der Gracchen	
111–105	Krieg gegen Jugurtha	
102–101	Marius besiegt Kimbern und Teutonen	
91–89	Bundesgenossenkrieg	
88–81	Kriege gegen Mithridates	
82–79	Diktatur Sullas	Varro
73–71	Sklavenaufstände (Spartacus)	Lukrez
67	Pompeius besiegt die Seeräuber	
63	Verschwörung des Catilina; Cicero Konsul	
60	1. Triumvirat (Pompeius, Crassus, Caesar)	
59	Caesar Konsul	Catull

Jahr	Ereignis	Autoren und Schriften
58 – 51	Eroberung Galliens durch Caesar	Caesar
52	Pompeius alleiniger Konsul	
49	Bürgerkrieg (Caesar – Pompeius)	
48	Schlacht bei Pharsalos; Tod des Pompeius	Cicero
44	Ermordung Caesars	Sallust
43	2. Triumvirat (Lepidus, Antonius, Octavian); Ermordung Ciceros	
42	Schlacht bei Philippi (Octavian und Antonius besiegen Brutus und Cassius)	
31	Octavian besiegt Antonius bei Actium; Octavian Alleinherrscher	Nepos
27	Begründung des Prinzipats	Vergil, Horaz
15	Beginn der Germanenkriege	Ovid, Tibull, Properz
0	**Beginn unserer Zeitrechnung**	
9 n. Chr.	Niederlage des Varus gegen Germanen im Teutoburger Wald	Livius; Velleius Paterculus
14	Tod des Augustus (eigentlich: Octavian)	Phaedrus
14 – 68	Julisch-claudische Dynastie	Seneca
14 – 37	Tiberius	
37 – 41	Caligula	
41 – 54	Claudius	Persius
54 – 68	Nero	Petron
65	Pisonische Verschwörung	Quintilian
68 – 69	Dreikaiserjahr (Galba, Otho, Vitellius)	
69 – 96	Flavische Dynastie	Martial
69 – 79	Vespasian	Juvenal
70	Titus zerstört Jerusalem	
79 – 81	Titus	
81 – 96	Domitian	Tacitus

Jahr	Ereignis	Autoren und Schriften
96–180	Adoptivkaiser	
96–98	Nerva	
98–117	Trajan	Plinius d. J.
117–138	Hadrian	Gaius, Sueton
138–161	Antoninus Pius	Apuleius
161–180	Mark Aurel	Tertullian
180–192	Commodus	Minucius Felix
193–235	Severische Dynastie	
193–211	Septimius Severus	Cyprian
211–217	Caracalla	
218–222	Elagabal	
222–235	Severus Alexander	
235–305	Soldatenkaiser (Maximinus Thrax, Decius, Valerian, Aurelian, Diokletian)	Laktanz
324–337	Konstantin d. Gr.	
375	Beginn der Völkerwanderung	Ammianus Marcellinus
391	Christentum wird Staatsreligion	Hieronymus
394–395	Theodosius d. Gr.	Augustinus
395	Ende der Reichseinheit	
476	Ende des weströmischen Reiches	
527–564	Justinian oströmischer Kaiser	
1453	Ende des oströmischen Reiches	

Lateinische Literatur

Die römische Literatur ist geprägt von der Auseinandersetzung mit den Griechen. Erste Werke der römischen Geschichtsschreibung werden in griechischer Sprache verfasst (Q. Fabius Pictor, L. Cincius Alimentus). Später werden griechische Werke ins Lateinische übersetzt, dann in eigener Sprache nachgeahmt. Eine echte Verbindung zwischen römischem und griechischem Geist ist dem Scipionenkreis (um ca. 150 v. Chr.) zu verdanken. Mit Einsetzen des ersten vorchristlichen Jahrhunderts tritt die römische Literatur aus dem Schatten des griechischen Vorbilds und erhält ihre eigentümliche Prägung.

Die Vorbereitungen

Aus der altlateinischen Periode sind nur wenige bruchstückhafte Zeugnisse der lateinischen Literatur erhalten. Vor dem Hervortreten eigener römischer Züge musste sich die lateinische Literatur mit der dominierenden Kultur der Griechen auseinander setzen.

Die altlateinische Periode bis etwa 240 v. Chr.

Die lateinische Literatur, im weiteren Sinne als schriftliche Äußerung verstanden, erstreckt sich auf einen Zeitraum von etwa zweieinhalb Jahrtausenden. Nur ein knappes Drittel davon gehört der Epoche an, in der die lateinische Sprache von den Römern als Volkssprache benutzt wurde.

Seit etwa 500 n. Chr. trat sie eine eigenartige Rolle an: Nur noch in bestimmten Schichten gepflegt, ist sie, losgelöst vom Ursprungsland, in hohem Grade für die Gestaltung des Abendlandes maßgeblich geworden und kann in solchem Sinne bis zum heutigen Tage nicht als »tote« Sprache bezeichnet werden.

Als ein Glied der indogermanischen Sprachfamilie hat die lateinische Sprache im Römischen ihren bedeutendsten Repräsentanten gefunden. Die erste Ansiedlung auf den sieben Hügeln hat mit Sicherheit vor dem offiziellen Gründungsjahr Roms 753 stattgefunden.

Von diesem Mittelpunkt aus gelang es den Bewohnern der Stadt in etwa sieben Jahrhunderten, Italien und den Mittelmeerraum zu unterwerfen, wobei es mehr darauf ankam, männliche Tüchtigkeit, → *virtus*, zu entwickeln, als sich literarischer Tätigkeit zu widmen. Noch Cicero glaubt sich für seine philosophisch-literarische Arbeit entschuldigen zu müssen mit den Worten: *Interdum vereor, ne quibusdam bonis viris philosophiae nomen sit invisum mirenturque in ea tantum me operae et temporis ponere.*

Bald geriet dieses im Grunde bäuerliche Volk unter den Einfluss der in Norditalien ansässigen → Etrusker, von denen es vor allem religiöse Vorstellungen übernahm, dann aber unter die überlegene Einwirkung griechischen Geistes, der über Süditalien zu ihm gedrungen war.

Ringen mit dem griechischen Vorbild

Hat diese früheste Epoche in der Literatur auch nicht viel mehr aufzuweisen als Sprüche, die der Totenklage *(nenia)* oder Hochzeitsfeierlichkeiten dienten, die rhythmischen Gebetssprüche *(carmina)*, die Aufzeichnungen der Priester *(annales)* oder Gesetzestexte (wie das Zwölftafelgesetz), so steht sie doch schon in der direkten Auseinandersetzung mit dem großen griechischen Vorbild, das über einen langen Zeitraum hinweg die lateinische Literatur bestimmen sollte. Sich dieses Vorbild angeeignet zu haben, ohne es nur zu kopieren, ist die bedeutendste Leistung römischen Geistes gewesen.

Die Auseinandersetzung mit Homer

Die erste Persönlichkeit, die als *scriba* hervortritt, ist bezeichnenderweise ein aus Tarent stammender griechischer Sklave, der *ob ingenii meritum* freigelassen worden war und im Hause der Livier als Erzieher wirkte: Livius Andronicus (um 285 – 204).

Sein Unterricht machte die Begegnung mit griechischer Literatur zur Selbstverständlichkeit für den gebildeten Römer, und doch wusste Andronicus als begabter Lehrer, dass nur das Umsetzen des Fremden in die eigene Welt wirken kann.

So wagte er dann auch den kühnen Versuch, Homers ›Odyssee‹ in die lateinische Sprache zu übertragen. Er wählte dazu als Vers den recht schwerfälligen altrömischen Saturnier und gab dadurch seinem Werk, der ›Odyssia‹, den feierlich-pathetischen Ernst, der in der Folge römische Ependichtung bestimmte. Einen Schritt weiter in der Aneignung homerischen Geistes ging sein Zeitgenosse Cnaeus Naevius (etwa 270 – 201) in seinem Epos ›Bellum Poenicum‹. Im ersten Teil erzählt er die Irrfahrten des → Aeneas, in dem schon vor ihm der Stammvater der Römer verehrt wurde, im zweiten die Geschichte des Ersten Punischen Krieges, den er selbst als Soldat mitgemacht hat. Mit dieser Verbindung von Mythos und Historie wird er Vorbild noch für → Vergil und römisches Geschichtsbewusstsein überhaupt. Zugleich begründet er das römische Selbstbewusstsein, das sich auf die Eigenart der geschichtlichen Entwicklung stützt.

Nur formal nähert sich der dritte Epiker, Quintus Ennius (239 – 169) Homer wieder mehr an, indem er anstelle des Saturniers den → Hexameter verwendet und der römischen Bauernsprache dieses komplizierte Versmaß abringt. Tatsächlich aber ist er, der süditalische Günstling Catos und der Scipionen, der sich in einem Traum als der wiedererstandene »römische« Homer erlebt hatte, den Weg der Aneignung Homers in seinen ›Annales‹ weitergeschritten. Eingebettet in den Aeneasmythos werden die *res gestae populi Romani* am Beispiel auch des Zweiten Punischen Krieges berichtet. Nicht umsonst feiert ihn Rom als hoch geehrten *poeta*, dessen Werk zum Kern des Schulunterrichts wird.

Die Auseinandersetzung mit dem griechischen Theater

Neben Homers Vorbild steht die große Tradition des griechischen Theaters. Von Livius Andronicus berichtet Varro, er habe im Jahre 240 das erste Bühnenstück in Rom aufgeführt, im Versmaß des Senars und Septenars. Naevius gilt als der Schöpfer der *fabula praetexta*, des Dramas, in dem römische *virtus* im Togakleid der Senatoren dargestellt wurde. Daneben sind von ihm nicht weniger als 35 Titel von Komödien überliefert. Auch hierin steht ihm Ennius zur Seite, doch lag dessen Begabung mehr auf dem Gebiet der feierlichen Tragödie.

Ausschließlich mit der Komödie befasste sich indessen der aus Umbrien stammende T. Maccius Plautus (254 – 184). Er bezog seine Vorbilder aus der neueren attischen Komödie, übernahm von ihr die Themen, die festgelegten Typen, etwa den des schlauen Sklaven, der Hetäre, des Geizhalses, aber er ersetzte die feinsinnig-ironische Charakterisierungskunst der Griechen durch sehr viel derbere Unbekümmertheit, durch einen saftigen Dialog, durch kräftige Effekte, z. B. häufige Prügelszenen, durch starke Mimik und schließlich durch gesungene opernhafte Elemente mit musikalischer Begleitung. Das alles kam der italischen Spiel- und Theaterfreude sehr entgegen. Von Plautus sind im Gegensatz zu den Vorgängern nicht weniger als 21 Stücke ganz erhalten, von denen die bekanntesten, etwa der ›Amphitruo‹, die ›Aulularia‹, die ›Menaechmi‹ oder der ›Miles gloriosus‹, weit reichende Nachwirkung hatten. Molière, Kleist und Giraudoux greifen den Stoff des ›Amphitruo‹ auf. Die ›Aulularia‹ bildet die Grundlage für Molières ›L'Avare‹, die ›Menaechmi‹ sind Vorlagen für Shakespeares ›Komödie der Irrungen‹. Die Figur des ›Miles gloriosus‹ taucht unter anderem bei Shakespeare, Gryphius und Lenz wieder auf.

Bei P. Terentius Afer (190 – 159), dem neben Plautus bekanntesten Komödiendichter Roms, einem freigelassenen Berber, zeigt sich deutlich eine gewisse Humanisierung. Die sechs von ihm erhaltenen Stücke geben sich in der ›oratio pura‹; alles Vulgäre, aber auch Kräftig-Sinnliche ist verbannt zugunsten einer feineren Charakterzeichnung. Aber gerade darin, dass er schon um die Publikumsgunst ringen musste, zeigt sich, dass die echte Verbindung zwischen römischem und griechischem Geist mehr eine Sache der Gebildeten geworden war.

Dieser Vorgang war vor allem der Wirkung des Scipionenkreises zu danken. Im Hause des jüngeren Scipio (185 – 129), des Sohnes des Aemilius Paulus, gewann man im Umgang mit bedeutenden griechischen Denkern, z. B. mit → Polybios und → Panaitios, die geistige Freiheit, Griechisches aufzunehmen, ohne sich ihm sklavisch zu unterwerfen.

Aus der Erkenntnis, dass die Arbeit für die *res publica* nicht nur praktische Tüchtigkeit, sondern auch Weite und Urbanität des Geistes erfordere, trat man der altrömischen Vierschrötigkeit eines Cato entgegen, dessen Auffassung vom griechischen Wesen sich etwa in dem geläufigen *Verbum pergraecari* in der Bedeutung »eine Nacht verbummeln« verrät. In diesem Kreis taucht zum ersten Mal der Begriff der *humanitas* auf, einer geistigen Haltung, die in der Rückschau als ein Hauptgeschenk der Römer an das Abendland betrachtet werden darf.

Hervortreten eigener römischer Züge

Die Geschichtsschreibung

In der lateinischen Literatur nimmt die Geschichtsschreibung einen besonderen Rang ein. Schon die Verfasser, meist Senatoren und hohe Staatsbeamte, weisen darauf hin, dass Geschichtsschreibung für den Römer immer ein Stück Politik war, dienstbar der Arbeit am Staat. Zum Zweiten lebte der Römer gleichsam unter den Augen seiner Ahnen, deren *imagines* (Totenmasken) in seinem Atrium hingen. Dem Vorbild der *maiores* würdig zu sein war seine vornehmste Aufgabe.

Trotzdem war der Anfang dieser sehr römischen Literaturgattung noch ein Musterbeispiel der Auseinandersetzung mit den Griechen. Nachdem schon bei Naevius und Ennius Geschichtliches in dichterisch-epischer Form gestaltet war, legte der angesehene Senator Q. Fabius Pictor kurz vor 200 v. Chr. das erste römische Geschichtswerk vor, und zwar in griechischer Sprache. Es diente der Rechtfertigung römischer Politik gegenüber der römerfeindlichen griechischen Propaganda.

Über ein halbes Jahrhundert verging, bis auf diesen Begründer der Gattung in der römischen Literatur der erste Geschichtsschreiber in lateinischer Sprache folgte: nämlich M. Porcius Cato Censorius (234 – 149).

Dieser unbequeme Mann, im bäuerlichen Tusculum geboren, war ein geschworener Feind alles Griechischen, in dem er eine tödliche Gefahr für altrömische Eigenart sah. Er, der in sprichwortartiger Knappheit ein Buch über den Ackerbau verfasst, der einen Sohn selbst zur *integritas morum* erzogen hatte, hat in seinen ›Origines‹ ein Geschichtswerk geschaffen, mit dessen kerniger Sprache er zum Schöpfer römischer Kunstprosa geworden ist.

Als Gegner der griechenfreundlichen Optimaten, besonders des Scipionenkreises, stellt er nicht die Ruhmestaten der großen Feldherrn dar, sondern die *res gestae populi Romani*. Wenngleich er sich auch angeblich im hohen Alter gezwungen sah, noch Griechisch zu lernen, so galt er doch späteren Betrachtern als ein *vir vere Romanus*, ein echter Römer.

Die Rhetorik

Unvergleichlich mehr als in modernen Zeiten wurde im Altertum die Beherrschung der Redekunst als Voraussetzung für öffentliches Wirken betrachtet. Zu lernen, wie man Menschen führt und beeinflusst, ging für den jungen Mann, der dem Staatsleben dienen wollte, jeder Fachausbildung voraus. Zwar lieferten auch hier die Griechen die Vorbilder, aber im Gegensatz zu ihrer mehr formalen Kunstfertigkeit steht an den römischen Rhetorenschulen der echt römische Grundsatz Catos, der auch auf diesem Gebiet trotz einiger Vorläufer als Bahnbrecher gelten kann: *rem tene, verba sequentur.*

Im Mittelpunkt steht demnach die Überzeugung und die Bereitschaft, sich für die Sache einzusetzen, erst in zweiter Linie folgt die erlernbare Fertigkeit der Rhetorik. Trotz der stilistischen Andersartigkeit hat → Cicero, mit dem die römische Redekunst ihren Gipfel erreicht hat, diesen Mann als Vorbild empfunden.

Die Satire

Die einzige Literaturgattung, für die es überhaupt kein griechisches Vorbild gibt, ist die Satire. Sie hat allerdings im Laufe der Zeit eine entscheidende Wandlung erlebt. Bei → Ennius, dem wahrscheinlich ersten Satirendichter, bedeutet der Titel *satura (lanx)* – wörtlich »Schüssel mit vermischtem Inhalt« – eben nur »Vermischtes«.

Als den *inventor* der Gattung bezeichnet Horaz erst den G. Lucilius (180 – 102). Als Mitglied des Scipionenkreises und Angehöriger der »Jeunesse dorée« hatte er Selbstbewusstsein und Unabhängigkeit genug, seine Satiren als scharfe Angriffe gegen Persönlichkeiten und gesellschaftliche Missstände zu verwenden. Dabei ging es seinem unbestechlich beobachtenden Blick aber trotz aller offensichtlichen Freude am geistigen Florettkampf im Grunde um die *virtus*. Diese Kritiklust und die Beobachtungsschärfe, die unter anderem auch in der sehr realistischen römischen Porträtplastik zum Ausdruck gekommen sind, gelten als typisch römische Wesenszüge.

Die Gattung hat später in Horaz ihren Meister gefunden, der sich ausdrücklich auf das Vorbild des Lucilius beruft.

Die Epochen der römischen Literatur

Die lateinische Prosa erreicht ihren Höhepunkt mit dem Wirken Ciceros im ersten Jahrhundert v. Chr. Die lateinische Poesie erlebt ihren großen Aufschwung mit dem Anbruch der Augusteischen Epoche (Horaz, Vergil, Ovid). Mit dem Tode des Augustus geht die große Zeit der römischen Literatur zu Ende. Vereinzelte herausragende Schriftsteller der Kaiserzeit (Seneca, Tacitus, Plinius) können nicht darüber hinweg täuschen, dass mit der zunehmenden literarischen Produktion die Qualität der Leistungen zurück ging. Am Ende des zweiten Jahrhunderts n. Chr. bricht die literarische Überlieferung Roms für beinahe hundert Jahre ab. Nach einem Aufschwung durch das Christentum (Augustinus) lebt die lateinische Literatur über Mittelalter und Humanismus (Erasmus von Rotterdam) bis in die Neuzeit (Vatikan) weiter.

Die Zeit der Republik

Das erste vorchristliche Jahrhundert stellt sich dar als eine Zeit der fast ununterbrochenen Bürgerkriege, der Auflösung und sittlichen Zerrüttung. Doch gerade in dieser verworrenen Zeit gelingt es einigen bedeutenden Männern, das römische Wesen rein auszuprägen. Sie machen das gebildete Rom fähig, aus dem Bewusstsein eigenen Wertes dem Griechischen als Partner zu begegnen.

Zu den Prosaisten zählen Cicero, Caesar und Sallust, zu den Dichtern Lukrez und Catull.

M. Tullius Cicero (106 – 43 v. Chr.)

M. Tullius Cicero ist in Arpinum, einer Landstadt in der Nähe Roms, geboren. Wenn er auch aus den Kreisen des begüterten Landadels stammte und die bestmögliche Ausbildung in Rom, Athen und Rhodos genossen hatte, blieb er doch bei seinem Wirken in Rom als Redner und Politiker der *homo novus*, der nicht dem altrömischen Patriziat angehörte.

In seiner politischen Gesinnung ein Vertreter der Republik begann er seine Laufbahn verhältnismäßig spät als Redner, um dann die Stufenleiter der hohen Staatsämter bis zum Konsulat (63) zu erklimmen. Hier erreichte er in der Niederwerfung der catilinarischen Verschwörung den Höhepunkt seiner politischen Laufbahn, musste aber unter dem ersten → Triumvirat 58/57 in die Verbannung gehen und geriet auch später als Parteigänger des Pompeius in die Gegnerschaft Cäsars, der ihn zum zweiten Mal in die Verbannung schickte. Nach Caesars Ermordung wandte er sich gegen Antonius, auf dessen Betreiben er im Jahre 43 unter entehrenden Umständen ermordet wurde.

Es erscheint als die Tragik dieses Lebens, dass es durch Ehrgeiz und Umstände auf politisches Wirken angelegt war, in einer Zeit, in der es dazu einer ganz anderen Härte bedurft hätte, als sie dieser feine, sensible und leicht erregbare Mann besaß. Und doch hat er in seinem literarischen Werk, das er im Wesentlichen in den Lebensabschnitten verfasste, in denen er politisch ausgeschaltet war, mehr für das Selbstverständnis und Weiterwirken des Römertums getan als viele erfolgreiche Politiker.

Nur formal ist es berechtigt, sein Gesamtwerk in vier Bereiche einzuteilen:

- Reden
- Rhetorische Schriften
- Philosophische Werke
- Briefe

Denn alle verbindet ein ursprünglich philosophisches Interesse, dem er von Jugend an verpflichtet war (*In his studiis ab initio versatus aetatis.*).

Reden

Seine Reden – 58 sind erhalten – waren zum Teil Gerichtsreden, wie ›Pro Roscio Amerino‹ (80) oder jene gegen Verres, den ehemaligen Statthalter von Sizilien. Aber es ging ihm nicht nur um die Aufhellung juristischer Tatbestände, sondern um den Sieg der Gerechtigkeit. So gelang es ihm, den ungetreuen Statthalter Verres zu Fall zu bringen und zugleich das Intrigennetz zu zerreißen, das einflussreiche politische Kreise gesponnen hatten. Zum anderen waren die Reden politischer Art, so ›Pro imperio Cn. Pompei‹ (63), die Reden gegen Catilina oder die so genannten Philippischen Reden gegen Marcus Antonius (44 – 13).

Rhetorische Schriften

Schon in seiner mit 20 Jahren verfassten Jugendschrift ›De inventione‹, die als Lehrbuch für Rhetorik bis ins Mittelalter wirkte, später in ›De oratore‹, ›Brutus‹ und ›Orator‹ zeichnet er das Idealbild des Redners, der nicht nur formal geschult ist, sondern aus philosophischer Bildung spricht. Stilistisch hält er sich ebenso fern vom bombastisch überladenen so genannten »Asianismus« wie vom wissenschaftlich nüchternen »Attizismus«.

Philosophische Schriften

Das Hauptgewicht liegt auf den philosophischen Schriften. Wohl zu Unrecht hat man ihm vorgeworfen, es sei nur geschmäcklerischer Eklektizismus gewesen, was in Wahrheit doch meist undogmatische Toleranz war, mit der er philosophische Lehrmeinungen in Dialogform gegeneinander stellte, um mit dem römischen Sinn für praktische Ethik die Nutzanwendung zu ziehen. Es ist ihm gelungen, eine philosophische Begriffssprache zu entwickeln, mit der er, wie Karl Büchner sagt, *die philosophische Ernte der Griechen einbringen konnte* und sie so dem Mittelalter überliefert hat.

Unter den Werken ›De finibus bonorum et malorum‹, in dem das Lebensziel bestimmt wird, den ›Tusculanae disputationes‹, das der praktischen Ethik gewidmet ist, ›De natura deorum‹, ›De divinatione‹ und ›De fato‹, seiner Lehre von den Göttern, ›De officiis‹, seiner Schrift über das rechte Handeln, das noch Friedrich der Große und Kant hoch geschätzt haben, und den kleineren Schriften ›Cato maior de senectute‹ und ›Laelius de amicitia‹ ist besonders ›De re publica‹ zu nennen. Es ist zweifellos das römischste seiner Werke, wohl auch das selbstständigste. In architektonischer Komposition sind die sechs, allerdings nur sehr unvollständig erhaltenen Bücher zu drei Paaren zusammengefasst, deren Themen (die beste Verfassung – die Gerechtigkeit als Grundprinzip des Staates – der gute Staatsmann) scharf umrissen sind. In der gemischten Verfassung, wie sie in Rom vorliegt, sieht Cicero die Idealform des Staates; aber nicht als mechanisches Instrument, wie sie sein Vorläufer Polybios verstand, sondern als Ausdruck der *aequitas*, der Gerechtigkeit. Hier hat er griechische Theorie mit römischer Staatswirklichkeit harmonisch verbunden.

Das Werk klingt aus in dem schon im Altertum sehr geschätzten ›Somnium Scipionis‹, in dem der jüngere Scipio seinen Freunden in seinem Todesjahr eine fast hymnisch gegebene Vision des Jenseits schildert, in dem der gute Staatsmann einst weiterleben wird. An das Werk schließt sich die fragmentarische Schrift ›De legibus‹ an.

Briefe

In den nicht weniger als 780 erhaltenen Briefen, die vornehmlich an seinen Freund Attikus gerichtet sind, gibt Cicero ein ungewöhnlich lebendiges Bild seiner Persönlichkeit und seiner Zeit.

Im Ganzen kann man Ciceros Bedeutung in drei Punkten zusammenfassen:

- Er hat den Kanon, die Norm lateinischer Prosasprache geschaffen.
- Er hat die griechische Philosophie für Rom und das Abendland fruchtbar gemacht.
- Er hat den Gedanken der → *humanitas*, der edlen Menschlichkeit, der vom Scipionenkreis vorgebildet war, weitergegeben.

Geradezu unermesslich ist die Nachwirkung dieser Persönlichkeit. Außer den schon Erwähnten sind hier vor allem → Augustinus zu nennen, der von Ciceros verlorener Schrift ›Hortensius‹ sagt: *Dieses Buch verwandelte die Gesinnung meines Herzens* (Conf. 3/7), und → Petrarca, der nicht nur die *verborum dulcedo et sonoritas* bewundert, sondern der die italienische Renaissance in seinem Geist entzündet. So ist Cicero auch heute noch der meistgelesene Autor an den Schulen.

C. Iulius Caesar (100 – 44 v.Chr.)

Caius Iulius Caesar entstammte einer der vornehmsten römischen Familien, der *gens Iulia*. In Philosophie und Rhetorik bestens geschult, stieg der ehrgeizige, selbstbewusste und skrupellose

Mann, gestützt auf die Volkspartei, rasch die Stufenleiter politischer Ämter empor. Im Jahre 60 gelang es ihm, sich im ersten Triumvirat mit den beiden mächtigsten Männern, Pompeius und Crassus, zu verbünden.

Die ihm verliehene Statthalterschaft über Oberitalien und Südfrankreich benutzte er dazu, in einem siebenjährigen zähen Kampf ganz Gallien zu unterwerfen und gegen die Germanen zu sichern. Dadurch im Besitz eines schlagkräftigen Heeres und als Mehrer des Reiches gefeiert, wagte er den offenen Kampf gegen Pompeius, der ihm als Letzter die Alleinherrschaft noch streitig machen konnte. Bei Pharsalos schlug er ihn entscheidend (48).

Nach der Niederwerfung der Pompeianer widmete er die ihm noch verbleibenden Jahre einer Neuordnung des Reiches und gewann dabei immer mehr persönliche Macht, sodass er 44 die Diktatur auf Lebenszeit übernahm und göttliche Ehrungen empfangen konnte. Seine letzten ehrgeizigen Pläne allerdings, er wollte wie Alexander der Große das Reich auch nach Osten ausweiten, verhinderte das Attentat einer römischen Adelsverschwörung unter Führung des Brutus, dem er an den Iden des März 44 zum Opfer fiel.

Gilt dieser Mann, der die römische Republik zur Monarchie hinüberführte, im Abendland vor allem als der geniale Staatsmann und Feldherr, ja geradezu als Inbegriff des Herrschers, sodass sein Name zur Bezeichnung des höchsten Machtträgers geworden ist (Caesar – Kaiser, Zar), so war er doch auch ein großer Schriftsteller.

Der gallische Krieg

In seinem knappen Werk ›Commentarii de bello Gallico‹ stellt er die Geschichte der Eroberung Galliens dar. In sieben Büchern – das achte ist von seinem General Hirtius hinzugefügt worden – gibt er der römischen Öffentlichkeit Rechenschaft über seine Leistung. Mit diesem Werk hat er nicht nur die Gattung der *commentarii*, eines aus Notizen zusammengestellten Tatsachenberichts, vollendet, sondern zugleich ein Meisterwerk römischer Prosakunst geschaffen, das sogar sein Gegenspieler Cicero mit den Worten ehrt: *Ich sehe nicht, wem er nachstehen müsste.*

Die Faszination dieses Werkes liegt besonders darin, dass er die schier unübersehbare Fülle von Einzelereignissen auf ganz einfache Handlungszüge reduziert und unter Verzicht auf alles Beiwerk gleichsam ein Knochengerüst gibt, das aber die Zusammenhänge umso klarer erkennen lässt. Diese zuchtvolle Knappheit spiegelt sich in der Architektonik der caesarischen Satzperiode wider, an der schon unzählige Schüler die Klarheit und Konsequenz der lateinischen Sprache erfahren haben. Fast ohne erkennbare Gefühlsregung berichtet Caesar selbst noch über die furchtbare Ausrottung ganzer Völkerschaften und treibt die kühle Objektivierung so weit, dass er sich selbst in der dritten Person anführt.

Allen ungewöhnlichen Wendungen abgeneigt begnügt er sich mit einem Wortschatz von wenig mehr als 1500 Wörtern, kurz, dieses Meisterwerk der Vereinfachung spiegelt in allen Zügen den Feldherrn, der gewohnt ist, das Geschehen nach seinem Willen zu lenken.

Nicht ganz so präzis – wohl aus Zeitmangel – gelingt in den ›Commentarii de bello civili‹ in drei Büchern die Darstellung seiner Auseinandersetzung mit Pompeius bis zum Jahre 48. Im Ganzen aber ist Caesars Werk neben dem Ciceros, dem er in zwei verlorenen Schriften und mehreren Briefen seine achtungsvolle Reverenz erwiesen hat, zum Kanon der lateinischen Kunstprosa geworden.

C. Sallustius Crispus (86 – 35 v. Chr.)

Zur selben Zeit ist auf dem Gebiet der Geschichtsschreibung ein erster Höhepunkt im Werk des C. Sallustius Crispus zu verzeichnen .

Im Sabinerland geboren, kam er früh nach Rom und wurde dort bald Parteigänger Caesars, an den er zwei Briefe politischen Inhalts gerichtet hat. Durch dessen Beziehungen gelang ihm eine rasche Karriere, bei der er sich als Statthalter Numidiens sehr bereicherte und durch seine luxuriöse Lebensführung auch viele Neider zuzog; doch musste er auch manche Rückschläge hinnehmen. Um das Jahr 46 zog er sich aus der Politik zurück, um sich ganz der Geschichtsschreibung zu widmen, die er im Vorwort eines seiner Werke als eine der praktischen Politik ebenbürtige Tätigkeit bezeichnet.

Geschichtswerk

In seinen beiden geschichtlichen Darstellungen ›De Catilinae coniuratione‹ und ›De bello Iugurthino‹ erhebt er sich über die bisherige Art römischer Geschichtsschreibung, die als Annalistik nur die Abfolge der Ereignisse verzeichnet hatte oder Mittel des Parteienkampfes geworden war. Er fragt nach den Gründen einer Entwicklung und sucht Zusammenhänge aufzudecken, darin seinem Vorbild Thukydides verpflichtet. Wie den antiken Geschichtsschreibern geht es ihm aber nicht um buchstäbliche historische Treue, sondern um künstlerische Gestaltung der Personen und Ereignisse. Die im Text eingebauten Reden sind fingiert, was für moderne Geschichtsschreibung unmöglich wäre.

Wenn er die Verschwörung Catilinas (63) und den Krieg gegen Jugurtha (111–105) zu Themen wählt, so geht es ihm nicht in erster Linie um diese Ereignisse als solche. Er nimmt sie als Modellfälle, um an ihnen den Verfall Roms darzustellen. Und dieser Verfall erscheint ihm als moralische Schuld des römischen Adels, der sich – seit der Ausschaltung der großen Nebenbuhlerin Karthago – Habgier, Machtrausch und Wohlleben hingegeben und das Gegenmittel gegen die blinde Macht der *fortuna* vergessen habe, nämlich die *virtus*, die allein ein großer politischer Führer wiederbringen könne, auf dessen Erscheinen er seine Hoffnung setzt.

Sallust versucht in seinen Werken eine philosophische Deutung des historischen Geschehens zu geben.

So gewinnt bei ihm Geschichtsschreibung den Charakter des moralischen Appells, sein Ziel ist Wiederherstellung der *res publica* in zuchtvoller Römertugend. Die Darstellung der Verschwörung gipfelt in den Reden Caesars und des jüngeren Cato, in dem er besonders diese *virtus* verkörpert sieht. Gerade wegen dieser Auffassung von Geschichtsschreibung, aber auch wegen seines knappen, präzisen Stils hat ihn sein Nachfolger Tacitus als seinen Lehrmeister bezeichnet und haben ihn bis zu Nietzsche und Hofmannsthal viele bedeutende Persönlichkeiten als Schöpfer einer römischen Geschichtsschreibung von Rang gepriesen.

Titus Lucretius Carus (97 – 55 v. Chr.)

In ganz anderer Weise will der Dichter Titus Lucretius Carus den durch die Bürgerkriege verwirrten Menschen helfen. Er will ihnen die Angst vor den Göttern, dem Tod und dem Dasein danach nehmen. Deshalb unternimmt er den kühnen Versuch, in seinem in Hexametern verfassten und in sechs Büchern gegliederten Lehrgedicht ›De rerum natura‹ die spröde Philosophie → Epikurs darzustellen. Dessen rational atomistisches Weltbild lässt keinen Raum für das Wirken der Götter. Hat sich Lukrez, formal gesehen, an das Vorbild des hellenistischen Lehrgedichts gehalten, so fühlt er sich in seinem religiösen Ernst und in der Ganzheitlichkeit der Naturbetrachtung vor allem dem Philosophen → Empedokles verwandt. Lukrez hat, angeblich im Wahnsinn, sein Leben im Jahre 55 selbst beendet.

Catull (84 – 54) und die Neoteriker

Ganz diesem ethischen und politischen Pathos abgewandt, versuchte eine Gruppe von jungen Dichtern, die Neoteriker, mit der schweren Zeit fertig zu werden. Sie waren Söhne reicher Eltern, nach Rom gekommen, um zu studieren und das Leben möglichst zu genießen. Sie sahen in der hellenistischen Dichtung, besonders in → Kallimachos (310–240) ihr Vorbild und gestalteten persönliche Erlebnisse in sehr kunstvollen Versformen und raffinierter mythologischer Verkleidung. Von Cicero und anderen ernsten Männern als haltlose Bohème verurteilt hatten sie es schwer, ihre Lebensform und den Esprit ihrer Dichtung zu verteidigen.

Unter diesen, deren Namen sonst nicht bekannt sind, ragt C. Valerius Catullus, ein geborener Veroneser, hervor. Er fand früh Zugang zur römischen Gesellschaft und zum Kreis der Neoteriker. Von Caesar, den er heftig angriff, mit nachsichtiger Freundlichkeit behandelt und jeder politischen Tätigkeit abgeneigt, verliebte er sich in eine der schönsten, reichsten und zugleich skrupellosesten Frauen Roms, in die vornehme Clodia, die Lesbia seiner Gedichte. In dieser Liebe erfuhr er allerdings nicht nur Glück, sondern auch viel Enttäuschung.

In seinem lyrischen Werk von über 100 Gedichten, die sich in Gelegenheitsgedichte verschiedener Form, z. B. kleinere Versepen oder Epigramme, gliedern, erweist er sich als formbewusster Meister graziöser Verstechnik. Ganz neu und ursprünglich in der römischen Literatur aber ist sein leidenschaftliches Gefühl, mit dem er sowohl seine Liebe zu Lesbia unverhüllt darstellt, als auch in seinen Epigrammen scharf, ja manchmal fast gehässig, Persönlichkeiten des öffentlichen Lebens angreift. Ein solcher Gefühlslyriker nimmt sich in der geistigen Landschaft Roms recht eigenartig aus, und zunächst ist diese Art von Lyrik in der folgenden augusteischen Epoche auch zurückgedrängt worden. Und doch hat ihm gerade dieser Zug eine lange Nachwirkung gesichert.

Seit man gegen Ende des Mittelalters wieder auf ihn aufmerksam geworden war, hat er nicht aufgehört zu wirken. Mörike hat ihn übersetzt und zuletzt hat sich Carl Orff in seinen ›Catulli carmina‹ seiner angenommen.

Die Augusteische Epoche

Man muss sich noch einmal die Schrecken dieses von Kriegen und Gräueltaten erfüllten Jahrhunderts vor Augen halten, um zu begreifen, mit welcher geradezu religiösen Erwartung die Römer dem Mann entgegensahen, der nach all den Wirren den Frieden verkündete: Augustus.

Schon als 18-Jährigen zwang ihn das Schicksal zur Auseinandersetzung mit seinem Gegner Marcus Antonius, in dem er gleichsam den dionysisch-hellenistischen Osten niederwarf, um an dessen Stelle das strenge, beherrschte Römertum zur Weltmacht zu erheben. In einer großartigen inneren Reform ordnete er dann das zerrüttete Reich. Er war zu der Überzeugung gekommen, dass Herrschaft mehr ist als die Macht der Waffen, dass sie beruhen muss auf den Kräften des Geistes, wenn sie von Dauer sein soll. So wurde er zum Stifter der augusteischen Klassik. Ihm zur Seite stand der Grandseigneur und Dichterfreund Maecenas, in dessen großzügigem Haus die besten Geister der Zeit freundschaftlich verkehrten und in dem sie vom Hausherrn oft nicht ohne Widerstreben dazu überredet wurden, Verkünder der neuen Größe Roms zu werden.

Vergil (70 – 19 v. Chr.)

Der Erste nach Alter und Bedeutung in diesem Kreis ist der aus der Gegend von Mantua nach Rom gekommene Bauernsohn P. Vergilius Maro. Dieser äußerlich ungelenke, scheue, ja linkische Mann, dem das Reden in der Öffentlichkeit schwer fiel, versuchte zunächst ohne Erfolg, Jurist zu werden. Mehr zog seine schwermütige, sensible Natur die Literatur an. Und schon mit seiner ersten Dichtung, den ›Bucolica‹, gelang es ihm, die Aufmerksamkeit des Augustus zu erregen und in den Kreis des Maecenas aufgenommen zu werden. Von ihm veranlasst und auch wirtschaftlich betreut – zum Zweck der Entschädigung für die Veteranen des Krieges gegen Antonius mit Grund und Boden war auch sein väterlicher Bauernhof enteignet worden, schuf er dann die ›Georgica‹ und schließlich das gewaltige Epos ›Aeneis‹, mit dem er zum gefeierten *poeta* der Römer wurde. Noch bevor er sein Werk endgültig vollenden konnte, erlag er einer tödlichen Krankheit.

Auf seinem Grabstein in Neapel stehen die folgenden Verse: *Mantua me genuit, Calabri rapuere, tenet nunc Parthenope. Cecini pascua, rura, duces* (Mantua gab mir das Leben, Kalabrien den Tod, Neapel hält mich nun [im Grabe fest]. Ich habe Hirten, Bauern und Führer besungen). Damit sind die drei Stationen seines dichterischen Schaffens umschrieben.

Die ›Bucolica‹ (Eklogen)

Zunächst noch ganz in der Art der hellenistisch orientierten Neoteriker hatte Vergil die Hirtenlieder des Griechen → Theokrit (Anfang 3. Jahrhundert v. Chr.) übersetzt, womit er zum Vorbild für die arkadische Schäferdichtung der Rokokozeit wurde. Aber seine eigenen in zehn Eklogen gegliederten Hirtenlieder sind weit mehr als die Darstellung der ewig sonnigen, liebesfrohen, graziösen Welt, die Theokrit dargestellt hat. Man spürt das Leid seiner Zeit und die Hoffnung auf den Retter Augustus, der den Frieden bringt und das Leid beendet. Damit ist Vergils Hauptthema angeschlagen. Zugleich aber sind die Verse der ›Bucolica‹ von einem Wohllaut, wie sie vorher und nachher die lateinische Sprache nicht mehr erreicht hat.

Die ›Georgica‹ – das Gedicht vom Landbau

Auch in diesem in vier Bücher gegliederten Werk folgt Vergil zunächst der hellenistischen Tradition des Lehrgedichts, zugleich auch der römischen Überlieferung von Cato bis Lukrez. Mehr noch fühlt er sich dem alten »Vater« → Hesiod (um 700) verpflichtet. Aber all das erklärt nicht ausreichend den Rang dieser Dichtung, die man das *klassischste und zugleich vollendetste Gedicht* genannt hat, das er geschrieben hat. Und das bei einem Thema wie dem Landbau, mit der Fachkenntnis des geborenen Bauern streckenweise geradezu als Lehrbuch der Agrikultur gestaltet.

Den Rang macht vielmehr die Vergeistigung dieses Themas aus, mit dem er die Römer, dieses Bauernvolk von Ursprung her, auf die ihm gemäße Aufgabe verweist, das Land in mühevoller Arbeit zu veredeln und in Augustus den Mann zu verehren, der die Möglichkeit dazu gab. So stehen im Mittelpunkt des Werkes die *laudes Italiae*, der in hymnischer und doch nie sentimentaler Sprache verfasste Lobpreis Italiens.

Die ›Aeneis‹

Das Größte aber gelang Vergil in der ›Aeneis‹, dem Gedicht von den Irrfahrten des Aeneas und von der Gründung Roms. Nur widerstrebend macht er sich auf das Drängen des Maecenas an das gewaltige Werk, in dem er fast alles vor ihm Geschaffene zusammenfasst. Es sind die römischen Vorbilder von Naevius und Ennius an, vor allem aber Homer, an dessen beide Epen er sich manchmal fast wörtlich anlehnt. Trotzdem ist dieses Werk, das mit römischer Strenge gegliedert ist, wie man früher vielfach behauptete, keine epigonale Nachahmung Homers geworden.

Sein Held Aeneas ist nicht der strahlende Achill oder der listenreiche Odysseus, er ist der fromme Mann, der *pius*, der in ehrfürchtiger Scheu dem *fatum* folgt, dem lange verborgenen Willen der Götter, so unbeirrt, dass er die geliebte Dido, die Königin von Karthago, die ihm Gegenliebe und Erlösung von der Qual seiner Irrfahrten verspricht, verlässt, um weiter diesem Willen der Götter zu folgen (4. Buch). Erst im sechsten, dem »römischsten« der zwölf Bücher, erfährt er in der Unterwelt von seinem Vater Anchises den Sinn und Auftrag dieses Fatums, nämlich Rom zu gründen, die Stadt, die unter dem *divus Augustus* berufen ist, die Welt zu regieren. In den berühmten Versen *Sei du, Römer, eingedenk des Reiches und übe die Herrschaft! Das sind die Künste, die dir anstehn. Bringe Frieden den Völkern! Sei den Besiegten gelind, sei siegreich über die Stolzen!* gibt er den Römern ihre weltgeschichtliche Aufgabe, verbindet er die *romanitas* mit der *humanitas* und wird so zum »Vater des Abendlandes«. Und die Römer haben diesen Mann, der ihnen ihr Nationalepos geschrieben hatte, verehrt als einen *vates*, einen Propheten, im sicheren Gefühl dafür, dass hier römische Dichtung ihren absoluten Höhepunkt erreicht hatte.

Unübersehbar ist die Nachwirkung Vergils. Das Mittelalter sah in ihm den christlichen Dichter, weil seine 4. Ekloge, in der er die Geburt eines göttlichen Knaben verkündet, der die Zeit des Friedens bringen werde, als Weissagung auf Christus gedeutet wurde. In Dantes ›Göttlicher Komödie‹ ist er der Seelenführer. Schiller hat ihn übersetzt und viele nach ihm. Er gilt noch heute als Verkörperung der Idee des Römertums.

Horaz (65 – 8 v. Chr.)

Ganz anders geartet war hingegen der im apulischen Venusia geborene Sohn eines Freigelassenen, Quintus Horatius Flaccus. Noch als Kind kam er nach Rom und genoss dort und in Athen eine glänzende Ausbildung.

Als Student schloss er sich den Caesarmördern an und musste nach deren Niederlage und nach Enteignung seines Besitzes als Stadtschreiber mühsam sein Brot verdienen, bis durch die Veröffentlichung seiner ersten Gedichte Vergil auf ihn aufmerksam wurde. Er führt ihn in den Kreis des Maecenas ein, der ihm ein Landgut in den Sabinerbergen schenkte. Bald gewann er, der Mann aus dem Freigelassenenstand, sogar die Freundschaft des Augustus und konnte sich nun ausschließlich der Dichtung widmen. Nach seinem Tode wurde ihm die Ehrung zuteil, neben seinem Gönner Maecenas auf dem Esquilin bestattet zu werden.

Im Gegensatz zu dem eher schwermütigen Vergil vertritt er das italische Element. Als ungewöhnlich verstandesscharfes und waches Weltkind war er durch Witz, Ironie und gesellige Begabung ausgezeichnet, kultiviert und urban, in griechischer Geistigkeit bestens gebildet und zugleich ein unübertrefflicher Meister der Form.

Sein ganzes Werk gliedert sich im Überblick in die Epoden oder Jamben, die Satiren, die Oden sowie die Episteln, wozu noch das chorische Kultlied ›carmen saeculare‹, das Festlied zur Jahrhundertfeier, kommt.

Epoden

Schon in seinen Epoden (Jamben) greift er auf den Schöpfer dieser Gattung des Spottgedichtes, Archilochos (Mitte 7. Jahrhundert v. Chr.), zurück. Aber bei aller Schärfe des Witzes lässt er sich doch nie zu verletzender Härte hinreißen. Er bleibt liebenswürdig und formal gebändigt.

Satiren

Mit seinen Satiren nimmt er die von Lucilius geschaffene Gattung wieder auf. Lächelnd, aber mit scharfer Beobachtung (*ridentem dicere verum*) stellt er Menschlich-Allzumenschliches dar, z. B. den *garrulus*, den lästigen Schwätzer. Aber er streut auch viel Lebensweisheit mit ein und immer leuchtet hinter der Satire die Absicht auf, die Menschen zu bessern.

Oden

Am deutlichsten wird seine künstlerische Begabung in den Oden *(carmina)*. So geschmeidig ist in seinem Munde die lateinische Sprache schon geworden, dass sie den schwierigsten griechischen Versmaßen und den größten Vorbildern gerecht werden kann, wie Alkaios, Anakreon, Pindar und Sappho. In dem in vier Bücher gegliederten Werk (das vierte ist erst später herausgegeben) ist nicht nur die Gesamtkomposition, sondern auch das einzelne Gedicht mit äußerster Sorgfalt durchdacht. Kein unvollkommener Vers findet sich. Thematisch ist der Fächer sehr weit gespannt, von Liebe und Glück durch alle Lebensbereiche bis hin zu den Römeroden am Anfang des dritten Buches, in denen Horaz, vielleicht nicht ohne leise Vergewaltigung seiner eher unpathetischen Natur, als *vates* auftritt, der das Werk des Augustus feiert. Nur einmal hat er sonst noch dieses Thema behandelt, im feierlich ernsten ›carmen saeculare‹.

Episteln

Die Episteln sind inhaltlich den Satiren verwandt, nur sind sie in gereimter Briefform abgefasst und an Männer wie Maecenas oder Augustus gerichtet. In diesem Alterswerk klingen schon entsagende Züge mit an. In diese Reihe gehört der Literaturbrief, die ›Ars poetica‹, die aber keine vollständige Dichtungstheorie darstellt, sondern eher praktische Anweisungen gibt.

Mit diesem Werk stellt sich Horaz als der zweite Klassiker der Augusteischen Epoche neben Vergil. Und ähnlich vielfältig ist auch seine Nachwirkung. Seine Gedichte sind heute in alle Kultursprachen übersetzt und bilden immer noch einen Gegenstand des Lateinunterrichts.

Die Elegiker Properz und Tibull

Es mag an seinen Bemühungen um eine strengere Auffassung des Ehelebens gelegen haben, dass Augustus die beiden Elegiker Sextus Propertius (50 – 15) und Albius Tibullus (53 – 19) nicht ganz so hoch geschätzt hat. Sie nahmen die griechische Literaturgattung der Elegie wieder auf, die, ursprünglich allgemeinen Inhalts, im Hellenismus vor allem das Thema der Liebesklage angenommen hatte. In diesem Sinne hat Properz mit großer Leidenschaft seine Liebe zu Lesbia (Hostia), einer römischen Dame von lockerem Lebenswandel, in sehr persönlicher Form besungen. Doch finden sich in seinen etwa 50 Gedichten immerhin auch solche, in denen er die römische *virtus* preist, so seine Lobpreisung der tugendhaften Römerin in seinem letzten Gedicht.

Ist Properz offensichtlich stolz auf seine hellenistische Gelehrsamkeit, so gibt sich Tibull einfacher, und neben der Liebe zu seiner Sulpicia, die als emanzipierte Römerin selbst Gedichte schreibt, steht bei ihm die Liebe zum Landleben, ein Thema, das auch bei Horaz anklingt.

Beide haben mit ihren Elegien weit in die Folgezeit hineingewirkt, so hat Properz für Goethes ›Römische Elegien‹ Pate gestanden.

Ovid (43 v. Chr. – 18 n. Chr.)

Schoßkind der modernen Elegiker war der in Sulmo geborene Publius Ovidius Naso, der als Sohn reicher Eltern aus dem Ritterstand schon nach der Zeit des Bürgerkriegs nach Rom gekommen war und dort bald Mittelpunkt der eleganten Gesellschaft wurde. Dazu verhalf ihm neben seinen geselligen Eigenschaften vor allem seine fast mühelose formale Begabung. *Alles, was ich zu sagen hatte, wurde mir zum Vers*, sagte er von sich selbst.

So schrieb er in glänzender Verstechnik die ›Amores‹ (Liebesgeschichten), die ›Heroides‹ (fingierte Liebesbriefe von Frauen der Sage) und die ›Ars amatoria‹, sein Gedicht über die Liebeskunst. Aber nicht nur in der Liebeselegie erwies er sich als Meister, er wandte sich auch der epischen Erzählkunst zu. In seinen ›Metamorphoses‹, einer Sammlung von 250 Verwandlungssagen, erringt er den Rang des großen Erzählers, vielleicht des bedeutendsten der römischen Literatur überhaupt.

Neben diesem Werk stehen im gleichen Versmaß die ›Fasti‹, in denen er anhand des römischen Festkalenders vor allem Sagenstoffe erzählt. Dieses Werk musste unvollendet bleiben, weil er, wahrscheinlich in einen Skandal der Kaiserfamilie verwickelt, vom unnachsichtigen Augustus nach Tomi am Schwarzen Meer verbannt wurde. Dort hat sich der verwöhnte Mann, der nur in der Atmosphäre Roms atmen konnte, niemals eingelebt. Sein weiteres Schaffen ist dem Versuch gewidmet, die Rückkehr zu erreichen, oder der Klage, als ihm das nicht gelingt. Seine ›Tristia‹ (Trauergesänge) und seine ›Epistulae ex Ponto‹ werden nicht müde, den Schmerz des Verlassenen zu singen, freilich immer noch in vollendeter Beherrschung des elegischen Versmaßes, des → Pentameters.

Weder Augustus noch sein Nachfolger Tiberius haben ihn erhört. Er starb in der Fremde. Schon spürbar einer neuen Zeit angehörig, reiht er sich doch als Erzähler unter die Großen der augusteischen Klassik mit ein. Ovid war in seiner Zeit ein viel gelesener Dichter und ist auch heute noch Schulautor. Die mythologischen Inhalte seiner ›Metamorphosen‹ haben der bildenden Kunst und vor allem der Malerei bis in die Gegenwart zahlreiche Anregungen gegeben.

Livius (56 v. Chr. – 17 n. Chr.)

Der Kreis dieser Klassiker wäre nicht vollendet ohne den großen Historiker Titus Livius. Noch Zeitgenosse der letzten Phasen des Bürgerkrieges widmet er sich in Rom – obwohl in Padua geboren – von Anfang an ausschließlich seiner literarischen Arbeit. Unter dem Titel ›Ab urbe condita‹ schafft er in nicht weniger als 142 Büchern ein Kolossalgemälde römischer Geschichte. Daran hat er 40 Jahre lang gearbeitet und dem Werk, wie es für römische Literatur fast selbstverständlich ist, eine klare Gliederung gegeben, die einzelne Gruppen zusammenfasst, so z. B. die Bücher der dritten Dekade, der Darstellung des Zweiten Punischen Krieges. Leider ist das Werk nur sehr bruchstückhaft erhalten, gerade die letzten und nach dem Urteil des Verfassers wichtigsten Teile fehlen.

Trotzdem erscheint uns auch das Vorliegende mit seiner einfachen, aber klassisch gehobenen Sprache als eine Art Heldenepos der römischen *res publica*. Er ist beherrscht von dem Kerngedanken, dass die Rückkehr zur *mos maiorum*, zur altrömischen *virtus*, allein das Volk der Römer retten könne, und er wird dadurch, dass er voller Stolz den Gipfel römischer Geschichtsentwicklung in der Frieden stiftenden Tat des Augustus sieht, zum Freund von Vergil und Horaz und zum echten Augusteer.

Mehr Künstler als Wissenschaftler, auch wenn er historische Quellen benutzt, stellt er die römische Geschichte an großen Beispielen dar, an Persönlichkeiten, die er mit vollendeter Charakterisierungskunst zeichnet. Dabei bekommen die bedeutenden Gegenspieler, so auch Hannibal, ihr Recht. Besondere Glanzpunkte sind auch in diesem Geschichtswerk die Reden.

So fügt sich auch Livius in das Werk der geistigen Erneuerung unter Augustus ein, obwohl er mit seinen letzten Lebensjahren bereits in eine ganz andere Zeit hineinreicht, die wenig den Vorstellungen der Reformer entsprach. Schon in der Antike war Livius anerkannt und galt als einer der großen Historiker Roms. Die moderne Geschichtswissenschaft relativiert diese hohe Wertschätzung indem sie seine Arbeitsweise und die Ungenauigkeit seiner Angaben bemängelt.

Die Kaiserzeit

Die ersten Jahrzehnte nach dem Tod des Augustus sind gekennzeichnet durch eine schöpferische Pause in der Literatur. In das Bedürfnis, den lang ersehnten Frieden zu genießen, mischte sich die Unsicherheit gegenüber den neuen politischen Verhältnissen. Um nicht den Unmut der Caesaren zu erregen, zog sich das literarische Leben mehr in die Häuser reicher Privatleute zurück, wo es im Stil des Salons, aber in vorwiegend epigonaler Weise gepflegt wurde. Die Autoren, unter die sich zunehmend auch Persönlichkeiten aus den römischen Provinzen, besonders aus Spanien, einreihen, erreichen meist bei weitem nicht die Bedeutung der Augusteer. Nur wenige haben eigenen Rang.

Epiker, Satiriker und Epigrammatiker

Das gilt für den hochgebildeten Aristokraten Petronius Arbiter (27 – 66 n. Chr.), der in imponierender Weise selbst unter Nero seine geistige Unabhängigkeit wahrt, sogar noch dann, als er sich unter heiteren Gesprächen die Pulsadern öffnen lässt. Von seinem satirischen Roman ›Satyricon‹ sind nur Bruchstücke erhalten, vor allem die ›Cena Trimalchionis‹, eine geistvolle Verspottung eines reichen, grobschlächtigen Emporkömmlings. Damit hat Petronius dem Schelmenroman wesentliche Impulse gegeben.

Neben dem Griechen Plutarch (um 45 – 120), der mit seinen Biografien berühmter Männer – immer einen Griechen und einen Römer – eine Hauptquelle für Shakespeare, Goethe und Schiller geworden ist, und dem Fabeldichter Phaedrus (um 15 – 50), der den Griechen → Aesop teils übersetzt, teils nachdichtet, stehen der Satirendichter Aulus Persius Flaccus (34 – 62) und Marcus Annaeus Lucanus (39 – 65), der in seinen ›Pharsalia‹ nach Vergils Vorbild ein Heldenepos schafft, in dem er Pompeius gegen Caesar verteidigt, und solche Stellungnahme gegen die Caesaren mit seiner Ermordung durch Nero bezahlen muss. Hervorzuheben ist Valerius Martialis (40 – 104), der in seinen scharf pointierten, gelegentlich auch reichlich groben Epigrammen ein Spiegelbild der römischen Gesellschaft des ersten Jahrhunderts nach Christus gibt.

Seneca und Plinius

Einen neuen Höhepunkt erreicht die römische Literatur erst wieder mit Lucius Annaeus Seneca (4 v. Chr. – 65 n. Chr.). Der aus dem spanischen Córdoba stammende gebildete Mann aus dem Ritterstand wird nach wechselvoller Laufbahn von Agrippina zum Erzieher des jungen Nero bestellt. Er spielt nach dessen Regierungsantritt eine Zeit lang die Rolle des Staatslenkers im Hintergrund. Bald aber erregt er des Kaisers Unmut und wird schließlich zum Selbstmord gezwungen, was er im Sinne eines stoischen Weisen getan haben soll.

Sein reiches literarisches Werk gliedert sich in die philosophischen Schriften in Dialogform, in die Briefe an Lucilius, in die ›Naturales quaestiones‹ und in die Tragödien.

Schon stilistisch zeigt er sich in seinen Dialogen (z. B. ›De brevitate vitae‹, ›De tranquillitate animi‹, ›De ira‹, ›De vita beata‹) als Angehöriger einer modernen Zeit. Nicht mehr die lange Satzperiode Ciceros, nicht mehr dessen architektonischer Aufbau kennzeichnen diese Werke, sondern ein knapper, rhetorischer Stil, der Wortspiele, Paradoxe und Antithesen liebt und der in zugespitzter Form Sentenzen herausarbeitet. Geblieben ist allerdings die römische Art, philosophische Gedanken praktisch anzuwenden. Aber sein Ziel ist nicht mehr der Mann im Dienste der römischen Staatsidee, sondern der stoische Weise, viel privater gemeint als bei Cicero, viel mehr als Individualist und Weltbürger. Gewisse Übereinstimmungen der stoischen Lehre mit dem Christentum haben ihm eine lange Nachwirkung bis ins Barock gesichert, ein später fingierter Briefwechsel mit dem Apostel Paulus ist nur ein Kettenglied darin. Seine praktische Ethik erreicht in den ›Epistulae morales ad Lucilium‹ ihren inhaltlichen und formalen Höhepunkt. Sein Interesse an der Natur schlägt sich in den ›Naturales quaestiones‹ nieder, die genaue und reizvolle Naturbeobachtungen enthalten.

Eine nicht minder große Nachwirkung auf das barocke Drama, besonders auch auf Shakespeare, erreicht er mit seinen neun Tragödien, in denen er die großen Gestalten der attischen Tragödie, wie Ödipus, Medea, Phädra, aufgreift, aber als Tyrannen im Sinne Neros darstellt in einem pathetisch opernhaften Stil, in dem er die ganze Kunst seiner Rhetorik aufbietet. Ein Meister des Stils, freilich noch mehr von Cicero abhängig, ist der reiche *homo literatus* Plinius der Jüngere (61 – 114). Weit davon entfernt, ein schöpferisches Genie zu sein, genießt er behaglich, aber geistreich die Wohltaten der römischen Kultur in seinem mit Kunstwerken gefüllten Haus, gewöhnt, seine Erlebnisse in Briefen niederzulegen. Unter ihnen sind die an Kaiser Trajan über die Behandlung der Christen in Bithynien – Plinius war dort zeitweise Statthalter –, über die Erlebnisse beim Vesuvausbruch 79 und die an seinen Freund Tacitus am meisten bekannt.

P. Cornelius Tacitus (um 54 – 120)

Mit Tacitus hat nicht nur die Prosaliteratur des ersten nachchristlichen Jahrhunderts ihren unbestrittenen Gipfel erreicht, sondern auch die römische Geschichtsschreibung überhaupt. Obwohl er wie die meisten früheren römischen Geschichtsschreiber als Politiker tätig war und sogar den Rang eines *consul suffectus* und Statthalters in Asia erreichte, ist uns doch von seinen näheren Lebensumständen nicht allzu viel bekannt. Das liegt daran, dass er zuerst unter der Tyrannenherrschaft des Nero, dann 15 Jahre unter Domitian leben musste, dessen blutrünstige Herrschaft jeden freien, kritischen Geist verstummen ließ. Erst unter Nerva und Trajan bot sich wieder die Freiheit zu sprechen. Und Tacitus ging daran, in einem groß angelegten Geschichtswerk Abrechnung mit diesem gottverlassenen Jahrhundert zu halten.

Schon vorher hatte er in drei kürzeren Werken seine literarische Meisterschaft erwiesen. Im ersten, ›De vita et moribus Iulii Agricolae‹, hat er seinem Schwiegervater, der als Statthalter Britanniens Hervorragendes geleistet hatte, aber später bei Domitian in Ungnade gefallen war, ein menschlich ergreifendes Denkmal gesetzt. Schon hier verrät sich ein ethnografisches Interesse.

Noch deutlicher tritt es hervor in ›De origine et situ Germanorum‹ (98 erschienen). In strenger, übersichtlicher Gliederung berichtet er im ersten Teil über die geografischen Verhältnisse und die Lebensweise der Germanen im Allgemeinen, im zweiten über die einzelnen Völkerschaften. Aber nicht nur das Interesse für fremde Völker hat ihn hier geleitet, sondern sein divinatorisches Wissen um die zukünftige Bedeutung dieser Völkergruppe für Rom und die Absicht, dem moralischen Verfall seiner eigenen Welt die unverdorbene Sittlichkeit der Germanen als Spiegel vorzuhalten, wenn er auch deren Fehler keineswegs unerwähnt lässt. Dieses Werk hat in der Zeit des Humanismus wesentlich mitgeholfen, das Nationalgefühl der Deutschen zu erwecken.

Das Geschichtswerk des Tacitus

Nach dem ›Dialogus de oratoribus‹, in dem er den Verfall der römischen Redekunst beklagt, wendet er sich seinem großen historischen Werk zu, das mit den ›Historiae‹ (Zeitraum von 69 bis 96) und den ›Annales‹ unter dem Titel ›Ab excessu divi Augusti‹ (Zeitraum von 14 bis 68) eine Einheit bildet. Zunächst offensichtlich in der Absicht verfasst, nach der Zeit des Verfalls die Gegenwart unter Trajan als eine Befreiung zu feiern, verdüstert sich sein Blick immer mehr, sodass er weiter zurückgreift bis zu Augustus, der aber auch – selbst er – seinem kritischen Urteil immer fragwürdiger wird. Äußerlich in der altrömischen, nicht immer streng durchgehaltenen Gliederungsform der Annalistik gehalten, entwickelt er in insgesamt 30 Büchern, die leider nur bruchstückhaft erhalten sind, ein farbiges Gemälde dieses Jahrhunderts und schafft mit psychologischem Einfühlungsvermögen Porträts der Kaisergestalten, so des Tiberius oder des Nero, die in ihrer blutrünstigen Verschlagenheit geradezu Urbilder von Tyrannen darstellen.

Immer aber hat er gleich seinem Vorbild Sallust, ja gleich der großen römischen Geschichtsschreibung überhaupt, die altrömischen Tugenden der Vorfahren aus republikanischer Zeit im Auge, nur ist die Hoffnung auf deren Verwirklichung überschattet von tiefer Skepsis. Das Riesenwerk ist unvollendet geblieben. Aber mit seinem geballten Stil, in dem kein Wort entbehrlich scheint, seinem psychologischen Scharfsinn, seiner dramatischen Darstellungsweise und seinem von Schwermut geprägten Festhalten an alter römischer Tüchtigkeit in Gesinnung und Tat hat er das letzte große Werk der eigentlichen römischen Literatur geschaffen. Er wird in der Spätantike fast vergessen, erst am Ende des Mittelalters durch die Humanisten wieder entdeckt. Er hat wie auch Seneca die Literatur des Barocks stark beeinflusst.

Die christlichen Autoren

Von einem anderen Ereignis der Augusteischen Epoche, das die abendländische Welt verändern sollte, hatte man in Rom zunächst kaum Notiz genommen, vom Wirken des Galiläers Jesus. Auch als seit 32 die ersten Christen nach Rom kamen, betrachtete man sie als eigenartige und lästige Schwärmer, bis sie in den furchtbaren Strudel der Verfolgungen gerieten. Vielfach galten sie, meist Angehörige der niederen Stände, als Sündenböcke für die immer chaotischer werdenden Zeiten.

Im sicheren Schutz des durch Trajan neu geschaffenen Weltreiches wandte man sich mehr der spätgriechischen Philosophie zu, die mit dem Schwächerwerden römischen Weltverständnisses von den Rändern des Reiches her wieder breit einströmte. Römische Gesinnung vertrat zwar noch der edle Stoiker auf dem Kaiserthron Marcus Aurelius (reg. 161–180) in seinen ›Selbstbetrachtungen‹, aber immer vielfältiger brachen fremde Gottheiten in die römische Welt ein.

So mussten sich die ersten christlichen Autoren mit der »heidnischen« Philosophie auseinander setzen. Das geschah zunächst in griechischer Sprache, bis sich in dem karthagischen Bischof Tertull (um 160–220) der erste bedeutende christliche Autor in lateinischer Sprache äußert. Er kämpfte mit großer Leidenschaft und in brillantem rhetorischen Stil gegen das »Teufelswerk« der griechischen Philosophie.

Die Versöhnung zwischen antikem und christlichem Geist bereitete der Mailänder Bischof Ambrosius (340–397) vor. Als hoher römischer Beamter zum Bischof gewählt, war dieser ehrwürdige Mann die geeignete Persönlichkeit, die neue weltgeschichtliche Aufgabe Roms als Haupt der römischen Kirche zu verkündigen. *Erwählt ist das Haupt der Völker zum Sitz des Lehrers der Völker,* heißt es in einer seiner Hymnen, mit denen er neben dem von ihm eingeführten Kirchengesang den Keim legte zur Entwicklung der Liturgie.

Mit seinen Predigten beeinflusste er Aurelius Augustinus (351–430), der zum eigentlichen Schöpfer des neuen christlichen Roms geworden ist. Dem hochgebildeten Rhetor aus Nordafrika, an Cicero nicht nur stilistisch geschult, gelingt es in seinem Werk ›De civitate dei‹ eine Synthese zu schaffen zwischen der historisch gewordenen Größe Roms und seiner neuen Aufgabe als Hauptstadt der westlichen Christenheit. Zwar wird die *virtus* der Römer auch von ihm anerkannt, aber nur insofern, als sie ausgerichtet ist auf die *civitas dei*, das Gottesreich, in dem allein es wahre *iustitia* und wahre *virtus* gibt. Sonst ist sie der *civitas terrena* verhaftet, dem Babylon, das es zu überwinden gilt. Dieses Buch ist zugleich die Antwort auf die angstvolle Frage nach dem Schicksal Roms, das 410 durch die Goten unter Alarich in Trümmer gesunken war. Was da zerstört wurde, so lehrt Augustin, war also nur die irdische Gestalt. Noch persönlicher wirkt Augustinus in seinen schon vorher erschienenen ›Confessiones‹, in denen er mit großer Offenheit und mit dem ihm eigenen leidenschaftlichen Temperament mit sich selbst ins Gericht geht und die Geschichte seiner Bekehrung erzählt. Mit diesem Werk hat er für Rousseaus ›Bekenntnisse‹ und für eine ganze Literaturgattung das Vorbild gegeben und mit seiner ›Civitas dei‹ den Grundstein für das christliche Mittelalter gelegt.

Hieronymus (342–420), der 405 die ›Vulgata‹, seine Bibelübersetzung, geschrieben hat, kommt wie Augustinus von Cicero her. Bekannt ist sein Traum, in dem ihm Jesus Vorwürfe macht, er sei im Grunde gar kein Christ, sondern Ciceronianer.

Einen letzten Nachglanz erreicht die klassisch-lateinische Sprache in dem Büchlein des edlen Römers Anicius Severinus Boethius (480–525). Von Theoderich, dem er als Kanzler gedient hatte, wegen angeblicher Beteiligung an einer Verschwörung zu Unrecht angeklagt und schließlich auch hingerichtet, schreibt dieser hochgebildete Mann, in dem das Wissen der Antike noch einmal vereint scheint, im Gefängnis sein Werk ›De consolatione philosophiae‹. Nicht aus christlichem Geist, sondern aus dem Geist antiker Philosophie empfängt er von der als Frauengestalt auftretenden *philosophia* Trost, der ihn über die Angst vor dem Tode erhebt.

Die Zeit des Mittelalters

Zwar versank in den folgenden Jahrhunderten der Völkerwanderungszeit das Imperium Roms in Trümmer, aber die in der Spätantike geborene Idee Roms als geistlicher Weltmacht überdauerte diesen Zusammenbruch und bildete einen neuen Raum für das Weiterwirken der lateinischen Sprache. Zwar war das Latein etwa der irischen Mönche, die als Missionare weit umherzogen, weit entfernt von dem Ciceros, zwar schrieb der Bischof Gregor von Tours (538 – 593) einen Stil, der von »Fehlern« nur so wimmelte, aber in den Klöstern, den Bildungsstätten des Mittelalters, wurde doch die lateinische Sprache weiter gepflegt.

Schon in der so genannten Karolingischen Renaissance übernahmen die von dem Angelsachsen Alkuin eingerichteten Klosterschulen (besonders die Palastschule in Karls des Großen Residenz Aachen, deren Unterrichtssprache Latein war) nicht nur christlich-missionarische Aufgaben, sondern auch die Ausbildung junger Adliger für den Staatsdienst. Schon hier war die lateinische Sprache als Medium für Bildung schlechthin im Gebrauch. So stellen die Verfasser der Epen ›Waltharius‹ und ›Ruodlieb‹ Stoffe aus dem Lebenskreis der Germanen in lateinischen Versen dar.

Kurz bevor die Literatur in die Nationalsprachen einmündet, erreicht das Lateinische in der Scholastik noch einmal eine beherrschende Stellung. Paris, wo Petrus Abaelardus (1079 – 1142) lehrt, wird ihr Mittelpunkt. Er erzählt in der ›Historia calamitatum mearum‹, die in fingierten Briefen abgefasst ist, die Geschichte seiner unglücklichen Liebe zu seiner jungen Schülerin Héloise. Die Nachwelt hat in den beiden ein geradezu klassisches Liebespaar gesehen. Im Gegensatz dazu stehen Bernhard von Clairvaux' asketische Schriften, in denen er gegen die derbe und verkommene Sinnlichkeit seiner Zeitgenossen wettert. Der Dominikaner Thomas von Aquin (1225 – 1275), ein Schüler des Albertus Magnus (1193 – 1280), gilt als »Fürst der Scholastik«. Er verband nicht nur platonischen mit aristotelischem Geist, sondern versuchte in seinem Hauptwerk ›Summa contra gentiles‹, eine Einheit von Wissen und Glauben zu schaffen.

Auch außerhalb der Scholastik bleibt das Latein die Sprache christlicher Verkündigung. Der deutsche Mystiker Meister Eckart (um 1260 – 1328), der sich darum bemühte, vom Volk verstanden zu werden, greift trotzdem in einem Teil seiner Predigten und Traktate auf das Latein zurück. Von Notker Labeo (um 950 – 1022), dem Gelehrten aus der berühmten Klosterschule St. Gallen, der deutsche Übersetzungen antiker Autoren für den Schulgebrauch herstellte und den Unterricht in deutscher Sprache hielt, ist überliefert, dass er bei Erklärung schwieriger Inhalte wieder in das geläufigere und genauere Latein zurückfiel. In der ›Legenda aurea‹ schuf Jacobus von Voragine (1228/30 – 1298) ein im Spätmittelalter viel gelesenes Erbauungsbuch über Leben und Leiden der Heiligen, das später viel Nachahmung gefunden hat. Aber auch sehr viel weltlicher gesinnte junge Theologen bedienten sich der lateinischen Sprache: die Scholaren. Als »fahrende Schüler« zogen sie, meist zu Fuß, nach oder von den Universitäten und schrieben in ihren Vagantenliedern nieder, was sie bewegte. Dass da meist von Wein, Weib und Gesang die Rede ist, liegt bei dieser Verfasserschaft nahe. In den ›Carmina burana‹, genannt nach ihrem Fundort (Benedikt)Beuern, besitzen wir eine köstliche Sammlung solcher Lieder, die Carl Orff vertont hat. Keiner dieser Scholaren ist uns mit Namen bekannt, die einzige einigermaßen fassbare Persönlichkeit ist der so genannte Archipoeta, der zeitweise in der Umgebung Friedrich Barbarossas auftaucht. In seiner ›Vagantenbeichte‹ gibt er ein etwas feuchtfröhliches Bild des Scholarenlebens.

Humanismus und Barock

Trotz dieses ununterbrochenen Fortlebens der lateinischen Sprache erschien doch den Menschen der Renaissance das Mittelalter als eine Art dunkles, barbarisches Tal zwischen der hohen Zeit der Antike und der Gegenwart, die ihre Hauptaufgabe darin sah, diese Antike wieder zu erwecken.

Francesco Petrarca (1304 – 1374), der Wegbereiter des italienischen Humanismus, entdeckt Cicero und Augustinus gleichsam neu und ihre Sprache erscheint ihm als das ideale Mittel zur Darstellung großer Gedanken und zur Erneuerung des Menschen. Hat er sich in seinem ›Canzoniere‹, seinem Liederbuch, auch der italienischen Sprache bedient, so erreicht er doch mit seinen lateinischen Schriften zumindest ebenso große Bedeutung. In seinen ›Epistolae familiares‹ verwendet er ein Latein, so elegant, wie es nur je ein Klassiker geschrieben hat, und seine Schrift ›De remediis utriusque fortunae‹, eine ebenso christlich wie stoisch orientierte Anweisung für ein glückliches Leben in der Art von Senecas ›De vita beata‹, ist in vielen Handschriften erhalten und später in viele Sprachen übersetzt worden. Fern von scholastischer Theologie widmete man sich auf seine Anregung hin allgemein wieder den antiken Autoren, begann mit Erfolg, in Klöstern und Bibliotheken nach Handschriften zu forschen und schwelgte in der Welt des alten Roms.

Von Italien aus kam die neue Bewegung des Humanismus, die den harmonisch gebildeten Menschen erstrebte, über die Alpen und fand in einer modernen Gelehrtengeneration in Mittel- und Westeuropa begeisterten Widerhall. In den ›Epistolae obscurorum virorum‹ verspottete man die Scholastik mit ihrem »Mönchslatein«, man sucht den Alten näher zu kommen, indem man sogar den eigenen Namen latinisiert oder gräzisiert (z. B. Aventinus = Johannes Turmair aus Abensberg oder Melanchthon = Schwarzerdt).

Die größte Bedeutung unter diesen Humanisten erlangte Erasmus von Rotterdam (1466 – 1536). In Paris ausgebildet wendet er sich gegen die Erstarrungserscheinungen der Scholastik und kämpft für ein freieres, gleichsam »gebildeteres« Christentum, etwa in seinem ›Encomion Moriae‹, dem ›Lob der Torheit‹, oder in den ›Colloquia familiaria‹. In seiner ›Institutio principis christiani‹ versucht er Einfluss auf das politische Leben zu nehmen. Bekannt ist seine Streitschrift über die Willensfreiheit ›De libero arbitrio Diatribe‹, die gegen Martin Luther gerichtet ist und die dieser mit der Gegenschrift ›De servo arbitrio‹ beantwortet hat. So gehört auch Luther wie seine Mitstreiter zum Kreis der Humanisten, wenn auch gerade er zum Schöpfer einer deutschen Gemeinsprache geworden ist.

Noch einmal erreichen lateinische Sprache und Bildung einen Höhepunkt im Jesuitendrama der Barockzeit. Die Reformatoren, besonders Philipp Melanchthon (1497 – 1560), hatten die große pädagogische und propagandistische Bedeutung des Schultheaters erkannt und pflegten es an ihren Schulen eifrig. Im Dienste der Gegenreformation bemühten sich nun die Jesuiten, an den von ihnen gegründeten Gymnasien mit den Mitteln des Theaters für den katholischen Glauben zu werben. Die Stoffe dieser Stücke, die von eigens dazu bestellten Professoren einstudiert und oft auch verfasst waren, nahm man deshalb aus dem Bereich der Kirchen- und Heiligengeschichte.

Die Sprache war Lateinisch, wenn man auch zum leichteren Verständnis für einen größeren Kreis schon so genannte »Periochen«, zusammengefasste Inhaltsangaben in deutscher Sprache, beifügen musste. Die Inszenierung wurde meist mit barocker opernhafter Prachtentfaltung vorgenommen. Dieses Jesuitentheater hat in dem ›Cenodoxus‹ von Jakob Bidermann (1578 – 1639) zweifellos seinen bedeutendsten Vertreter. Der in München tätige Rhetorikprofessor will in diesem farbenreichen Gemälde eines von der Selbstliebe geplagten Pariser Gelehrten, der sogar noch sein eigenes Sterben im Sinne des stoischen Weisen seiner Umgebung und sich selbst als Spektakulum vorführt, zu christlicher Buße und Umkehr von eitler Selbstgefälligkeit auffordern. Man hat das Werk – was freilich mit Vorbehalt zu nehmen ist – den »Faust der Barockzeit« genannt.

Weitere Wirkungen

Aber auch nach dieser Zeit hat das Latein nicht aufgehört, eine wichtige Rolle zu spielen. Als Sprache der Kirche wie der Wissenschaft stellt es ein einigendes Band abendländischer Kultur dar. Noch bis zum Ersten Weltkrieg hin mussten in Deutschland Dissertationen zur Erlangung des Doktorgrades in lateinischer Sprache abgefasst sein. An den höheren Schulen dient diese Sprache heute noch zur Einübung sprachlicher Logik und zum besseren Verständnis antiker Kultur.

Überblick über die lateinische Literatur

250 v. Chr.

285–204 **Livius Andronicus**
›Odusia‹, Tragödien

239–169 **Ennius**
›Annales‹, Tragödien

254–184 **Plautus**
Komödien, u. a.
›Asinaria‹
›Amphitruo‹
›Cistellaria‹
›Mercator‹
›Miles gloriosus‹
›Poenulus‹
›Aulularia‹
›Captivi‹

200 v. Chr.

190–159 **Terenz**
›Andria‹
›Hautontimorumenos‹
›Eunuchus‹
›Phormio‹
›Hecyra‹
›Adelphoe‹

234–149 **Cato**
›Libri ad Marcum filium‹
›De agricultura‹
›Origines‹
Reden

150 v. Chr.

180–102 **Lucilius**
Satiren

100 v. Chr.

116–27 **Varro**
›Menippeische Satiren‹
›Res rusticae‹
›De lingua Latina‹

97–55 **Lukrez**
›De rerum natura‹

100–44 **Caesar**
›Commentarii de bello Gallico‹
›Commentarii de bello civili‹
Briefe an Cicero

100/99–24 **Nepos**
›Chronica‹
›De viris illustribus‹

106–43 **Cicero**
Reden, u. a.
›In Verrem‹
›In Catilinam‹
›Pro Archia‹
›Philippicae‹
›Pro Milone‹
›Pro Roscio‹
›De imperio Gnaei Pompei‹
Rhetorische Schriften:
›De inventione‹
›De oratore‹
›Brutus‹
›Orator‹
Philosophische Schriften:
›De re publica‹
›De legibus‹
›Cato maior de senectute‹
›De officiis‹
›Laelius de amicitia‹
›De finibus bonorum et malorum‹
›Tusculanae disputationes‹
›De natura deorum‹
›De divinatione‹
›De fato‹
›Academica‹
Briefe:
›Ad familiares‹
›Ad Atticum‹
›Ad Quintum fratrem‹
›Ad Brutum‹

84–54 **Catull**
›Carmina‹

50 v. Chr.

86–35 **Sallust**
›Catilinae coniuratio‹
›Bellum Iugurthinum‹
›Historiae‹

70–19 **Vergil**
›Aeneis‹
›Bucolica‹ (Eklogen)
›Georgica‹

80–20 **Vitruv**
›De architectura‹

65–8 **Horaz**
›Epoden‹
›Sermones‹ (Satiren)
›Epistulae‹
›Carmen saeculare‹
›Carmina‹ (Oden)

56 v. Chr. – 17 n. Chr. **Livius**
›Ab urbe condita‹

53 v. Chr. – 19 n. Chr. **Tibull**
Elegien

50 v. Chr. – 16 n. Chr. **Properz**
Elegien

43 v. Chr. – 18 n. Chr. **Ovid**
›Amores‹
›Medea‹ (Tragödie)
›Epistulae Heroidum‹
›Ars amatoria‹
›Remedia amoris‹
›Metamorphoses‹
›Fasti‹
›Tristia‹
›Epistulae ex Ponto‹
›Ibis‹ (Schmähgedicht)

0

19 v. Chr. – 31 n. Chr. **Velleius Paterculus**
›Historia Romana‹

15 v. Chr. – 50 n. Chr. **Phaedrus**
›Fabulae Aesopiae‹

---

50 n. Chr.

4 v. Chr. – 65 n. Chr. **Seneca**
›Epistulae morales ad Lucilium‹
›Apocolocyntosis‹
›De providentia‹
›De vita beata‹
›De clementia‹
›De tranquillitate animi‹
›De beneficiis‹
›De ira‹
›De otio‹
›De constantia sapientis‹
›Ad Helviam matrem‹
›Ad Marciam de consolatione‹
›Ad Polybium de consolatione‹
›Quaestiones naturales‹
Tragödien, u. a.
›Medea‹
›Oedipus‹
›Phaedra‹
›Hercules furens‹

27 – 66 **Petron**
›Satyricon‹

34 – 62 **Persius**
Satiren

35 – 100 **Quintilian**
›Institutio oratoria‹

60 – 136 **Juvenal**
Satiren

40 – 104 **Martial**
Epigramme

54 – 120 **Tacitus**
›Agricola‹
›Germania‹
›Dialogus de oratoribus‹
›Historiae‹
›Annales‹

61 – 114 **Plinius d. J.**
Briefe
›Panegyricus‹

---

100 n. Chr.

ca. 120 – 178 **Gaius**
›Institutiones‹

70 – 140 **Sueton**
›De vita Caesarum‹
›De viris illustribus‹

---

150 n. Chr.

ca. 160 – 220 **Tertull**
›Apologeticum‹
›Adversus Marcionem‹

ca. 123 – 170 **Apuleius**
›Metamorphoses‹

---

200 n. Chr.

um 200 **Minucius Felix**
›Octavius‹

---

300 n. Chr.

um 300 **Laktanz**
›Divinae Institutiones‹

---

350 n. Chr.

342 – 420 **Hieronymus**
›Vulgata‹

354 – 430 **Augustinus**
›Confessiones‹
›De civitate Dei‹

Die Abiturprüfung

Voraussetzung für richtiges Übersetzen und Interpretieren sind die in den Kapiteln »Die lateinische Sprache«, »Die Römer« und »Lateinische Literatur« gegebenen Kenntnisse und Hilfen. Beispiele für die Übersetzungs- und Interpretationsaufgaben finden sich auch in ›Einheitliche Prüfungsanforderungen in der Abiturprüfung‹. Einzelheiten sind nach Bundesländern verschieden.

Anforderungen für die Abiturprüfung in Latein

(Beschluss der Kultusministerkonferenz vom 26.10.1979)

Lernziele

- Kenntnis der lateinischen Sprache
- Fähigkeit zur Sprach- und Textreflexion
- Einblick in die lateinische Literatur und Kultur sowie deren Nachwirkungen

Anforderungen im Leistungskurs

Kenntnis der lateinischen Sprache

- Vokabular von rund 2400 Wörtern
- Formenlehre und Syntax
- Beherrschung von Metren

Sprach- und Textreflexion

- Prinzipien der Wortbildungslehre
- Fähigkeit, lateinische Texte (Schwerpunkt: Cicero, Tacitus, Seneca, Vergil) zu übersetzen
- Fähigkeit, verschiedene Übersetzungen desselben Textes auf ihren Wirklichkeitsbezug zu vergleichen
- Fähigkeit, stilistische Erscheinungen zu erkennen, zu beschreiben, zu benennen und ihre Zielsetzung zu erklären
- Fähigkeit, Texte formal und inhaltlich zu interpretieren

Lateinische Literatur und Kultur

- Kenntnis repräsentativer Texte und literarischer Genera
- Kenntnis von Tatsachen aus Politik, Gesellschaft und Kultur (vor allem römische Leitbegriffe und Wertvorstellungen)
- Kenntnis philosophischer Fragestellungen und Begriffe
- Fähigkeit, Aussageabsicht thematisch ähnlicher Texte zu vergleichen
- Einblick in Formen, Motive, Stoffe und Fragestellungen antiker Kunst und Literatur und deren europäische Tradition
- Fähigkeit, Fragen und Antworten in ihrer Bedeutung für die menschliche Existenz zu erkennen und aus der Gegenwart heraus zu beurteilen

Anforderungen im Grundkurs

Kenntnis der lateinischen Sprache

- Vokabelumfang von 2000 Wörtern

Sprach- und Textreflexion

- Fähigkeit, Texte und leichtere Textstellen (etwa Cicero, Catull) zu übersetzen
- Fähigkeit, die wichtigsten Stilmittel zu erkennen und ihre Funktion im Text zu beschreiben
- Fähigkeit, Texte unter bestimmten Fragestellungen zu interpretieren

Einblick in Literatur und Kultur

- Kenntnis einiger wichtiger lateinischer Texte, Themenbereiche und literarischer Formen durch Originallektüre
- Einblick in wichtige Erscheinungen der römischen Geschichte und Kultur (vor allem römische Leitbegriffe und Wertvorstellungen)
- Kenntnis philosophischer Begriffe und Einblick in einige philosophische Fragestellungen
- Einblick in die Nachwirkungen der lateinischen Literatur auf die europäische Kunst und Kultur an repräsentativen Beispielen
- Fähigkeit, thematisch ähnliche Texte unter bestimmter Fragestellung zu vergleichen und Gegenwartsbezüge zu untersuchen

Die Abituraufgaben

Sie bestehen aus zwei Teilen, die meist im Zeitbedarf und in der Gewichtung im Verhältnis 2 : 1 (selten 1 : 1) stehen: Übersetzung – Interpretationsaufgabe.

Schriftliche Prüfung

Übersetzung

- Leistungskurs: etwa 240 lateinische Wörter
- Grundkurs: etwa 180 lateinische Wörter aus unbekannten Originaltexten im Schwierigkeitsgrad der gegebenen Lektürebereiche. Fast immer ist die Verwendung eines Wörterbuches erlaubt.

Interpretation

Die Interpretationsaufgabe besteht aus Fragen und/oder Arbeitsaufträgen, die auch ganz oder zum Teil mit dem Text der Übersetzung zusammenhängen oder eigene Kurztexte verwenden. Einzelheiten und Beispiele dazu werden in einem späteren Abschnitt gegeben.

Mündliche Prüfung

Die mündliche Prüfung wird in den einzelnen Bundesländern zum Teil verschieden gehandhabt. Sie besteht aber fast immer aus

- einer mündlichen Übersetzung,
- einem Prüfungsgespräch aus dem Themenkreis Interpretation und
- gelegentlich (vor allem im 3. Prüfungsfach) aus einem Kurzreferat des Prüflings.

Die Übersetzung

Von vornherein müssen zwei Kategorien klar unterschieden werden: Das Verstehen eines Textes, das heißt das Erfassen des Wirklichkeitsgehalts seiner Aussage, und das Übersetzen, das heißt das Übertragen des Textgehalts in eine sprachliche Form, die dem Inhalt des Textes gerecht wird und zugleich eine möglichst eindeutige Übertragung dieses Inhalts auf den (die) Leser verbürgt. Dabei muss selbstverständlich das Verstehen dem Übersetzen vorausgehen.

Schwierigkeiten

Die Schwierigkeiten einer möglichst großen Verifizierung des Textgehalts in der Übersetzung (in diesem Ausdruck sollen nun Verstehen und Übersetzen zusammengefasst werden) liegen in der lateinischen Sprache selbst; denn Übersetzen heißt, Sprachstrukturen des Lateinischen in Sprachstrukturen unseres jetzigen Deutsch zu übertragen und diese Übertragung über Grammatik und Wörterbuch gewissermaßen zu mechanisieren. Durch die Verschiedenheit der Sprache steht dem allerdings vieles entgegen. Zu den wichtigsten Abweichungen zählen folgende:

- Gänzlich anderer Satzbau
- Fehlen des Artikels
- Gleichheit (zumindest optisch) von Endungen mit verschiedenen Kasus-, Tempus- oder Modusfunktionen
- → Hyperbaton
- Ablativ, unserer Sprache fremd
- Vieldeutigkeit des Konjunktivs im Hauptsatz
- Indefinites Verbum
- Kasusgebrauch, vom Deutschen abweichend
- Verbaladjektiva

Lesen und Verstehen

Dem Verstehen oder Übersetzen des Textes geht naturgemäß das Lesen voraus. Je besser die Lateinkenntnisse sind, je einfacher der lateinische Satz in Wortschatz und Struktur ist, umso eher deckt sich – wie normalerweise beim Lesen deutscher Texte – das Lesen und das Verstehen.

Voraussetzung dafür ist, dass der Bedeutungsgehalt der Vokabeln bekannt ist oder sofort erschlossen werden kann, dass durch einwandfreie Beherrschung der → Formenlehre die Funktionen der Satzglieder aus den Endungen erkannt werden und dass der normale Bau eines lateinischen Satzes überblickt wird.

Sind die ersten beiden Voraussetzungen erfüllt, so ist bei einfachen Sätzen nur die verschiedene Stellung der Prädikate im Lateinischen und Deutschen zu beachten. Da das lateinische Prädikat meist am Schluss des Satzes steht, muss nach den ersten Worten ein Lesesprung zum Ende des Satzes gemacht werden, um das Prädikat zu ermitteln.

Ein Beispiel (Tacitus ›ann. I 3,6‹): *Bellum ea tempestate nullum nisi adversus Germanos supererat, abolendae magis infamiae ob amissum cum Quintilio Varo exercitum quam cupidine proferendi imperii aut dignum ob praemium.*

Subjekt und Adverbiale stehen als erster Block; nun muss in der deutschen Übersetzung das Prädikat oder dessen Hilfszeitwort folgen; also kommt jetzt der Lesesprung bis zum Ende des Hauptsatzes oder über einen eingeschobenen Gliedsatz hinweg bis zum Ende des Satzgefüges.

Das Auffinden des Prädikats wird dadurch erleichtert, dass im lateinischen Text der Indikativ Perfekt und Imperfekt – meist in der 3. Person – nahezu 50 Prozent aller Prädikate ausmacht. Zentrale, sofort im Denken oder Sprechen zu bildende Aussage also: *Es blieb in dieser Zeit kein Krieg mehr übrig*. Diese wird ergänzt durch *außer gegen die Germanen* und den folgenden die Art und Ursache dieses Krieges untersuchenden Vergleichssatz *magis* [...] *quam* [...]; dieser bringt in der für Tacitus typischen Inkonzinnität (also die Nicht-Übereinstimmung) der Satzstruktur den ersten Teil des Vergleichs in einer finalen Gerundivkonstruktion *abolendae infamiae*, den zweiten Teil mithilfe eines abl. causae *cupidine proferendi imperii* und schließlich mit einem Präpositionalausdruck *dignum ob praemium*. Der Satz kann sofort verstanden und praktisch ohne große Umformungen im Deutschen übersetzt werden. Leider ist diese einfache Art des Übersetzens durch nicht genügend sichere Lateinkenntnisse (Vokabeln, Endungen, Grammatik) und die andere Wortstellung sowie den vom Deutschen verschiedenen Satzbau des Lateinischen nur selten durchführbar, obwohl diese Methode die am häufigsten versuchte ist.

Grundlage für ein erfolgreiches Übersetzen lateinischer Texte ist eine möglichst genaue Kenntnis der Formen- und Satzlehre.

Die Versuche scheitern oft schon nach wenigen Worten; dann muss man sich mit anderen Übersetzungsarten behelfen.

Bei unbekannten Vokabeln, die nicht aus dem Zusammenhang des (sonst verstandenen) Satzes erschlossen werden können, helfen → Lexikon oder → Wortkunde weiter (vgl. dazu den Abschnitt »Der Wortschatz des Lateinischen«). Mangelndes Erkennen von Endungen und von besonderen Bauelementen des lateinischen Satzes (AcI, Gerundiv, Abl. mit Part.) lässt sich nur durch das Wiederholen von Formen- und Satzlehre, durch Hilfs- und Übungsbücher (vgl. dazu auch das ›Compendium Linguae Latinae‹) beseitigen oder verbessern.

Übersetzungsmethoden

Liegt die Schwierigkeit des Übersetzens in der Struktur der lateinischen Sprache selbst, so bieten sich folgende Übersetzungsmethoden an:

Die Wort-für-Wort-Methode

Sie ist nur selten nutzbringend anwendbar und wird heute meist abgelehnt, da sie erst auf dem Umweg über eine sinnvolle deutsche Sprachgestaltung zum Verstehen des Textes führt und sich damit einer sicheren Kontrolle auf die Richtigkeit der Übersetzung hin entzieht.

Die Wortblockmethode

Da das Einzelwort seinen Sinn erst aus dem Zusammenhang erfährt, in dem es steht, und da das Lateinische dazu neigt, Worte in Gruppen zusammenzuschließen, bietet sich die Wortblockmethode an. Voraussetzung ist, dass die Gliederung des Satzes erkannt wird. Eine primäre Hilfe dafür sind die Satzzeichen und die Bindewörter.

Ein Beispiel: (Cicero berichtet von Sokrates) *Et supremo vitae die | de animorum immortalitate multa disseruit || et paucis ante diebus, | cum facile posset educi e custodia, | noluit || et tum | paene in manu iam mortiferum tenens poculum | locutus ita est, || ut non | ad mortem trudi, | verum in caelum videretur escendere ||*.

Zunächst wird der Satz durch *et* und Kommas in Großblöcke eingeteilt, die sich wieder durch jeweilige konstruktive Zusammengehörigkeit in kleinere Teile untergliedern lassen und so dann meist gleich übersetzt werden können.

Weil sich auch im Lateinischen der Satzsinn gegen das Satzende hin zunehmend enger darstellt, darf man hier den Satz vom Anfang her aufgliedernd übersetzen: *Et supremo vitae die* (Und am letzten Tag seines Lebens) *de animorum immortalitate multa disseruit* (führte er eine breit angelegte Erörterung über die Unsterblichkeit der Seelen) *et paucis ante diebus* (und wenige Tage zuvor), *cum facile posset educi e custodia* (als, da, obwohl, während er leicht aus dem Gefängnis herausgebracht werden konnte), *noluit* (wollte er nicht) *et tum* (und dann, damals) *paene in manu iam mortiferum tenens poculum* (als er beinahe schon in der Hand den todbringenden Becher hielt), *locutus ita est* (sprach er so), *ut non* (dass nicht) *ad mortem trudi* (zum Tod gedrängt werden), *verum in caelum videretur escendere* (sondern er in den Himmel aufzusteigen schien).

Nun sind nur noch in Kleinigkeiten die logischen und sprachlichen Beziehungen zwischen den Blöcken herzustellen, ferner ist der zu lange und gleichzeitig verschiedene Aussagen enthaltende Hauptsatz nach seinen Prädikaten in selbstständige, aber sinnvoll angeschlossene Sätze aufzugliedern – und somit ist der ganze Satz verstanden und übersetzt zugleich.

Besonders vorteilhaft ist diese Methode bei der Übersetzung von Gedichten, weil sich das gerade dort häufige → Hyperbaton leichter erkennen lässt, das die Übersetzung – abgesehen von dem gehobenen Wortschatz der Lyrik überhaupt – sehr erschwert. Horaz c. I 9:

Vides, || *ut alta stet nive candidum*
Soracte | *nec iam sustineant onus*
silvae laborantes | *geluque*
flumina constiterint acuto | *?*

Zunächst sind die Blöcke an dem einen Komma und an den Bindewörtern *ut, nec, -que* leicht abzuteilen; dann sind sie in sich rasch zu übersehen, und es wird an den Endungen deutlich, dass *alta* zu *nive* und *acuto* zu *gelu* gehört. Auch Prädikat und Subjekt können anhand der Endungen sogleich festgestellt werden, ohne dass die → Konstruktionsmethode nötig wird.

Schwierig wird es, wenn die einzelnen Wortblöcke durch → Hyperbata miteinander verzahnt werden, wie etwa ein breiterer Abl. mit Part. mit dem übergeordneten Satz, oder bei in Blöcke eingeschalteten AcI- oder Gerundivkonstruktionen. In dem Konditionalsatz *si mihi nunc de rebus gestis esset nostri exercitus imperatorisque dicendum* ist durch das Hyperbaton zwischen *rebus gestis* und *nostri exercitus* sowie zwischen *esset* und *dicendum* eine Einteilung in Blöcke nicht möglich; hier muss nach der Satzkonstruktion gesucht werden.

Die Konstruktionsmethode

Sie wurde früher am meisten angewandt und baut im Grunde auf der Übersetzung (und ihrer Übung) vom Deutschen ins Lateinische auf. Sie geht vom Bau des lateinischen Satzes mit Subjekt, Prädikat, Objekten, Adverbialien usw. aus, versucht diese festzustellen und dann in das entsprechende deutsche Satzgefüge einzubauen.

Dazu sind gute Kenntnisse in der Formenlehre erforderlich, weil im Lateinischen ja eben die Formen die Aufgaben eines Satzglieds signalisieren; unerlässlich ist ebenso die Beherrschung der Grammatik. Bei großen und unübersichtlichen Satzgefügen (→ Perioden) kann man ohne die Konstruktionsmethode kaum auskommen. Dabei ist zunächst der Gesamtbau des Satzes in einer Art Vogelschau zu überblicken und dann der Hauptsatz nach seiner Konstruktion aufzulösen. Man geht vom Satzkern, Subjekt (= Nominativ) und Prädikat (meist im Indikativ) aus. Das Subjekt steht oft am Anfang, das Prädikat gern im letzten Teil des Satzgefüges.

Die Zusammengehörigkeit von Subjekt und Prädikat lässt sich an den jeweiligen Endungen überprüfen. Von da aus werden das Objekt I (im Akkusativ), das Objekt II (im Dativ) gesucht, die ja vom Prädikat her bestimmt sind. Die weiteren Satzglieder, wie Adverbalien (Ablativ, Abl. m. Part.), Prädikativa (Gerundiv, Part. conj.) und Infinitivkonstruktionen werden ins Deutsche aufgelöst und in den Hauptsatz eingebaut.

Ähnlich verfährt man bei den Gliedsätzen – beginnend mit den Sätzen 1. Grades –, nur dass hier erst die Konjunktion, falls sie eindeutig ist, übersetzt wird, sodass die logische Verbindung mit dem Hauptsatz gegeben ist.

Der Satz (Cicero de fin. 157 – über Epikurs Lehre): *Cum enim certe nihil homini possit melius esse quam vacare omni dolore et molestia perfruique maximis et animi et corporis voluptatibus, videtisne, quam nihil praetermittatur, quod vitam adiuvet, quo facilius id, quod propositum est, summum bonum consequamur?* zeigt in der »Vogelschau« bei der Suche nach dem Hauptsatz, dass das Fragezeichen darauf hinweist, dass der Satzkern eine Frage sein muss, ferner, dass die Gliedsätze (Satzzeichen, Konjunktionen, Relativpronomen beachten!) *cum enim* [...] *voluptatibus* – *quam nihil praetermittatur* – *quod* [...] *adiuvet* – *quo facilius* [...] *consequamur* und in letzteren eingeschoben *quod propositum est* ausgeklammert werden können.

Es bleibt also der durch die Fragepartikel *-ne* gekennzeichnete Satzkern *videtisne* – seht ihr. Der erste Gliedsatz – eingeleitet mit *cum* – führt uns zu seinem Subjekt *nihil* und dem Prädikat *possit*; *cum* mit Konj. Präsens legt die kausale Übersetzung »weil« nahe; *possit* als Hilfszeitwort verlangt die Verbindung mit dem Subjektsinfinitiv *melius esse*, der Komparativ *melius* mit dem folgenden *quam* führt schließlich zu den weiteren Infinitiven *vacare* (mit *ablativus separativus*) und *perfrui* (mit *ablativus instrumentalis*).

Jetzt kann der Gliedsatz ergänzt werden: *Weil nämlich sicher für den Menschen nichts besser sein kann, als frei zu sein von jedem Schmerz und jeder Plage und die größten Lustbefriedigungen für Geist und Körper zu genießen, seht ihr [...]?*

Das folgende *quam* muss ein Fragepronomen (»wie sehr«) sein und die indirekte Frage verlangt dann den Konjunktiv *praetermittatur: wie sehr nichts übergangen wird*; *nihil* weist darauf hin, dass *quod* Relativpronomen mit dem assimilierenden Konjunktiv *adiuvet* ist: *was für das Leben hilfreich ist. quo facilius* (*quo* mit Komparativ und Konjunktiv = damit umso) *consequamur* verlangt die Ergänzung durch das Objekt *id, quod propositum est, summum bonum: damit wir umso leichter unser Ziel, das höchste Gut, erreichen.*

Wir können nun zusammensetzen: *Weil nämlich sicher nichts für den Menschen besser sein kann, als frei zu sein von jedem Schmerz und jeder Plage und die größten Lustbefriedigungen des Geistes und des Körpers zu genießen, seht ihr, wie nichts ausgelassen wird, was für das Leben hilfreich ist, damit wir umso leichter unser Ziel, das höchste Gut, erreichen?*

Optisch kann man diese Methode bei Perioden dadurch darstellen, dass man Hauptsatz, Glied- und Relativsätze, aber auch konstruktive Glieder wie AcI, Abl. m. Part. usw. verschieden oder verschiedenfarbig unterstreicht. Dabei empfiehlt es sich durchaus, Satzglieder durch Symbole wie Dreiecke, Kreise und Ähnliches als Subjekt, Prädikat usw. zu kennzeichnen. Für eine bessere Übersicht kann die Periode aber auch durch die so genannte »Einrückmethode« dargestellt werden (→ Überblick unten). Dies ermöglicht einen raschen Überblick und erleichtert das Gliedern der Periode. Die Konstruktionsmethode sollte nur angewendet werden, wenn eine Periode unübersichtlich ist oder wenn man auf andere Weise einen Satz nicht verstehen und übersetzen kann.

Die analysierende Methode

Sie geht vom Verstehen des Satzes durch seinen sachlichen und gedanklichen Inhalt aus. Der Satz wird hierbei durch bestimmte Fragen sachlich aufgegliedert. Diese Fragen lassen sich in einem Hexameter zusammenfassen: *quís? quid? ubí? quibus aúxiliís? cur? quómodo: quándo?*

Dabei richtet sich die Reihenfolge der Fragen nach dem Inhalt des Satzes.

Caesar postero die T. Labienum legatum cum iis legionibus, quas ex Britannia reduxerat, in Morinos, qui rebellionem fecerant, misit.

- *Quis?* Von wem wird gesprochen? Caesar
- *Quid?* Was geschieht? *T. Labienum misit*
- *Quomodo?* Unter welchen Umständen? *cum iis legionibus, quas [...] reduxerat*
- *Quando?* Wann? *postero die*
- *Ubi?* (hier:) Wohin? *in Morinos*
- *Cur?* Warum? *qui rebellionem fecerant*
- Die Frage *quibus auxiliis* würde förderliche oder hinderliche Gegebenheiten nennen *(vento secundo)*. Diese Methode muss in jedem Fall mithilfe des in Wortblöcken gliedernden und konstruierenden Übersetzens überprüft und auch bestätigt werden.

Die »Einrückmethode«

HS	GS 1	GS 2	GS 3
	Cum ... voluptatibus,		
videtisne,			
	quam ... praetermittatur,		
		quod ... adiuvet,	
		quo facilius id,	
			quod ... est,
		summum ... consequamur.	

Kombination der Verfahren

Eine Kombination dieser Übersetzungsverfahren führt je nach Art des Satzes am ehesten zum Ziel. Lässt sich ein Satz nicht »auf Anhieb« im verstehenden Lesen bewältigen, so ist folgendes Verfahren anzuraten:

- Der Satz wird »aus der Vogelschau« mithilfe der Satzzeichen nach großen Blöcken eingeteilt, ohne dass versucht wird, den Sinn zu erraten.
- Bei einfachem Satzbau übersetzt man nach Wortblöcken vom Satzanfang her.
- Ist der Satzbau schwierig, so wendet man die Konstruktionsmethode an, indem man von Subjekt – Prädikat der jeweiligen Großblöcke ausgeht und dann deren gegenseitiges Abhängigkeitsverhältnis feststellt.
- Ergibt sich dabei kein richtiger Sinn, so müssen wir es mit der analysierenden Methode versuchen, wobei unter Berücksichtigung der Aussage des vorangehenden Satzes die Sachfragen gestellt werden müssen.
- Fehlen bestimmte Vokabeln, so wird jetzt das Wörterbuch herangezogen. Wichtig ist dabei, sich die Vokabel des Textes mit den sie begleitenden Wörtern zu merken, um bei mehreren Bedeutungen im Lexikon die annähernd richtige einsetzen zu können. Oft ist es besser, anstelle der unbekannten Vokabel ein Symbol (beispielsweise x oder y) im Übersetzungsversuch einzusetzen und später das Wort aus dem Zusammenhang zu bestimmen.
- Es entsteht eine Werkübersetzung, die uns den Inhalt verstehen lässt, ohne dass hier stilistisch ein einwandfreies Deutsch gegeben ist. Sie muss nochmals in ihren wesentlichen Teilen über Wortblock- und Konstruktionsverfahren kontrolliert werden.
- Erst jetzt kann eine stilistisch einwandfreie Übersetzung sorgfältig erarbeitet werden. Dabei kommt es nicht darauf an, möglichst »modernes« Deutsch zu bieten, sondern es muss deutlich werden, was der Römer zu seiner Zeit gedacht, gemeint, geschrieben hat. Soweit es nicht einem grammatisch richtigen Deutsch entgegensteht, soll der Stil des antiken Schriftstellers durchschimmern, also etwa bei Cicero viele Nebensätze stehen bleiben, bei Seneca der Hauptsatz dominieren.

Bei Klausuren oder der Abiturübersetzung, die ja zeitlich begrenzt sind, verbeißt man sich nicht in einen schwierigen Satz, sondern lässt ihn aus und übersetzt weiter. Erst wenn die übrige Arbeit fertig übersetzt ist, geht man schließlich mithilfe der genannten Verfahren an die Übersetzung der ausgelassenen Textstellen.

Dabei kann das Analysieren nützlich sein, weil ja der Inhalt des vorausgehenden sowie des folgenden Satzes bekannt ist und der ausgelassene Satz die Brücke zwischen diesen beiden bilden muss. Wichtig ist dabei die verbindende Konjunktion (*itaque*, *enim*, *at* usw.) oder ein relativer Satzanschluss, weil sie Hinweise auf die Funktion des Satzes geben können.

Lässt sich eine einzelne Vokabel auf keine Weise genau aus dem Zusammenhang bestimmen, ist es besser, diese wegzulassen; denn das ist für die Benotung weniger schwerwiegend, während eine falsch geratene Vokabel den ganzen Satzsinn entstellen oder zerstören kann und deshalb schwerer gewertet wird.

Im Ganzen gilt bei einer Übersetzung die Regel: so wörtlich wie möglich – so frei wie nötig.

Die Interpretation

Die Interpretationsaufgabe ist ein wesentlicher Bestandteil der Abiturprüfung. Sie kann sowohl textabhängig als auch textunabhängig sein. Neben der Sprach- und Textreflexion sollen dabei Kenntnisse der lateinischen Literatur und Kultur nachgewiesen werden. Zahlreiche Beispiel-Fragen mit Musterlösungen sollen dazu dienen, das in den vorangegangenen Kapiteln Gelernte zu überprüfen und zu festigen.

Die Interpretation an sich

Es ist einleuchtend, dass die Interpretation, die Ausdeutung eines lateinischen Textes, in weit höherem Maße notwendig ist, als dies bei dem Werk eines modernen Autors der Fall wäre. Die anders strukturierte Sprache, der Zeitabstand von zweitausend Jahren, die andere Kultur, das verschiedene Denken verhindern entweder das Verständnis oder führen zu einem falschen Verständnis dessen, was im Text geschrieben steht.

Deshalb ist bei der Interpretation eines lateinischen Textes die subjektive Stellungnahme weitgehend auszuschalten. Der vorliegende Text muss in einer Art Nach-Denken erfasst und in seiner Einheit von Form und Inhalt begriffen werden. Ein einwandfreies Verstehen des Textes – es braucht allerdings nicht immer eine fixierte Übersetzung zu sein – ist damit die Grundvoraussetzung einer jeden Interpretation.

Die Hauptgesichtspunkte einer Interpretation ergeben sich aus folgenden Verfahren:

- Man sieht den Text als Dokument an.
- Man sieht den Text als Quelle beispielhafter Aussagen an.

Die Technik der Interpretation geht von einigen Voraussetzungen aus. Zunächst muss der zu interpretierende Text verstanden und gegebenenfalls auch übersetzt sein. Bei Einzelstellen aus größeren Texten muss der vorhergehende Textteil unbedingt mit einbezogen werden, hängt doch oft das Verständnis der betreffenden Stelle davon ab. Anschließend fasst man die Gesamtaussage des gelesenen Textes im Überblick zusammen. Vorkommende → Realien sind zu klären.

Jetzt muss man sich bewusst machen, dass alles Interpretieren heißt: Antworten geben auf gestellte Fragen. Die Summe dieser Antworten ist das Interpretationsergebnis.

Je nach der Fragestellung sucht man sorgfältig Kernbegriffe und Kernstellen aus dem Text zusammen, die Antworten auf die gestellten Fragen geben. Diese Kernstellen werden lateinisch (gegebenenfalls unter Hinzufügung der eigenen Übersetzung) zitiert, wobei die Stelle angegeben wird (*sine ira et studio*, Tac. Ann. I 3).

Wichtig ist dabei oft die sprachliche Gestalt (wenn nicht überhaupt nur sie untersucht werden soll). Ihre Kennzeichen sind Wortwahl, Satzbau und Stilmittel, wie sie bereits in den beiden Abschnitten → »Die syntaktischen Eigentümlichkeiten des Lateinischen« und → »Stileigentümlichkeiten des Lateinischen« behandelt wurden.

Daraus lassen sich die Sprachebenen (hoher Stil – Umgangssprache) und die Einordnung in Gattungen (lyrisch – episch) feststellen. Auch ist zu ermitteln, welche Absichten der Autor mit einer bestimmten sprachlichen Gestalt verbindet (Rhetorik!). Nach Klärung dieser Dinge wird in einer Zusammenfassung eine auf der vorangehenden Einzelinterpretation beruhende Antwort auf die Interpretationsfrage gegeben. Die allgemeinste lautet: »Was sagt der Autor an dieser Stelle aus?«

Die vergleichende Interpretation (etwa zweier Gedichte desselben oder verschiedener Dichter) kann nach Form oder Aussage oder aber nach beidem fragen. Hier empfiehlt es sich im Allgemeinen, von der jeweiligen Fragestellung ausgehend immer beide Interpretationstexte parallel heranzuziehen und nicht jeden separat für sich zu behandeln. Die wesentlichen Ähnlichkeiten und Verschiedenheiten werden dann in einer Schlusszusammenfassung herausgestellt.

Der Interpretationsbereich der Abiturprüfung

Der Interpretationsbereich der Abiturprüfung umfasst drei Anforderungsbereiche:

- Anforderungsbereich I – Wiedergabe von Gelerntem und Bekanntem
- Anforderungsbereich II – selbstständiges Arbeiten mit Bekanntem und mit kurzen unbekannten Texten
- Anforderungsbereich III – selbstständiges Arbeiten im Bereich der eigentlichen Interpretation

Alle drei Anforderungsbereiche können ineinander übergehen und zum Teil in Zusammenhang mit dem Textteil der Abituraufgabe stehen. Meist werden aus den drei Bereichen acht bis zehn Fragen gestellt, die schriftlich zu beantworten sind. Dabei überwiegen für den Grundkurs Anforderungen aus den Bereichen I und II, für den Leistungskurs aus den Bereichen II und III.

Im Folgenden werden die Anforderungsbereiche an Beispielen und deren Lösung dargestellt. Um einen besseren Lerneffekt zu erzielen, sollten die Antworten zunächst abgedeckt werden.

Die Interpretation ist der Höhepunkt und das eigentliche Ziel des Lateinunterrichts, dem die anderen Lernziele untergeordnet sind.

Die hier erworbenen Fähigkeiten sind Hilfen bei jeder geistigen Tätigkeit.

Überblick über die Lehrplaninhalte

Um einen Einblick in die Anforderungsbereiche zu gewinnen, werden hier einzelne Lernziele und -inhalte aus den Lehrplänen verschiedener Bundesländer stichpunktartig angeführt.

- Zentrale lateinische Begriffe und ihr differenziertes Bedeutungsfeld
- Rom und die Philosophie
- Das philosophische Denken Ciceros
- Senecas philosophisches Denken
- Besondere Aspekte der römischen Geschichtsschreibung
- Römischer Imperialismus und Rom-Idee
- Darstellung der Frau in der römischen Dichtung
- Römische Repräsentationskunst
- Eigenständigkeit und Fortwirken der römischen Dichtung
- Gattungen der Prosa, poetische Kleinformen
- Krise des römischen Staates (von der Republik zum Prinzipat, vom Prinzipat zum Adoptivkaisertum)
- Römische Staatstheorie und utopische Staatsentwürfe
- Übersetzungsvergleich
- Zusammenfassung und Paraphrase größerer Textabschnitte
- Besonderheiten in Lautlehre, Formenlehre und Wortwahl
- Beeinflussungen (Lehn- und Fremdwörter)
- Stilfiguren, metrische Gestaltung
- Sprachstufen und Sprachebenen, Satzanalyse
- Textvergleich
- Verfassungsformen
- Historischer, sozialer und kultureller Hintergrund von Werk und Autor
- Lateinische Dichtung in Mittelalter und Neuzeit

Beispiel-Fragen und Musterlösungen

Anforderungsbereich I – Wiedergabe von Gelerntem und Bekanntem

1. **Nennen Sie vier Ämter des *cursus honorum*.**

   Quästor, Ädil, Prätor, Konsul, (Volkstribun)

2. **Wählen Sie aus den folgenden Dichtern die vier aus, die Elegien verfasst haben: Vergil, Livius Andronicus, Horaz, Catull, Martial, Properz, Lukan, Tibull, Ovid, Juvenal, Persius, Lucilius**

   Catull, Properz, Tibull, Ovid

3. **Welche Stilfiguren erkennen Sie im folgenden Text? *Omnes trahimur et ducimur ad cognitionis et sapientiae cupiditatem, in qua excellere pulchrum putamus, labi autem, errare, nescire, decipi et malum et turpe dicimus.***

   Hendiadyoin: *trahimur et ducimur; cognitionis et scientiae*
   Hyperbaton: *ad* [...] *cupiditatem*
   Alliteration: *pulchrum putamus*
   Asyndeton: *labi, errare, nescire, decipi*
   Klimax: *labi, errare, nescire, decipi*
   Parallelismus: *excellere pulchrum putamus, labi* [...] *turpe dicimus*

4. **Nennen Sie mindestens vier kausale Konjunktionen, die einen Gliedsatz einleiten.**

   quod (weil), *quia* (weil), *quoniam* (weil ja), *cum* (da), *quippe cum* (da ja), *praesertim cum* (besonders da), *non quod* (nicht etwa weil)

5. **Nennen Sie die lateinischen Wörter und deren deutsche Bedeutung, aus denen die folgenden Fremdwörter zusammengesetzt sind:**
   a) Herbizid b) Aquädukt c) multilateral d) Agrikultur

   a) *herba* (Kraut) + *caedere* (töten, fällen): Unkrautvernichtungsmittel
   b) *aqua* (Wasser) + *ducere* (führen): Wasserleitung
   c) *multus* (viel) + *latus* (Seite): vielseitig, mehrere Staaten betreffend
   d) *ager* (Acker) + *cultus* (Pflege): Ackerbau

6. ***Imperium sine fine dedi.***
   a) Von welchem Autor stammt dieses Zitat?
   b) In welchem Werk findet es sich?
   c) Wer ist der Sprecher?
   d) Wie wird die geistig-politische Haltung, die hinter diesem Zitat steht, häufig bezeichnet?

a) Vergil
b) Aeneis
c) Jupiter
d) Imperialismus

7. **Nennen Sie aus Ciceros ›De re publica‹ zwei reine Verfassungsformen und ihre jeweilige Entartungsform.**

Monarchie – Tyrannis; Aristokratie – Oligarchie; Demokratie – Ochlokratie

8. **Weisen Sie folgende Zitate ihren Autoren zu:**
   a) *Tu regere imperio populos, Romane, memento* [...]
   b) *Maecenas atavis edite regibus* [...]
   c) *Mihi est propositum in taberna mori*
   d) *Vivamus, mea Lesbia, atque amemus*

a) Vergil
b) Horaz
c) Archipoeta
d) Catull

Anforderungsbereich I

1. **Ordnen Sie den angeführten Autoren je ein Werk zu:**
   a) Livius b) Nepos c) Caesar d) Tacitus
   ›Historia Romana‹; ›Dialogus de oratoribus‹; ›De oratore‹; ›Orator‹; ›Ab urbe condita‹; ›De viris illustribus‹; ›Naturalis historia‹; ›Origines‹; ›Noctes Atticae‹; ›De senectute‹; ›De bello civili‹; ›De agricultura‹; ›De rerum natura‹

a) ›Ab urbe condita‹
b) ›De viris illustribus‹
c) ›De bello civili‹
d) ›Dialogus de oratoribus‹

2. Der Weise und das politische Engagement – Weisen Sie die folgenden Einstellungen ihrer jeweiligen philosophischen Richtung zu:
a) *Non accedet ad rem publicam sapiens, nisi si quid intervenerit.*
b) *Accedet ad rem publicam sapiens, nisi si quid impedierit.*

a) Epikur
b) Stoa

3. Was bedeutet Quintilians These *satura tota nostra est*? Warum hebt er diese Tatsache so hervor?
Satire ist die allein von den Römern entwickelte Literaturgattung; sie wurde nicht von den Griechen übernommen.

4. Analysieren Sie die syntaktische Struktur des folgenden Satzes nach einer Ihnen geläufigen Methode:
Ego contra hoc quoque laboris praemium petam, ut me a conspectu malorum, quae nostra tot per annos vidit aetas, avertam omnis expers curae, quae scribentis animum etsi non flectere a vero, sollicitum tamen efficere posset.

Ego … petam,		
	ut … malorum,	
		quae … aetas,
	avertam … curae,	
		quae … posset.

5. a) Nennen Sie vier lateinische Substantive, die zum Wortfeld »Gott, Gottheit« gehören.
b) Geben Sie jeweils eine treffende deutsche Übersetzung.

a) *deus, immortales, caelestes, numen, superi, inferi*
b) *deus:* Gott, Gottheit; *immortales:* die Unsterblichen; *caelestes:* die Himmlischen; *numen:* göttlicher Wille, göttliches Wesen; *superi:* Götter des Himmels; *inferi:* Götter der Unterwelt, die Unterirdischen

6. Wählen Sie aus den folgenden Begriffen die zwei aus, die für die epikureische Philosophie kennzeichnend sind:
aequitas, fides, fortitudo, intermundia, iustitia, pietas, veritas, voluptas

intermundia – »Zwischenwelten«, in denen die Götter ein sorgloses Leben führen, ohne sich um die Belange der Menschen zu kümmern
voluptas – die »Lust«, das oberste Ziel menschlichen Lebens

7. **Weisen Sie die folgenden Kompetenzen der römischen Beamten den jeweiligen Amtsträgern zu:**
a) Organisation der Spiele
b) Rechtsprechung
c) Zuweisung der römischen Bürger zu bestimmten Steuerklassen
d) Vetorecht im Senat
aedilis, consul, censor, curator aquarum, dictator, quaestor, praetor, tribunus plebis

a) *aedilis*
b) *praetor*
c) *censor*
d) *tribunus plebis*

8. **Nennen Sie mindestens vier Konjunktionen, die einen kondizionalen Gliedsatz einleiten.**

si (wenn), *quod si* (wenn aber), *nisi* (wenn nicht), *quod nisi* (wenn aber nicht), *nisi vero* (es müsste denn sein, dass), *etiamsi* (auch wenn), *sin autem* (wenn aber), *siquidem* (wenn wirklich), *dum/dummodo* (wenn nur)

Anforderungsbereich II –Selbstständiges Arbeiten mit Bekanntem und mit kurzen unbekannten Texten

1. **Welche drei Sprachebenen finden sich in Petrons satirischem Roman ›Satyricon‹?**

- gehobene Sprache der Gebildeten
- korrekte Umgangssprache
- vulgäre Volkssprache

2. **Erklären Sie kurz die Bedeutung der gebräuchlichen lateinischen Rechtssprichwörter:**
a) *Nulla poena sine lege.*
b) *Qui tacet, consentire videtur.*

a) Ein Vergehen kann nur dann verfolgt werden, wenn der Tatbestand gesetzlich mit Strafe bedroht ist.
b) Der Verzicht auf Meinungsäußerung entspricht einer stillschweigenden Zustimmung.

3. **Nehmen Sie Stellung zur Übersetzung des Begriffs *pietas* mit »Frömmigkeit«.**

pietas bezeichnet das pflichtgerechte Verhalten bzw. das rechte Verhältnis des Menschen zu Familie, Verwandten und Ahnen, Vaterland, Göttern. Der deutsche Begriff »Frömmigkeit« ist einseitig auf das richtige Verhalten gegen die Götter bezogen. Eine treffendere Wiedergabe ist häufig »Pflichtgefühl, Familiensinn, Verantwortungsbewusstsein, patriotische Gesinnung«.

4. **Cicero hat die griechische Philosophie in Rom salonfähig gemacht. Welche Probleme hatte er dabei zu überwinden?**

Cicero war der Erste, der den Römern die griechische Philosophie in ihrer eigenen Sprache vorstellte. Dazu musste er eine lateinische Terminologie für die griechischen Begriffe entwickeln.
Die Praxisorientierung der Römer und der starke Einfluss der Religion zwangen Cicero dazu, entsprechende philosophische Themenbereiche auszuwählen. Cicero musste das (Vor-)Urteil entkräften, dass die Beschäftigung mit der Philosophie Müßiggang und eines Staatsmannes nicht angemessen sei.

5. **Erklären Sie die Pointe des folgenden Epigramms von Martial:**
Nuper erat medicus, nunc est vispillo Diaulus:
Quod vispillo facit, fecerat et medicus.
(*vispillo* – Totengräber)

Übersetzung: *Vor kurzem war Diaulus Arzt, jetzt ist er Totengräber. Was er als Totengräber macht, hatte er auch als Arzt gemacht.*

Wie so oft im Epigramm findet sich in der ersten Zeile eine neutrale, objektive Aussage. Diaulus (übrigens ein so genannter »redender« Name, der »Doppelflöte« bedeutet) hat den Beruf gewechselt: vom Arzt zum Totengräber. Erst durch den Vergleich der Tätigkeiten im zweiten Vers wird ein bezeichnendes Licht auf seinen Erfolg als Arzt geworfen: er war anscheinend kein besonders guter Arzt, denn wie als Totengräber hatte er auch als Arzt die Menschen »unter die Erde gebracht«. Diese überraschende Feststellung wird durch die zweifache raffinierte Verwendung eines Chiasmus in ihrer Wirkung gesteigert:
V. 1 / V. 2: *medicus … vispillo/vispillo … medicus*
V. 2: *vispillo facit, fecerat medicus*

6. **Stellen Sie kurz die Grundzüge der Geschichtsschreibung des Livius dar.**

Die Geschichtsschreibung des Livius unterscheidet sich grundlegend von der moderner Historiker. Livius deutet Geschichte, indem er die Sitten und die Lebensweise der Vorfahren in alter Zeit als Beispiele *(bona exempla)* zur Orientierung in der Gegenwart darstellt. Geschichte ist für ihn eine Lehrmeisterin. Das Erzählen von Geschichte dient der Erbauung des Lesers, ein intensives und kritisches Studium der historischen Quellen liegt ihm fern. Die Darstellung der römischen Vergangenheit ist für Livius ein Beitrag zur augusteischen Erneuerung.

7. **a) Ordnen Sie den folgenden Text einer literarischen Gattung zu.**
b) Auf welche Gesichtspunkte stützen Sie Ihre Entscheidung?

Meum est propositum
in taberna mori,
ut sint vina proxima
morientis ori;
tunc cantabunt laetius
angelorum chori:
»Sit Deus propitius
huic potatori!«

(Übersetzung: Mein fester Vorsatz ist, in der Schenke zu sterben, damit der Wein dem Mund des Sterbenden ganz nahe sei; dann werden die Engelchöre freudiger singen: »Gott sei diesem Trinker gnädig!«)

a) mittellateinische Vagantendichtung (Vagantenbeichte des Archipoeta; und andere gesammelt in den ›Carmina Burana‹)
b) akzentuierende Metrik; Endreim; Wechsel von sieben- und sechssilbigen Zeilen; Verherrlichung des Weingenusses; parodistisches Spiel mit einem Bibelzitat (*Deus sit propitius mihi peccatori!* Lukas 18,13)

Anforderungsbereich II

1. **a) Stellen Sie in knappen Worten das Verhältnis Gott – Mensch in der Lehre der Stoa dar.**
b) Konfrontieren Sie damit die Auffassung der Epikureer.

a) Gott ist Schöpfer eines vollkommenen Kosmos.
Gott lenkt die Welt zum Wohle des Menschen.
Gott ist identisch mit der Natur, von der der Mensch ein Teil ist.
Gott ist das *fatum*, dem der Mensch freiwillig folgen soll.
Gott ist identisch mit der *ratio*, an der der Mensch Anteil hat.
b) In der Philosophie Epikurs leben die Götter in den Intermundien und kümmern sich nicht um die Menschen. Daher ist Furcht vor den Göttern und deren Verehrung unsinnig.

2. ***Servari enim iustitia nisi a forti viro, nisi a sapiente non potest.***
(Die Gerechtigkeit kann nämlich nur von einem tapferen, nur von einem weisen Mann bewahrt werden.)
Setzen Sie die Begriffe *vir fortis, (vir) sapiens* in Beziehung zu Ciceros Leben und Werk.

vir fortis: Cicero als der erfahrene und anerkannte Staatsmann, der sich bewährt hat (Catilinarische Verschwörung)
vir sapiens: Cicero der Philosoph (Vermittler der griechischen Philosophie in mehreren Werken)

3. **Inwiefern kann die Dichtung Vergils als politische Propaganda verstanden werden?**

Vergil war Mitglied des Maecenaskreises. Maecenas, ein Förderer junger Dichter, war ein Freund des Augustus, der ihn auch hin und wieder mit politischen Aufgaben betraute. Durch den Kontakt mit dem Maecenaskreis konnte Kaiser Augustus auch Vergil seine politischen Ziele näher bringen. Nach einem Jahrhundert der Bürgerkriege sah auch Vergil mit dem Einsetzen der Friedenszeit unter Augustus eine Wiedergeburt des alten und geordneten Rom. So ist es sicher nicht verwunderlich, dass er seiner Freude darüber in seinen Werken Ausdruck verlieh. In der bekannten 4. Ekloge legt die Geburt eines Kindes, mit dem ein neues goldenes Zeitalter anbrechen soll, eine Anspielung auf Augustus nahe.
In der ›Aeneis‹, im Geist der von Augustus propagierten geistig-moralischen Erneuerung Roms verfasst, wird in Prophezeiungen wiederholt auf die segensreiche Zeit des Augustus als Endpunkt und Ziel der römischen Geschichte verwiesen.
Mag der Ausdruck »politische Propaganda« in Zusammenhang mit Vergil überzogen klingen, so ist doch sicherlich zu akzeptieren, dass ein Dichter seiner Freude über das Erreichen persönlicher politisch-moralischer Ziele Ausdruck verleiht.

4. **Erläutern Sie kurz zwei charakteristische Merkmale der Geschichtsschreibung des Tacitus.**

Tacitus will Geschichte objektiv, ohne persönliche Voreingenommenheit darstellen *(sine ira et studio).*
Sein Geschichtsbild ist von Pessimismus und Resignation geprägt.
Er bevorzugt Themen, die in einer gewissen zeitlichen Distanz liegen.
In den Reden charakterisiert Tacitus einzelne Persönlichkeiten.
Geografisch-ethnologische Exkurse erhellen die geschichtlichen Zusammenhänge.
Hintergründe und tiefere Zusammenhänge der historischen Abläufe werden von Tacitus angeführt.

5. ***Quod ita cum sit, ex tribus primis generibus longe praestat mea sententia regium, regio autem ipsi praestabit id, quod erit aequatum et temperatum ex tribus primis rerum publicarum modis.***
a) Nennen Sie den Autor des Zitats und das Werk, dem es entnommen ist.
b) Begründen Sie kurz Ihre Entscheidung mit Belegen aus der Textstelle.

a) Cicero, ›De re publica‹
b) Es wird von den drei Grundformen der Verfassung gesprochen *(ex tribus primis generibus)*.
Cicero bevorzugt von den Grundformen die Monarchie *(longe praestat mea sententia regium [genus])*.
Die beste Verfassungsform ist für Cicero die Mischverfassung *(aequatum et temperatum ex tribus primis rerum publicarum modis)*.

6. **Martial ›Epigramme‹ 2,21:**
Basia das aliis, aliis das, Postume, dextram.
Dicis: »Utrum mavis? Elige!« Malo manum.
(Übersetzung: *Postumus, manchen gibst du Küsse und anderen die Rechte. Du sagst: »Was willst du lieber? Such's dir aus!« – Ich nehme die Hand.*)
a) Nennen Sie die metrische Form dieses Zweizeilers.
b) Wie lautet das Versmaß der ersten und der zweiten Zeile?
c) Schreiben Sie die Längen und Kürzen der beiden Verse auf.

a) elegisches Distichon
b) Hexameter und Pentameter
c) – v v | – v v | – v v | – – | – v v | – –
– v v | – – | – || – v v | – v v | –

7. **a) Erklären Sie den Begriff »Menippeische Satire«.**
b) Nennen Sie zwei Beispiele aus der lateinischen Literatur und deren Autoren.
c) Welche andere Form der Satire gab es?

a) Der Begriff »Satire« als literarische Gattung ist nicht identisch mit der heutigen Vorstellung von Satire. Im Altertum wurde damit eine Form und nicht die Intention eines Textes benannt. Die Menippeische Satire geht zurück auf den Kyniker Menippos von Gadara (3. Jahrhundert v. Chr.). Sie wurde in Rom von Marcus Terentius Varro (1. Jahrhundert v. Chr.) eingeführt. Typisch für sie ist die Mischung von Vers und Prosa (»Prosimetrum«).
b) Seneca: ›Apocolocyntosis‹ (»Verkürbissung«, das heißt Veräppelung des Kaisers Claudius)
Petron: ›Satyricon‹ (Roman; Kernstück ist die cena Trimalchionis, die einen guten Einblick in die sozialen Verhältnisse des ersten nachchristlichen Jahrhunderts bietet)
c) Verssatire (geschrieben in Hexametern; Vertreter: Lucilius, Horaz, Persius, Juvenal etc.)

Anforderungsbereich II

1. **Aus einer Rede: *Itaque omnis gratia, potentia, honos, divitiae apud illos sunt aut ubi illi volunt; nobis reliquēre pericula, repulsas*, iudicia, egestatem.***

****repulsa* = die Wahlniederlage**

a) Setzen Sie die einander entsprechenden positiven und negativen Begriffe in jeweils einer Zeile nebeneinander!
b) Welche gesellschaftliche (politische) Gruppe meint das »*illi*«?
c) Welches Stilmittel wird hier zur Hervorhebung des Wesentlichen verwendet?
d) *gratia* kann folgende Bedeutungen haben: Anmut, Beliebtheit, Gunst, Ansehen, Dank. Unterstreichen Sie die für obiges Zitat zutreffende!
e) Bei welchem Schriftsteller, in welchem Werk und von welcher Person wurde das gesagt?

a) *gratia – pericula / potentia – iudicia / honos – repulsae / divitiae – egestas*
b) die Optimaten
c) das Asyndeton
d) Ansehen (Beliebtheit)
e) Sallust – *coniuratio Catilinae* – Catilina

2. **a) Geben Sie (ohne Übersetzung) die Aussage folgenden Satzes aus Ciceros ›Tuskulanen‹ mit eigenen Worten wieder: *Socrates autem primus philosophiam devocavit e caelo et in domus etiam induxit et coegit de vita et moribus rebusque bonis et malis quaerere.***
b) Welchen Teilbereich der Philosophie spricht Cicero hier an?
c) Nennen Sie die Methode, deren sich Sokrates bei seinem Lehren bediente!

a) Sokrates machte aus der theoretisch als Wissenschaft betriebenen Philosophie eine praktische Lebenslehre für alle Menschen.
b) die Ethik
c) die dialektische Methode

3. **Seneca sagt in ep. 74,16: *Non est summa felicitatis nostrae in carne ponenda: bona illa sunt vera, quae ratio dat.***
a) Nennen Sie die beiden einander entgegengestellten lateinischen Begriffe!
b) Welche positiven Ausdrücke entsprechen einander?
c) Was meint die Metapher »*in carne*«?
d) Welcher philosophischen Richtung entspricht diese Aussage?

a) *in carne – ratio*
b) *summa felicitatis – bona vera*
c) die Triebbefriedigung des Körpers
d) die Stoa

4. Catull spricht Caesar in einem Zweizeiler an:
Nil nimium studeo, Caesar, tibi velle placere
Nec scire, utrum sis albus an ater homo.
(Mir liegt wenig daran, dir, Caesar, gefallen zu wollen, noch zu wissen, ob du ein guter oder schlechter Mensch bist.)

a) Erklären Sie den Konjunktiv in »*sis*«!
b) Wie nennt man die stilistische Form der Verwendung von *albus* und *ater* für »gut« und »böse«?
c) Welche Stellung nimmt Catull hier zu Caesar ein?
d) Zu welcher Gruppe junger römischer Dichter wird Catull gezählt?

a) Indirekte Frage
b) Metapher
c) Gleichgültigkeit – Ablehnung
d) die Neoteriker

5. Horaz ›Epoden‹ 2,1–3:
Beatus ille, qui procul negotiis,
ut prisca gens mortalium,
***paterna rura bobus exercet suis* […]**
(Glücklich jener, fern von den Geschäften, wie die Menschen der frühen Zeit, das vom Vater geerbte Land mit eigenen Ochsen bearbeitet […])

a) Nennen Sie die Metren der ersten beiden Zeilen!
b) Nennen Sie lateinische Ausdrücke, die dem dichterischen Sprachgebrauch entnommen sind!
c) Welche *negotia* des Römers könnten hier gemeint sein?
d) Fassen Sie kurz die Aussage der drei Zeilen mit eigenen Worten zusammen!

a) Jambischer Trimeter + Dimeter
b) *prisca gens mortalium* – *rura bobus exercet*
c) die Aufgaben des Beamten *(magistratus)* – des Geschäftsmanns – des Politikers
d) Ein Städter lobt das Landleben.

6. Catulls bekanntestes Gedicht an Lesbia (c.85) besteht aus den beiden Zeilen:
Odi et amo, quare id faciam, fortasse requiris.
Nescio, sed fieri sentio et excrucior.
Theodor Heise (1855) übersetzt es so: *Liebe verfolgt mich und Hass. »Und warum?« fragt einer. Ich weiß nicht. Aber ich fühl es einmal, fühl' es und leide darum.*

a) Nennen Sie die metrische Form dieses Zweizeilers!
b) Nennen Sie die Metren der ersten und der zweiten Zeile!
c) Nehmen Sie kritisch Stellung zu der Übersetzung von Heise!

a) elegisches Distichon
b) Hexameter + Pentameter
c) Die Kraft, Kürze und Prägnanz der Aussage Catulls wird zerstört (*Odi et amo* – Liebe und Hass verfolgt mich; *requiris* – fragt einer; *excrucior* – und leide daran). Die Übersetzung ist ungenau (Liebe und Hass verfolgt mich – es bleibt unklar, dass Catull selbst liebt und hasst; fragt einer – fragst du *(»Lesbia?«)*; das passive Erleiden in *fieri* kommt nicht zum Ausdruck; das passive *excrucior* »ich werde gefoltert« wird zum persönlichen »ich leide«.

Anforderungsbereich III – selbstständiges Arbeiten im Berich der eigentlichen Interpretation

1. **(Tacitus ann. I 3,6): *Bellum ea tempestate nullum nisi adversus Germanos supererat, abolendae magis infamiae ob amissum cum Quintilio Varo exercitum quam cupidine proferendi imperii aut dignum ob praemium.***
Welche Motive des Römers für das Führen eines Krieges werden hier deutlich? Zeigen Sie zu diesen Motiven Parallelen aus der neueren Geschichte!

abolendae infamiae zeigt nationalistisches Gedankengut (Ehre der Nation, ein verlorener Krieg als Schande). Hier ließe sich das Verhalten Frankreichs nach dem deutsch-französischen Krieg von 1870/71 anführen (»Rache für Sadowa«) oder die Haltung der Engländer im Falklandkonflikt von 1982.
proferendi imperii weist auf ein typisches Kennzeichen des Imperialismus hin (Ausdehnung des eigenen Macht- oder Herrschaftsbereiches). Die Auslösung des Zweiten Weltkriegs durch Hitler oder Kriege des zaristischen und kommunistischen Russland bieten genügend Beispiele. Die wirtschaftliche Ausbeutung eroberten Gebietes meint das *dignum ob praemium*. Die Kolonialkriege der Spanier, Holländer, Engländer, Franzosen zeigten die Merkmale ökonomisch bedingter Kriege.

2. **(Cicero de fin. 157 – über Epikurs Lehre): *Cum enim certe nihil homini possit melius esse quam vacare omni dolore et molestia perfruique maximis et animi et corporis voluptatibus, videtisne, quam nihil praetermittatur, quod vitam adiuvet, quo facilius id, quod propositum est, summum bonum consequamur?***
Welches *summum bonum* im Bereich der Ethik ist hier gemeint (lat. Stichwort!)? Welcher philosophischen Richtung der Antike entspricht der ganze Gedankengang? Welche Aussageteile widersprechen der Lehre des Gründers dieser Richtung? Wie wird heute eine solche ethische Haltung bezeichnet?

Das *summum bonum* dieser Aussage ist die *felicitas*, das Glück des Menschen. Der in dem Zitat gemeinte Weg dazu ist der des Epikureismus. Epikur selbst aber lehnt die *maximae voluptates corporis* ab, da sie häufig das *vacare dolore et molestia* verhindern und den *summae voluptates animi* im Wege stehen. Die im Zitat genannte ethische Haltung wird heute »Hedonismus« genannt.

3. **Cicero sagt in seiner Rede ›Pro Archia poeta‹ (18) über das Wesen des Dichters:**
Atque sic a summis hominibus eruditissimisque accepimus, ceterarum rerum studia ex doctrina et praeceptis et arte constare, poetam naturā ipsā valere et mentis viribus excitari et quasi divino quodam spiritu inflari. Qua re suo iure noster ille Ennius »sanctos« appellat poetas, quod quasi deorum aliquo munere commendati nobis esse videantur.

Rainer Maria Rilke sagt in den Anfangszeilen seines Gedichts ›Künstler sein‹:
Nicht Geist, nicht Inbrunst wollen wir entbehren:
eins durch das andre lebend zu vermehren,
sind wir bestimmt, und manche sind erwählt,
in diesem Streit ein Reinstes zu erreichen;
[...]

a) **Welche Bedeutung hat *ars* in Zeile 2?**
b) **Wer war Ennius (Zeile 3)?**
c) **Vergleichen Sie die Aussagen Ciceros und Rilkes über das Wesen des Dichters!**

a) *ars* meint hier »Fertigkeit, Können, Übung«.
b) Ennius (239–169) verfasste das erste römische Epos ›Annales‹, eine Geschichte Roms in Hexametern.
c) Ciceros Stichwort ist zunächst *natura ipsa*, das heißt, der Dichter braucht die natürliche Begabung. Ähnliches meint Rilke mit *sind wir bestimmt* und *manche sind erwählt.* Dem *viribus mentis excitari* entspricht Rilkes *Nicht Geist (mentis) noch Inbrunst (excitari) wollen wir entbehren.* Während aber nun Cicero das Bestimmtsein zum Dichten auf eine göttliche Einwirkung *(divino spiritu – »sanctos« appellat poetas – deorum aliquo dono atque munere)* zurückführt, lässt Rilke mit dem zweimaligen *wir* die Individualität des Dichters im Vordergrund stehen. Bei Cicero dagegen wird mit *divino spiritu* das griechische Wort »Enthusiasmos« (= Gott spricht aus dem Dichter) deutlich.

Beispiele für die Detailarbeit des Interpretierens

Im Folgenden soll je eine vergleichende Interpretationsarbeit aus Prosa und Dichtung skizziert werden.

Beispiel-Interpretation aus der Prosa

Wie sieht Cicero Staat und Gesellschaft in de rep. I 39 und de fin. V 65 im ersten Satz?

›De re publica‹ I 39: *Est igitur [...] res publica res populi, populus autem non omnis hominum coetus quoquo modo congregatus, sed coetus multitudinis iuris consensu et utilitatis communione sociatus.* – Es ist also der Staat Eigentum (= Sache) eines Volkes, ein Volk aber nicht jede Vereinigung von Menschen, die sich irgendwie zusammengeschart hat, sondern eine Vereinigung einer großen Zahl, die (zu »Vereinigung«) verbunden ist durch eine übereinstimmende Rechtsanschauung und die Gemeinsamkeit des Nutzens.

›De finibus‹ V 65: *In omni autem honesto [...] nihil est tam illustre nec quod latius patet quam coniunctio inter homines hominum et quasi quaedam societas et communicatio utilitatum et ipsa caritas generis humani.* – In jedem Bereich des sittlich Guten ist nichts so einleuchtend und nichts, was offener daliegt, als die Verbindung der Menschen mit Menschen, eine Art von Gemeinschaft darin, sich gegenseitig Vorteile zu verschaffen und die Liebe selbst zur menschlichen Art.

Kernbegriffe:

de rep.	de fin.
res publica	*honesto*
res	*coniunctio*
populus	*homines*
hominum	*societas*
coetus	*communicatio*
congregatus	*utilitatum*
multitudinis	*caritas*
iuris consensu	*generis humani*
utilitatis communione	
sociatus	

Auffällige Vokabeln:

coetus – congregatus – consensu – communione – sociatus – coniunctio – societas – communicatio sind Begriffe (Präfix *co*!), welche die Gemeinschaft stark hervorheben.
hominum – inter homines hominum – generis humani rückt den Menschen in den Vordergrund.

Auffällige Begriffspaare:

de rep.	de fin.
non omnis hominum coetus	*coniunctio inter homines hominum*
sociatus	*societas*
utilitatis communione	*communicatio utilitatum*

Verbindung, Gemeinschaft, Teilhabe, gemeinsamer Nutzen für den Menschen werden in beiden Texten hervorgehoben.

Die verschiedene Zielrichtung der Texte wird in den Kernworten am Anfang beider Texte deutlich: *res publica*, ergänzt durch *populi*, zeigt die Thematik »Staat und Volk«; *honesto* beschränkt die folgende Aussage auf den Bereich des Sittlichen, auf die Ethik; dies wird noch deutlicher durch das betonte *ipsa caritas* am Ende des Satzes.

Struktur und Stil:

Scharf hebt sich *res publica res populi* durch den Gleichklang und Parallelismus der Glieder als Definition heraus; darauf kommt es an. Die Wiederaufnahme des *publica* und *populi* durch *populus autem* erhöht den Gegenstand *populus* der neuen Definition, die nun in der Antithese *non – sed* erfolgt; ihre Glieder laufen jeweils parallel mit *omnis hominum coetus – congregatus* und *coetus – sociatus*, in deren Mitte die adverbialen Bestimmungen *quoquo modo* und *utilitatis communione* stehen.

Wir haben eine mit rhetorischen Mitteln durchgeführte Definition Staat – Volk vor uns. Im zweiten Text bringt das *nihil est tam – quam* einen in Satzform gegebenen Superlativ im Bereich des *honestum*, der mit einer schön gebauten Dreiteilung arbeitet. Nach dem *quam* folgen drei Glieder, von denen das erste, bestehend aus vier Worten, *coniunctio inter homines hominum (homo!)* durch *et* vom Mittelteil abgesetzt ist, genau wie das letzte Glied mit ebenfalls vier Worten *ipsa caritas generis humani (humanus!)*. Das mittlere, selbst durch *et* geteilte Glied steht zwischen den beiden *et*, eingeleitet mit der Alliteration *quasi quaedam* bei chiastischer Stellung von *societas* und *communicatio*. Die entscheidende Aussage »leuchtet« *(illustre!)* also durch die vollendete Sprachform aus dem Satzganzen.

Das Interpretationsergebnis:

1. Cicero setzt sprachliche und rhetorische Mittel ein, um die entscheidende Aussage besonders deutlich werden zu lassen.
2. Beiden Texten gemeinsam ist die Hervorhebung der Gemeinschaft, der Gemeinsamkeit unter scharfer Betonung des Menschen. Der Mensch ist zur Gemeinschaft bestimmt.
3. Die Form dieser Gemeinschaft ist die *res publica,* der Staat. Er umfasst ein *populus*, das aber nicht durch Geschichte, Sprache, geografische Gegebenheiten bestimmt ist, sondern durch gleiche Rechtsauffassung und gemeinsamen Nutzen, also abstrakte Begriffe. Recht und Nutzen, das ist Rom! »Staat« ist im Grunde also ein abstraktes Gebilde, typisch für das formale Rechtsdenken der Römer. Ein solches Gebilde aber erfordert die so überbetonte Gemeinsamkeit.
4. Diese Gemeinsamkeit ist für den Römer ein hoher ethischer Wert *(in omni honesto)*.

Beispiel aus der Dichtung

Aussage und Gestalt des carmen 13 von Catull und des carmen I 20 von Horaz (vergleichende Interpretation)

Catull c. 13:
Cenabis bene, mi Fabulle, apud me
paucis, si tibi di favent, diebus,
si tecum attuleris bonam atque magnam
cenam, non sine candida puella
et vino et sale et omnibus cachinnis.
haec si, inquam, attuleris, venuste noster,
cenabis bene: nam tui Catulli
plenus sacculus est aranearum.
sed contra accipies meros amores
seu quid suavius elegantiusve est:
nam unguentum dabo, quod meae puellae
donarunt Veneres Cupidinesque;
quod tu cum olfacies, deos rogabis,
totum ut te faciant, Fabulle, nasum.

Horaz c. I 20:
Vile potabis modicis Sabinum
cantharis, Graeca quod ego ipse testa
conditum levi, datus in theatro
cum tibi plausus,

clare Maecenas eques, ut paterni
fluminis ripae simul et iocosa
redderet laudes tibi Vaticani
montis imago.
Caecubum et prelo domitam Caleno
tu bibes uvam: mea nec Falernae
temperant vites neque Formiani
pocula colles.

Die Kernaussagen

Die Kernaussagen bei Catull sind: *Cenabis bene apud me, si attuleris bonam atque magnam cenam – nam sacculus plenus est aranearum – contra accipies meros amores* [...] *unguentum dabo,* bei Horaz: *Vile potabis modicis Sabinum cantharis – tibi plausus* [...] *laudes tibi – Caecubum* [...] *tu bibes.*

Daraus wird die Situation der beiden Gedichte kenntlich; *cenabis* und *potabis* an den Anfangsstellen der Gedichte machen deutlich, dass hier die Antwort gegeben wird auf einen angekündig-

ten (Futur!) Besuch. Ferner wird gesagt, was die Gäste zu erwarten haben. Bei Catull ist es ein Gelage der Freunde: *bona atque magna cena – candida puella* (ein nettes Mädchen) – *vinum – sal* (Geist und Witz) – *omnes cachinni* (wir werden viel zu lachen haben) – *unguentum.*
Bei Horaz treffen sich die Partner bei billigem Wein *(vile Sabinum)* in bescheidenen Verhältnissen (*modicis cantharis* = aus einfachen Krügen). Die Gastlichkeit aber erfährt in beiden Fällen Einschränkungen; bei Catull muss der Gast alles selbst mitbringen (zweimal wiederholt: *si attuleris*), bei Horaz ist der Gast Besseres gewöhnt (*Caecubum tu bibes* = du wirst erwarten, einen Spitzenwein zu trinken). Catull begründet seine fehlende Bewirtung damit, dass sein Geldbeutel voll von Spinnweben sei, er also kein Geld habe *(plenus sacculus est aranearum)*. Dies möchte er aber wettmachen dadurch, dass er *meros amores* (echte Freundschaft) und *unguentum* (eine wohlriechende Salbe) zu bieten hat. Bei Horaz aber wird vorausgesetzt, dass der Gast die einfachen Verhältnisse des Dichters kennt; er setzt dem Freund deshalb den selbst abgezogenen *(ego ipse conditum levi)* Wein vor.
Das Verhältnis zwischen dem Gast und seinem Gastgeber zeigt zunächst die Anrede. Dem *mi Fabulle* steht das *tui Catulli* (Zeile 7) gegenüber. Die Possessivpronomina *mi* und *tui* und das *venuste noster* (mein charmanter Freund) verdeutlichen die enge Bindung, die Vertrautheit, die gleichberechtigte Freundschaft, die durch das nur unter Freunden mögliche »bring alles selbst mit!« unterstrichen wird.
Ganz anders betont Horaz schon durch die Anrede *clare Maecenas eques* den Abstand zwischen Dichter und Gast; das *eques* (Geldadel) zeigt den Standesunterschied und auch den Reichtum des Gastes. Das *clare – datus tibi plausus – laudes* erhöhen noch die hervorragende Stellung des Maecenas in der Öffentlichkeit. Dagegen tritt der Gastgeber mit dem *vile – modicis – mea nec* [...] *temperant* [...] *pocula* deutlich in die Bescheidenheit zurück; dies wird aber ausgeglichen durch die Aufmerksamkeit, die in der Anspielung besteht, dass der Jahrgang des Weines sich deckt mit einem wichtigen Zeitpunkt im Leben des Maecenas, der nach schwerer Krankheit zum ersten Mal wieder im Theater erschienen war (*datus in theatro cum tibi plausus*).
Es verbindet also Catull und Fabullus die kameradschaftliche, herzliche (*meros amores*) und übermütige (*totum ut te faciant nasum*) Freundschaft junger Männer. Horaz und Maecenas trennt aber bei aller persönlichen Beziehung (*ego, mea, tibi, tu*) die hohe Stellung des etruskischen Adligen (*paterni fluminis* spielt auf den Etruskerfluss Tiber ebenso an wie *Vaticani montis* auf die Etruskerstadt).

Bau und Gliederung

Bau und Gliederung der Gedichte sind sich zunächst durch die jeweilige Aufteilung in drei Abschnitte ähnlich. Bei Catull setzt das *cenabis bene* an der hervorhebenden Stelle am Anfang des Gedichts und Satzes, wiederholt in dem Satzende der Zeile 7, den ersten Teil fast überbetont ab. Hier wird gesagt, was der Partner (*mi Fabulle – venuste noster)* zu leisten (zweimal *attuleris*) hat. Dem folgt in fast epigrammatischer Form und witziger Umschreibung *(plenus sacculus aranearum)* die Geldnot des Gastgebers *(tui Catulli)*. Scharf adversativ *(sed contra)* folgt als Teil 3 in Korrespondenz zum 1. Abschnitt, was Catull zu bieten hat: *meros amores* und *unguentum*. Dabei wird die Wertigkeit des Ideellen, *meros amores* (herzliche Freundschaft), ironisierend übertroffen *(seu quid ... elegantiusve est:)* durch das Materielle, *unguentum dabo,* dessen Wertigkeit durch die unglaubliche Qualität *(donarunt Veneres Cupidinesque)* des Duftes gesteigert wird und

in dem witzigen Aperçu gipfelt: *deos rogabis, totum ut te faciant, Fabulle, nasum.* Der jeweils genannte Adressat *Fabulle* und das *si tibi di favent,* das in der vorletzten Zeile mit *deos rogabis* die religiöse Sphäre erneut berührt, verklammern am Anfang und Ende das Gedicht betont zur durchkomponierten Einheit.
Das carmen von Horaz dagegen feiert den Gast im schwergewichtigen Mittelteil (*datur in theatro ..., montis imago)* und hebt dessen Rang hervor. Der Anfangsteil aber setzt dem die Bescheidenheit *(vile – modicis)* und Einfachheit *(ego ipse ... levi)* des Gastgebers kontrastierend voran. Die dritte Strophe verdeutlicht den Kontrast *(tu – mea)* noch durch das Nennen der vier edelsten Weine Italiens, die ein Maecenas selbstverständlich trinkt, während sie die Becher des Dichters nicht füllen können *(mea nec ... temperant ... pocula).*
Catull schrieb also ein Gedicht der Freundschaft zweier junger Männer, in dem die Offenheit, Heiterkeit und Vertrautheit ihres Verhältnisses sichtbar wird. Dabei ist er bemüht, die Antwort auf einen angekündigten Besuch in geistreich witziger Darstellung und deutlich gegliederter Komposition zu geben. Im Gedicht des Horaz wird vor allem der gesellschaftliche und wirtschaftliche Abstand zwischen dem Dichter und dem Gast sichtbar. Fast verschämt – zwischen den Zeilen zu lesen – wird mit dem Zeitpunkt des Weinabfüllens angedeutet, was Maecenas für den Gastgeber bedeutet.

Sprachliche Gestaltung

Die sprachliche Gestaltung lässt bei Catull in der Wortwahl Prosaisches (*bonam atque magnam cenam – sacculus – olfacies – nasum*) mit poetisch Gehöhtem (*venuste – meros amores – Veneres Cupidinesque*) wechseln. Die einfache Folge der Haupt- und Gliedsätze ist nichts anderes als das sprachliche Nachvollziehen des Gedankengangs, der bewusst auf den witzig-epigrammatischen Schluss zuführt. Die sprachlichen Kunstmittel werden sparsam eingesetzt. (Prägnante Wiederholungen: *cenabis – Fabulle – si attuleris* – Parallelismus: *non sine candida puella ... et omnibus cachinnis.*)
Anders ist es bei Horaz, dessen Wortwahl schon auf hohen Stil hinweist (*modicis cantharis – Graeca testa – paterni fluminis – iocosa imago – prelo domitam uvam – mea temperant pocula).* Besonders deutlich wird dies beim Kunstmittel der *variatio* in der dritten Strophe. Dort werden die vier edelsten Weinsorten jedes Mal anders umschrieben: *Caecubum (vinum)* ist der Sortenname, *prelo domitam Caleno uvam* die in Cales gekelterte Traube, *Falernae vites* die Rebstöcke von Falern, *Formiani colles* sind die Weinberge von Formiae, die ihrerseits dem einfachen Landwein *(vile Sabinum)* der ersten Strophe gegenüberstehen.
Auch der Satzbau ist kunstvoll: Dem über acht Zeilen gehenden Satzgefüge (Hauptsatz – Gliedsatz 1 – Gliedsatz 2 – Gliedsatz 3 in fallender Linie) folgen zwei hart mit *tu* und *mea* gegeneinander gesetzte Hauptsätze. Die Wort- und Satzgliedfolgen stehen durch Sperrungen (*iocosa – imago, mea – pocula* etc.), durch Prolepsis *(Graeca quod ..., datus in theatro cum ...)* und ungewöhnliche Abfolge der Satzglieder (Verschränkungen von Subjekt und Objekt mit ihren Attributen in der letzten Strophe) in deutlichem Gegensatz zur Prosa und kennzeichnen die Kunstsprache. Während es Catull darauf ankommt, mit sprachlich einfachen Strukturen eine witzige Aussage zu gestalten, schafft Horaz, den Gedanken umkleidend, ein hohes sprachliches Kunstwerk. Dies zeigt sich auch in der metrischen Form der beiden Gedichte: Catull verwendet in 14 Zeilen gleichförmig weiterschreitend den Hendekasyllabus, während Horaz mit drei sapphischen Strophen untergliedert.

Französisch

Die französische Sprache

Um die vielfältige Literatur, Kultur und das von unzähligen Schlössern durchzogene Land eingehend studieren zu können, ist eine solide Kenntnis der französischen Sprache unabdingbar. Um die französische Mentalität besser verstehen zu können, ist es also eine wesentliche Voraussetzung, dass man sich elementares Sprachwissen aneignet und Reflexionsfähigkeit über die Ausdrucksmittel der französischen Sprache erwirbt.

Überblick über Herkunft und Entwicklung des Französischen

Das Französische gehört neben dem Portugiesischen, Spanischen, Katalanischen, Sardischen, Provenzalischen, Rätoromanischen, Italienischen und Rumänischen zu den romanischen Sprachen. In allen diesen Sprachen lebt das gesprochene Latein weiter. Wir begegnen im Französischen aber nicht nur der Sprache der Römer. Auch andere Völker, die lange vor den Römern den Boden Frankreichs betreten haben, hinterließen ihre Spuren.

Substratsprachen

Als Substratsprachen werden sprachliche Schichten bezeichnet, die von anderssprachigen Eroberern überlagert und nach einer längeren Periode der Zweisprachigkeit verdrängt werden, ihrerseits aber auf die Sprache der Sieger in gewisser Weise einwirken oder in Relikten erhalten bleiben. Die Substratsprachen des Französischen sind das Keltische (Gallische) bzw. das Ligurische.

Ligurer

In vorgeschichtlicher Zeit hatten die Ligurer weite Teile Frankreichs, wie z.B. das Rhônebecken und die Franche-Comté, besiedelt. Sie wurden von den kulturell überlegenen Kelten, die ihrerseits dem Ansturm der Germanen auswichen, unterworfen und in die Alpen zurückgedrängt. Aber nicht nur die Kelten, auch die Iberer machten den Ligurern ihr Siedlungsgebiet streitig. Sie kamen im 7. oder 6. Jahrhundert v. Chr. über Spanien in den Südosten Frankreichs.

Der Einfluss des Griechischen

Um 600 v. Chr., also etwa zur gleichen Zeit, gründeten Griechen an der französischen Mittelmeerküste Kolonien. Nizza, Marseille, Antibes und Agde gehören neben anderen Städten zu diesen griechischen Niederlassungen. Acht Jahrhunderte lang, von 600 v. Chr. bis 200 n. Chr., wurde in diesem Gebiet griechisch gesprochen.

Schon das Lateinische hatte eine Reihe von Wörtern, vielfach in dorischer Lautung, in verschiedenen Epochen seiner Entwicklung aus dem Griechischen entlehnt. Nicht wenigen davon begegnen wir im Französischen wieder.

Romanisierung

Streitigkeiten zwischen Ligurern und Griechen veranlassten die Römer, im heutigen Frankreich einzugreifen (125 v. Chr.). Sie gründeten Aquae Sextiae: Aix-en-Provence. Der Krieg weitete sich auf das Gebiet benachbarter keltischer Stämme aus. Es wurde 121 v. Chr. römische Provinz, die sich vom Südosten Frankreichs bis zum Genfer See erstreckte. Hauptstadt dieser Provinz, der Gallia Narbonensis, war Narbo (Narbonne).

Damit setzt der Prozess der Romanisierung Galliens ein. Sein Ergebnis wird später eine neue Sprache, das Provenzalische, sein. Von dieser Provinz aus beginnt Cäsar im Jahre 58 v. Chr. seinen Eroberungsfeldzug gegen die Gallier, wie diese von den Römern genannt werden. Den größten Teil des späteren Frankreichs aber, nämlich das Gebiet zwischen Garonne, Marne und Seine, nahmen damals die Kelten ein.

Als die Römer in ihr Land kamen, fanden sie ein sesshaftes Bauernvolk vor, ohne eine Schriftkultur, was wohl auch dazu beitrug, dass es verhältnismäßig rasch seine eigene Sprache zugunsten der Sprache der zwar zahlenmäßig unterlegenen, zivilisatorisch jedoch überlegenen neuen Herren Galliens aufgab. Die Romanisierung vollzog sich zunächst in den Städten und griff erst von da auf das flache Land über.

Latein war die Sprache der Verwaltung, der Wissenschaft und später außerdem der Kirche. Ebenso trugen römische Soldaten, die zum Teil als Veteranen nach Gallien kamen, sowie Sklaven und Kaufleute aus Italien zur weiteren Verbreitung des Lateinischen bei. Allerdings wurde auf dem Lande noch zu Beginn des 5. Jahrhunderts n. Chr. keltisch gesprochen.

Der heute in der Bretagne noch vielfach lebendige keltische Dialekt geht allerdings nicht auf diese Sprachschicht zurück. Das Bretonische ist dem Inselkeltischen zuzurechnen, genauer dem Britannischen. Auf der Flucht vor den eindringenden Germanen hatten sich Kelten aus Britannien im 5. Jahrhundert n. Chr. in der nach ihnen benannten Küstenregion, der Bretagne, niedergelassen.

Die Sprache der in Gallien beheimateten Kelten gehört dagegen zum Festlandkeltischen. Verhältnismäßig wenige Wörter dieser Sprache leben im heutigen Französischen fort.

Da die Romanisierung sich lange Zeit auf die Städte beschränkte, ist es verständlich, dass sich keltische Wörter am längsten in der Sprache der Bauern erhalten haben (→ Beispiele).

Beispiele für französische Wörter, die auf das Keltische zurückgehen

bois (Wald)	← *boskos*
charrue (Pflug)	← *carruca*
bec (Schnabel)	← *bekkos*
soc (Pflugschar)	← *sukko*
grève (Kiesel, Sand)	← *grava*

Vulgärlatein

Im Westen des Reiches überlagerte zwar das Latein die Substratsprachen, aber der Formenreichtum und die kunstvolle Syntax der klassischen Sprache standen ihrer Verankerung beim Volk im Wege. Die romanischen Sprachen entwickelten sich aus einer stark vereinfachten Sprachform, dem so genannten Vulgärlatein.

Das Latein, das das Keltische überlagerte, war als Alltagssprache nicht mit der gehobenen Sprache der römischen Bildungsschicht identisch. Aus diesem Vulgärlatein entwickelten sich die romanischen Sprachen. Es unterschied sich wesentlich von der lateinischen Schriftsprache, der wir in der literarischen Tradition begegnen.

Die Ausbreitung des Lateinischen und die damit verbundene Romanisierung vollzog sich nicht durch einen Austausch von Bevölkerungen, sondern durch den Austausch von Sprachen. In Gallien dauerte die Romanisierung fünf Jahrhunderte, wenn auch schon im 1. Jahrhundert einige keltische Stämme lateinisch sprachen.

Es ist klar, dass das gesprochene Latein je nach Jahrhundert, Volksgruppe, sozialer Herkunft und Bildungsgrad des Sprechers variierte und sich

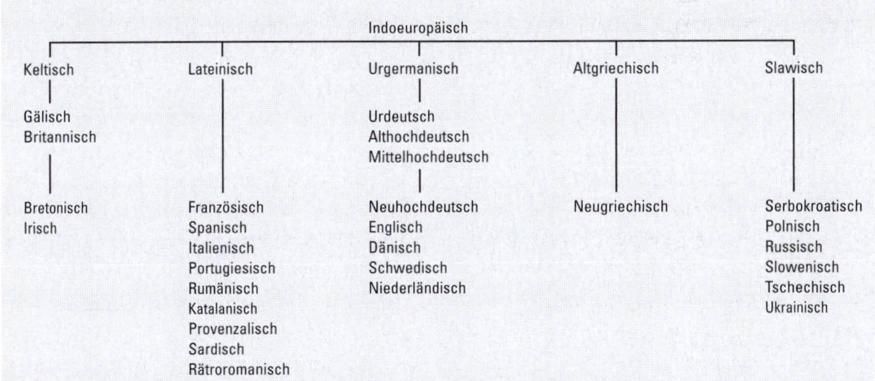

Übersicht der indoeuropäischen Sprachengruppe (vereinfachte Darstellung)

mehr oder weniger der Schriftsprache annäherte oder von ihr entfernte. Unter Vulgärlatein darf man sich also nicht eine einheitliche, nach Lautung, Wortschatz, Formenlehre und Syntax genau fixierte Sprache vorstellen, sondern die nach Ort und Zeit verschiedenen Entwicklungsstufen des sich mehr und mehr von der Schriftsprache entfernenden gesprochenen Lateins bestimmter sozialer Schichten.

Besonderheiten in der Laut- und Formenlehre

- Das »h« wurde schon um 200 v. Chr. nicht mehr überall gesprochen. Später war es in der Sprache der Gebildeten zwar wiederhergestellt worden, in der Volkssprache aber blieb es stumm (lat. *habere* – ital. *avere* – frz. *avoir*).
- Im klassischen Latein gab es keine bestimmten Artikel. Die Artikel der romanischen Sprachen gehen aus dem (inhaltlich abgeschwächten) Demonstrativpronomen *ille* hervor (*ille pater – le père*).
- Von sechs Kasus blieben nur zwei übrig: Nominativ (Subjektskasus) und Akkusativ. Präpositionen (*ad, de*) in Verbindung mit dem Akkusativ übernahmen die Funktionen der restlichen Fälle.
- Die drei Genera (Maskulinum, Femininum, Neutrum) wurden auf zwei reduziert. Die Neutra schlossen sich entweder den Maskulina oder den Feminina an.
- Das Perfekt wurde durch das Partizip Perfekt Passiv und *habere* umschrieben: *habeo amatum* (statt *amavi*) – frz. *j'ai aimé*.

Wortschatz

Der vulgärlateinische Wortschatz weist die für die Volkssprache typischen Züge auf: die Tendenz zur Konkretisierung des Abstrakten, ein gewisser Sinn für Komik und die Abwertung affektiver, moralischer und ästhetischer Werte. Charakteristisch dafür ist die Verwendung bestimmter Ausdrucksmittel, wie z. B. Pleonasmus, Übertreibung, Ironie, mehr oder weniger komische Vergleiche und die Verwendung von Diminutiva (→ Kasten).

Etwa fünf Jahrhunderte, vom 3. bis zum 8. Jahrhundert, dauerte die Umformung des Lateinischen zum Romanischen. Erst gegen Ende des 7., anfangs des 8. Jahrhunderts können wir von einer neuen Sprache, dem Romanischen, sprechen, die sich jedoch von Provinz zu Provinz unterschied. Das Lateinische blieb allerdings nach wie vor Schriftsprache und als solche noch viele Jahrhunderte die Sprache der Wissenschaft und der Kirche.

Vulgärlateinische Wörter anstelle der klassischen Bezeichnung

Französisch	Vulgärlatein	Klassisches Latein
tête (Kopf)	*testa* (Scherbe, Hirnschale)	*caput*
manger (essen)	*manducare* (kauen)	*edere*
cheval (Pferd)	*caballus* (Gaul)	*equus*
bouche (Mund)	*bucca* (Wange)	*os*
oreille (Ohr)	*auricula* (Öhrlein)	*auris*
feu (Feuer)	*focus* (Herd)	*ignis*
homme (Mann)	*homo* (Mensch)	*vir*
parler (sprechen)	*parabolare* (in Gleichnissen reden)	*loqui*
jouer (spielen)	*iocare* (scherzen)	*ludere*
payer (bezahlen)	*pacare* (befrieden)	*solvere*
maison (Haus)	*mansio* (Bleibe)	*domus*
apprendre (lernen)	*apprehendere* (erfassen)	*discere*
chercher (suchen)	*circare* (umkreisen)	*quaerere*

Die Aufgliederung der »Romania« in die einzelnen romanischen Sprachgebiete erfolgte in der Zeit der Völkerwanderung vom 5. bis 8. Jahrhundert. Die Provinzen waren sich selbst überlassen. Zum Teil wurden separatistische Bestrebungen, die schon lange vor dem Untergang des Römischen Reichs eingesetzt hatten, durch die Germaneneinfälle beschleunigt.

Germanisches Superstrat

Mit dem Niedergang des Römischen Reichs in den Wirren der Völkerwanderungszeit und dem Entstehen germanischer Königreiche in Italien, Spanien, Nordafrika und Frankreich (z. B. West- und Ostgoten, Burgunder, Langobarden und Franken) gelangten germanische Wörter in größerem Umfang in das Vulgärlatein, verbreiteten sich jedoch nicht mehr über die ganze Romania.

Die Germaneneinfälle beschleunigten dann den Verfall beträchtlich und brachten einen großen kulturellen Rückschritt. Neben den Westgoten (Aquitanien) und den Burgundern (Burgund) drangen schließlich die Franken vom Norden her nach Gallien ein und rissen unter Chlodwig die Herrschaft an sich.

Die romanisierten Städte und der lateinisch sprechende Klerus trugen dazu bei, dass die germanischen Eroberer ihren angestammten fränkischen Dialekt zugunsten des Lateinischen aufgaben, allerdings nicht ohne die weitere Entwicklung des Vulgärlateinischen ganz entscheidend zu prägen. Während aus dem Gotischen und Burgundischen nur wenige Wörter im Neufranzösischen nachzuweisen sind, ist (neben einer Reihe von morphologischen und syntaktischen Änderungen) die Zahl der aus dem Fränkischen stammenden Wörter verhältnismäßig groß (→ Beispiele).

Besonders folgenreich war der Einfluss der germanischen Einwanderer auf das Lautsystem des Galloromanischen. Der bis in die Zeit der Reichsteilung unter den Enkeln Karls des Großen (843) anhaltende ständige Zustrom von Franken hatte auch Auswirkungen auf die Sprachentwicklung des von ihnen besiedelten Gebiets und führte schließlich zur Aufgliederung des Galloromanischen in die *langue d'oïl* und die *langue d'oc*, das heißt das Französische und das Provenzalische.

Beispiele für französische Wörter fränkischen Ursprungs

beffroi (Wachtturm)	←	*bergfrid*
maréchal (Marschall)	←	*marahskalk* (Pferdeknecht)
faîte (Giebel, First)	←	*first*
fauteuil (Lehnstuhl)	←	*faldistol* (Faltstuhl)
hache (Beil)	←	*hapia*
forêt (Wald)	←	*forhist*
blé (Getreide)	←	*blad* (Feldfrucht)
poche (Tasche)	←	*pokko*
bleu (blau)	←	*blaw*

Altfranzösisch

Unter Altfranzösisch versteht man die französische Sprache des Mittelalters von der Zeit an, wo sie zuerst in geschriebener Form auftritt, bis zum Ausgang des Mittelalters. Eine scharfe Grenze zwischen Alt- und Neufranzösisch kann nicht gezogen werden. Es handelt sich vielmehr um eine fortlaufende Entwicklung vom Vulgärlatein bis hin zum modernen Französisch. In dieser Entwicklung bildet das Altfranzösische eine wichtige Stufe.

Aus der Zeit der Reichsteilung unter den Enkeln Karls des Großen stammt das erste Dokument in französischer Sprache: die Straßburger Eide. Im Jahre 842 schworen sich Ludwig der Deutsche und Karl der Kahle vor versammeltem Heer gegenseitige Hilfe im Kampf gegen ihren älteren Bruder Lothar. Der Vertrag von Verdun besiegelte im Jahre 843 die endgültige Trennung der »Francia orientalis«, aus der später Deutschland hervorging, von der »Francia occidentalis«, die dann den Namen der Franken tragen sollte: France.

Aus dem 9. Jahrhundert stammen die ersten literarischen Zeugnisse in der Volkssprache. Es sind Dichtungen religiösen Inhalts. Zu ihnen gehört das um 880 entstandene ›Eulalialied‹.

Die politische Aufsplitterung des Landes in viele kleine Herrschaftsgebiete nach dem Verfall der Karolingerherrschaft begünstigte die Aufspaltung der Sprache in einzelne Mundarten (Normannisch, Pikardisch, Champagnisch, Franzisch, Lothringisch und andere). Der Dialekt der Île-de-France, das Franzische, konnte sich im Wettstreit mit den übrigen Mundarten allmählich zur anerkannten Schriftsprache entwickeln.

Im 12. Jahrhundert erlebte Frankreich auch einen wirtschaftlichen Aufschwung und die erste Blüte seiner Kultur. Das Zeitalter der Kreuzzüge brach an und mit ihm die große Zeit des französischen Rittertums. Die Literatur der Heldenepen, der *Chansons de geste*, blühte auf, die in ihrer Thematik meist eine andere glorreiche Zeit der französischen Geschichte aufgreift, nämlich die Epoche Karls des Großen, so auch das berühmteste dieser Heldenlieder: das ›Rolandslied‹.

Stellt man nun das Altfranzösische des 12. Jahrhunderts dem heutigen Französisch gegenüber, so lässt sich eine Vielzahl von wesentlichen Unterschieden feststellen. Exemplarisch sei an dieser Stelle nur erwähnt, dass die relativ große Freiheit in der Wortstellung damit zusammenhängt, dass das Altfranzösische als einzige unter den westromanischen Sprachen noch Reste der lateinischen Deklination erhalten hat. Allerdings unterscheidet es im Gegensatz zum Lateinischen, das sechs Fälle kannte, nur noch den Subjektskasus (Rektus) und den Objektskasus (Obliquus). Bei Substantiven und Adjektiven kennt es nur noch zwei Geschlechter: Maskulina und Feminina. Innerhalb der beiden Gruppen gibt es drei verschiedene Deklinationstypen. Als das Zweikasussystem zerfiel, hat im Allgemeinen die Obliquusform den Nominativ verdrängt (→ Beispiele).

Bis zum 12. Jahrhundert ist das Altfranzösische noch weit entfernt von der wohlgeordneten, abstrakten Sprache der französischen Klassiker. Noch unterscheidet sich die Sprache der Dichtung kaum von der Volkssprache. Die Trouvères, die Dichter der *Chansons de geste*, wenden sich an alle Bevölkerungsschichten, an die Adligen, deren Kultur sich nur wenig von der der Bürger unterschied, wie an das einfache Volk.

Ab der zweiten Hälfte des 12. Jahrhunderts lernten die Ritter auf ihren Kreuzzügen eine verfeinerte Kultur kennen. Vor allem im Süden Frankreichs entwickelte sich ein prachtvolles höfisches Leben, in dem auch Dichtern und Künstlern großzügige Unterstützung gewährt wurde. Neue Literaturgattungen entstanden: lyrisches Gedicht, Versroman, höfischer Roman.

Die Dichter begannen an der Sprache zu arbeiten und die Mittel, die sie ihnen zur Verfügung stellte, voll auszuschöpfen. Die Sprache der Dichtung löste sich allmählich von der Alltagssprache und hielt Einzug beim Bürgertum, das Gefallen an der höfischen Dichtung fand.

Beispiele für die Entwicklung vom klassischen Latein zum Neufranzösischen

Klassisches Latein	Vulgärlatein	Altfranzösisch	Neufranzösich
pratum (Wiese)	*prado*	*pret*	*pré*
vitrum (Glas)	*vetro*	*veidre*	*verre*
carum (teuer)	*caro*	*chier*	*cher*
infernum (Hölle)	*enferno*	*enfern*	*enfer*
capra (Ziege)	*capra*	*chievre*	*chèvre*
gutta (Tropfen)	*gota*	*gote*	*goutte*
novum (neu)	*novo*	*nuef*	*neuf*
mercedem (Gnade)	*mercede*	*mercit*	*merci*
furca (Gabel)	*forca*	*forche*	*fourche*
persica (Pfirsich)	*pesca*	*pesche*	*pêche*

Mittelfranzösisch

Im 14. Jahrhundert, der Zeit des Hundertjährigen Krieges mit England, gab es keine großen Dichter, deren Sprache als Vorbild hätte dienen können. Die neuen Tendenzen, die sich in der sprachlichen Entwicklung seit 1350 zeigten, konnten sich ungehindert durchsetzen. Erst im 16. Jahrhundert erlangt die Sprache wieder eine gewisse Stabilität. Man nennt die Sprache dieser Übergangszeit, in der alte Entwicklungen zum Abschluss kommen und sich neue anbahnen, Mittelfranzösisch.

Eine Reihe von Änderungen im Lautsystem des Französischen hatte auch Auswirkungen auf die Syntax. Neben dem Konjugationssystem wird auch die Deklination vereinheitlicht. Die wichtigste Veränderung war der Verlust des Zweikasussystems. Das Plural-s des Obliquus wurde auf den Rektus übertragen und wurde dadurch zum Pluralzeichen. Hatte der Artikel im Altfranzösischen noch eine hinweisende und individualisierende Funktion, so wird er im Mittelfranzösischen zum Numeruszeichen. Deshalb entwickelte sich auch ein Plural des unbestimmten Artikels (*des*).

Im Altfranzösischen genügte, wie im Lateinischen, die Verbalendung zur Bezeichnung der einzelnen Personen. Als die Endungen verstummten, wird im 15. Jahrhundert in der gesprochenen Sprache die Setzung des Personalpronomens zur Norm.

Die Freiheit, die im Altfranzösischen im Gebrauch der Zeiten geherrscht hatte, wurde im Mittelfranzösischen allmählich eingeschränkt. Seit dem 14. Jahrhundert werden sie nicht mehr undifferenziert nebeneinander verwendet. Man gibt der Erzählung Perspektive durch die Beziehung der Zeiten aufeinander.

Besonders aber der Einfluss des italienischen Humanismus stärkte die Stellung des Lateinischen gegenüber der Volkssprache. Viele Latinismen drangen in die Allgemeinsprache ein. Aber das intensive Studium des klassischen Lateins und der Versuch, es möglichst rein zu verwirklichen, ließen die Kluft zum Französischen nur umso tiefer erscheinen. Das Lateinische verliert im 16. Jahrhundert nach und nach seine letzten Bastionen in der Sprache der Wissenschaften und der Theologie.

Die Dichter der Pléjade, besonders Du Bellay, kämpften gegen die Vorherrschaft des Lateinischen. Ausdruck des Nationalgefühls und des Selbstbewusstseins dieser Dichtergruppe ist das unter dem Namen Du Bellays 1549 erschienene Manifest ›Défence et Illustration de la langue françoyse‹, in dem nachgewiesen wird, dass das Französische als vollwertiges künstlerisches Ausdrucksmittel das Lateinische ablösen kann.

Neufranzösisch

Im 17. Jahrhundert stabilisierte sich schließlich die Aussprache des Französischen. Auch im Bereich der Morphologie und der Syntax sind zwischen dem 17. und 20. Jahrhundert die Veränderungen nicht sehr zahlreich. Eine Grammatik und ein Wörterbuch der »Académie française« kodifizierten den rechten Sprachgebrauch. Französisch wurde zur Sprache der Gebildeten und der Diplomatie. Die politische Entwicklung der heutigen Zeit hat freilich das Französische aus seiner führenden Rolle als internationale Verhandlungssprache verdrängt. Es musste dem Englischen weichen, dessen Einfluss auf die Sprache nicht zu übersehen ist, wenngleich immer wieder einmal zum Kampf gegen das *franglais* geblasen wird.

Académie française

Mit der Gründung der »Académie française« erwächst der französischen Sprache ein strenger Wächter und energischer Verteidiger. Die erarbeitete Grammatik und das 1694 erschienene Wörterbuch der Akademie sollten den rechten Sprachgebrauch kodifizieren. Fortan galt als gutes Französisch, was von der Akademie als solches anerkannt wurde. In dem Streben nach Ordnung und Maß im sprachlichen Bereich folgte die Akademie einer allgemeinen Tendenz des 17. Jahrhunderts, das zum klassischen Jahrhundert der französischen Literatur werden sollte. Der überschäumenden Lebensfreude des Menschen der Renaissance wurde ein neues Ideal gegenübergestellt: der Mensch, der sich nicht von seinen Gefühlen leiten lässt, dessen Handlungsweise von der Vernunft bestimmt wird.

Die Salons

Eine nicht unwesentliche Rolle bei der Entwicklung der Sprache des 17. Jahrhunderts spielen die Salons. Intellektuelle Damen trafen sich in privaten Zirkeln mit Adligen und Literaten. Man befasste sich mit Literatur und verfasste selbst Verse. Die Geisteshaltung, die sich in der exklusiven Gesellschaftsschicht, der die Angehörigen der Salons zuzurechnen sind, entwickelte, wird als Preziösentum bezeichnet. Die Preziösen wollen sich in ihrer Gesinnung und Sprache über das Alltägliche, Gemeine erheben.

Lange Zeit litt die Sprache unter den Folgen der Verbannung der Wörter niederer sozialer Herkunft aus der Literatur. Die Sprache drohte zu erstarren. Trotzdem bleibt es das Verdienst einer ganzen gesellschaftlichen Schicht, in gemeinsamer Arbeit das Französische in seine bis heute gültige Form gebracht zu haben.

Fremdwörter

Das 18. Jahrhundert setzte im Wesentlichen die Sprache der Klassik fort. Im Bereich des Wortschatzes geht sie aber weit über die von der Klassik abgesteckten Grenzen hinaus. Alle Wörter, auch Fachausdrücke, Regionalismen und Wörter aus der Volkssprache sind literaturfähig. Aus dem Englischen (politisches Leben, Sport, Mode), dem Deutschen (Bergbau, Geologie) und dem Italienischen (Musik) werden viele Fachausdrücke entlehnt.

Romantik

Die Dichter des 19. Jahrhunderts empfanden sich als die Überwinder der klassischen Formideale. Sie ließen jedoch die Syntax und Morphologie der Sprache unangetastet. Die Vorstellung von der sprachlichen Reinheit wird immer mehr zugunsten der stilistischen Wirkung aufgegeben. Auf diese Weise wird das Französische in ungeahntem Maße in seinem Wortschatz erweitert. Seit der zweiten Hälfte des 19. Jahrhunderts zeigt sich eine zunehmende Vorliebe für den Nominalstil.

Moderne

Der Fortschritt in den Naturwissenschaften und in der Technik führt zur Ausbildung von hoch spezialisierten Fachsprachen, deren Vokabular nur zu einem geringen Teil dem Laien verständlich ist. Dazu kommt der übermächtige Einfluss des Englischen, das mit zahlreichen Anglizismen das Französische überschwemmt hat. Freilich wird immer wieder versucht, diese Flut von Fremdwörtern einzudämmen. Vielfach sind die aus dem Englischen übernommenen Wörter auch eine Notwendigkeit, wenn es im Französischen dafür nur schwerfällige Umschreibungen gibt, die sich darum kaum im Sprachgebrauch durchsetzen werden.

Ein Blick in eine aktuelle Tageszeitung genügt, um eine ganze Reihe von Beispielen für das *franglais* zu finden: *record, reporter, tramway, speaker, meeting, leader.*

Die Sprachebenen im heutigen Französisch

Linguistisch betrachtet ist »Sprache« die Gesamtheit aller Dialekte – sowohl regional als auch sozial –, die eine ausreichende Verständigung zwischen ihren jeweiligen Sprechern gewährleisten. Auch das Französische ist nicht das normierte Standardfranzösisch, wie es in der Schule gelehrt wird. Es ist die Summe aller »Dialekte« der Frankophonen, unabhängig von der sozialen Schicht und regionalen Verschiedenheiten.

Schon Victor Hugo stellte fest: *La langue française ne s'est pas fixée et ne se fixera point. Les langues ni le soleil ne s'arrêtent pas. Le jour où elles se fixent, c'est qu'elles meurent.* Obwohl von offizieller Seite immer wieder versucht wird, die französische Sprache zu normieren, ist vor allem im Bereich der Lexik eine ständige Veränderung festzustellen. Die Unterschiedlichkeit der Sprachregister und die zahlreichen Fachsprachen, in denen täglich neue Wörter entstehen, machen eine einheitliche Fixierung des Wortschatzes unmöglich. In den einschlägigen Wörterbüchern finden sich häufig Wörter, die kaum noch verwendet werden, während Neubildungen oft nur sehr zögerlich aufgenommen werden. Neologismen werden teilweise als zu umgangssprachlich, teilweise als im Sprachgebrauch zu wenig gesichert angesehen. Die Zuordnung einzelner Wörter zu einem bestimmten Sprachregister erfolgt in den Wörterbüchern nicht einheitlich. Allerdings muss bemerkt werden, dass die Grenzen zwischen *langue populaire, familière, soutenue* oder *argotique* fließend sind.

Sprachregister

Die verschiedenen Sprachregister unterscheiden sich generell durch das verwendete Vokabular, die Syntax und die Aussprache. Des Weiteren sind die unterschiedlichen Ausdrucksweisen abhängig vom Bildungsniveau und der sozialen Schicht von Sprecher und Angesprochenem, der Sprechsituation und dem Status der zwischenmenschlichen Beziehungen der Gesprächsteilnehmer.

In der gesprochenen Sprache kann auch der Ton einer Äußerung deren Wirkung nicht unerheblich beeinflussen. Wenn man eine aufdringliche Person unbedingt loswerden will, kann man es mit einem würdevollen *Veuillez cesser de m'importuner!* versuchen. Weitere Möglichkeiten wären ein einfaches *Laissez-moi tranquille!* oder ein etwas derberes *Fichez-moi la paix!* Jede der drei Aussagen kann die gleiche Wirkung erzielen. Die erste Aufforderung, in einem eiskalten Ton gesagt, wird wahrscheinlich wirkungsvoller sein als ein einfach dahergesagtes *Fichez-moi la paix!*.

Die Grenzen zwischen den einzelnen Sprachregistern sind nicht klar und eindeutig festgelegt. Sie verändern sich im Laufe der Entwicklung einer Sprache. Was heute als vulgär gilt, kann morgen schon in die Umgangssprache aufgenommen sein und später offiziell anerkannt werden und in die Schriftsprache eingehen. Gewöhnlich werden vier Sprachebenen unterschieden:

- *langue soutenue*
- *langue familière*
- *langue populaire*
- *langue argotique*

Langue soutenue

Die *langue soutenue* ist die Sprache offizieller Reden, Vorlesungen, wissenschaftlicher Konferenzen. Sie wird auch verwendet von gebildeten Leuten, denen die Qualität und die Präzision ihrer Aussagen ein Anliegen ist. Ein gewähltes literarisches Vokabular, die Suche nach dem *mot juste*, Fachtermini und eine strikte Beachtung der Grammatik kennzeichnen die gehobene Sprache. In häufig hypotaktisch strukturierten Sätzen findet sich auch der – ansonsten praktisch ausgestorbene – *subjonctif imparfait.*

Ein Gebrauch der *langue soutenue* in einer Kommunikationssituation, in der diese nicht angebracht ist, lässt den Sprecher affektiert und überheblich erscheinen. Als Beispiel für die *langue soutenue* kann folgender Text von Raymond Queneau angesehen werden. *Le philosophe qui monte parfois dans l'inexistentialité futile et outilitaire d'un autobus S y peut apercevoir avec lucidité de son oeil pinéal les apparences fugitives et décolorées d'une conscience profane affligée du long cou de la vanité et de la tresse chapeautière de l'ignorance.*

Langue familière

Die *langue familière* ist die Sprache der zwanglosen Unterhaltung der Gebildeten, der Presse und des Fernsehens. Sie respektiert den *bon usage*, das heißt die allgemein anerkannten Normen und Regeln der Syntax, der Formenlehre und des Wortschatzes. Eine genaue Definition und Abgrenzung der *langue familière* ist nur schwer möglich, da sich in ihr Wendungen und Wörter finden, die aus den anderen Sprachregistern oder auch aus den Regionalsprachen entliehen wurden. Der Unterschied zum klassischen Französisch wird unter anderem deutlich durch die Verwendung von Abkürzungen (*géo* für *géographie*), Kürzeln (*ENS* für *Ecole normale supérieure*) und Zusammenziehungen (*ça* für *cela*). Die Tendenz zur sprachlichen Vereinfachung wird deutlich am Ersatz der anderen Subjektpronomen durch *on* oder am Weglassen der Inversion in Fragesätzen (*Tu vas où?*).

Der Text von Queneau in der *langue familière* lautet: *C'était midi. Les voyageurs montaient dans l'autobus. On était serré. Un jeune monsieur portait sur sa tête un chapeau qui était entouré d'une tresse et non d'un ruban. Il avait un long cou.*

Langue populaire

Der Abstand zwischen dem *français familier* der gebildeten Kreise und dem *français populaire* verringert sich zusehends wegen der Mobilität der Gesellschaft und der tief greifenden sozialen Umschichtungen. Ebenso ist keine klare Abgrenzung gegenüber dem Argot möglich.

Die *langue populaire* ist das sprachliche Ausdrucksmittel von Personen mit niedrigerem Bildungsniveau. Wortschatz, Orthografie und Grammatik orientieren sich nicht am *bon usage*. Im Bereich der Syntax herrscht eine parataktische Satzstruktur vor, oft werden die Verben in den Sätzen weggelassen, die Zeitenfolge wird nicht beachtet und die Verneinung wird ohne *ne* gebildet. Besonders im Wortschatz wird die Nähe zum Argot deutlich: *la mémé (grand-mère), tonton (oncle), la poule (la femme), la balle (euro, monnaie), la gueule (la bouche), la poire (la figure)*

Der Text von Queneau in der *langue populaire* lautet: *L'était un peu plus dmidi quand j'ai pu monter dans l'esse. Jmonte donc, jpaye ma place comme de bien entendu et voilàtipas qu'alors jremarque un zozo l'air pied avec un cou qu'on aurait dit un télescope et une sorte de ficelle autour du galurin.*

Argot

Das Argot ist ein Zweig der *langue populaire* und hat daher manches mit ihr gemein; aber es ist nicht damit gleichzusetzen. Durch den ständigen Kontakt mit der Gemeinsprache gelangen Argotausdrücke zunächst in die *langue populaire* und von dort auch in die *langue familière*. Mit Argot bezeichnet man im Französischen im weiteren Sinn jede Gruppensprache. Innerhalb der Angehörigen einer Sprachgemeinschaft gibt es viele größere oder kleinere Gruppen, die untereinander ein gewisses Vokabular gemeinsam haben. Gruppensprachen entwickeln sich unter den Angehörigen eines Berufes, aber auch unter den Menschen, die einer bestimmten Gesellschaftsschicht angehören. Solche Gruppensprachen sind z. B. die Fachsprachen (*argots professionnels*) der Medizin, des Gerichtswesens, des Sports, die Sprache der Schüler und Studenten, der Werbung und des Handels.

Ursprünglich bezeichnete man mit Argot die Gaunersprache (*argot des malfaiteurs*). Das ›Dictionnaire de l'Académie Françoise‹ (Nouvelle Edition, 1776) definiert Argot als *un certain langage des gueux et des filous qui n'est intelligible qu'entre eux*. Das künstliche Idiom wurde dazu geschaffen, sich innerhalb des Milieus zu verständigen, ohne von Nichteingeweihten verstanden zu werden.

Einige Beispiele aus der Schüler- und Studentensprache (*argot scolaire*): *glander, glandouiller* (nichts tun); *être largué, être lourdé, nager* (etwas nicht verstehen); *bûcher, plancher, bosser, travailler comme un taré, péter les plombs* (eifrig arbeiten); *planter un examen, se vautrer, prendre une tôle*, (eine Prüfung nicht bestehen).

Französische Literatur

Die französische Kultur – und mit ihr die französische Literatur – prägte viele Jahrhunderte lang die geistige Landschaft Europas ganz entscheidend. Dabei blühten einzelne Gattungen in bestimmten Epochen in besonderer Weise. Die Tragödie hatte in Frankreich ihren Höhepunkt im 17. Jahrhundert, die philosophische Prosa florierte im 18., der Roman im 19. Jahrhundert. Die Lyrik kam im 19. und 20. Jahrhundert besonders zur Geltung.

Epochen und Gattungen der französischen Literatur

Im ersten Band seiner Memoiren (›L'appel‹, 1954) schreibt Charles de Gaulle: *Auch sagt mir mein Verstand, dass Frankreich nicht Frankreich ist, wenn es nicht an erster Stelle steht.*
Dieser Satz gilt auch für die französische Literatur: Sie war nicht wirklich französische Literatur, wenn sie nicht in der literarischen Entwicklung Europas an erster Stelle stand.

Die »Theorie der Weltämter«

Schon das Mittelalter hatte im 13. Jahrhundert die »Theorie der Weltämter« aufgestellt und sich über den Anteil der einzelnen Nationen an der Kultur der abendländischen Welt Gedanken gemacht: Das *sacerdotium* (Papsttum) gab man den Italienern, das *imperium* (Kaisertum) den Deutschen, das *studium* (Wissenschaft) aber den Franzosen. Damit war jedoch die Bedeutung Letzterer noch keineswegs erschöpft: Frankreich ist die Heimat der Scholastik (Petrus Abaelardus) und Mystik (Bernhard von Clairvaux), das Geburtsland der Kirchenreform (Cluny) und des Rittertums (Eleonore von Poitou), der Gotik (Chartres) und der höfischen Poesie (Lyrik und Roman).

Auch in der Neuzeit hatte die französische Kultur, und mit ihr die französische Literatur, von den Klassikern des 17. bis zu den Existenzialisten des 20. Jahrhunderts, das geistige Antlitz Europas in entscheidender Weise mitgestaltet.

Die Romanisierung Galliens

Der Urgrund Frankreichs ist keltisch: leidenschaftlich und schwermütig, voll Aufregung und Trauer, *melancholisch aus leidenschaftlicher Auflehnung gegen die Tatsachen* (Herholz). Aus dieser Seelenlage heraus schuf das Keltentum eine Fülle großartiger Mythen und Sinnbilder, wie Artus und der Gral, Parzival und Tristan, die dem mittelalterlichen Epos und später der Romantik die Stoffe und Gestalten gaben, die es zur Verarbeitung brauchte. Zwischen dem Römer Caesar und dem Franken Chlodwig liegt das halbe Jahrtausend römischer Herrschaft, das die lateinische Sprache und die lateinische Kultur für immer in gallischer Erde Wurzeln fassen ließ. So entstand die »Galloromania«.

Die Romanisierung fand ihren ersten Ausdruck in den gallischen Rhetorikerschulen und setzte sich nach der Christianisierung in der politischen und kulturellen Durchdringung durch das nun christliche Rom fort. Das erste Schrifttum war lateinisch-christlich und stand im Dienste einer missionarischen Aufgabe: die Wahrheiten des Glaubens zu verbreiten. Um dieses Ziel zu erreichen, musste eine Brücke zwischen dem Latein, der Sprache der Gebildeten, und dem Keltischen, der Sprache des Volkes, geschlagen werden. Darauf beruhte die Entwicklung der französischen Sprache.

Im Süden (bis zur Loire) erzeugte das lateinische Element Dialekte mit stärker markiertem Rhythmus *(langue d'oc* oder *provençal)*; die nördlichen Dialekte *(francien, bourguignon, lorrain, champenois, picard, wallon, normand)* waren weniger musikalisch, zeigten aber eine deutliche Tendenz, die Sprache zu einem angemessenen Werkzeug der Gedankenvermittlung zu formen. Der Dualismus zwischen Nord und Süd wurde im Spätmittelalter zugunsten des Nordens entschieden und der Dialekt der *Île-de-France* oder des eigentlichen *français* setzte sich durch und förderte durch seine Zentralisierung im Pariser Gebiet und seine allmähliche Verbreitung im Süden die einende Kraft der Könige.

Der Einbruch der Franken im 5. Jahrhundert brachte keine Unterbrechung, sondern führte zur Christianisierung und Romanisierung der Eroberer, die in der »karolingischen Renaissance« unter Karl dem Großen gipfelte. Noch schneller vollzog sich der Romanisierungsprozess der Normannen. Nur die Berührung mit dem von Spanien vordringenden Islam führte zu einer religiös bedingten kompromisslosen Ablehnung und zum Kampf gegen das arabische Heidentum, der die heterogenen Kräfte der Kirche und des Feudalismus in einer gemeinsamen »nationalen Aufgabe« einte.

Mittelalter

Von den ältesten Literaturdenkmälern ist eines, die Straßburger Eide, das heißt die Eidesformel, mit der Ludwig der Deutsche und Karl der Kahle sich im Jahre 842 gegen ihren Bruder Lothar verbündeten, politischer Natur, alle anderen gehören dem religiösen Bereich an und dienten dem Zweck, die Heilswahrheiten der Schrift oder die Heiligenlegenden auch einem des Lateins unkundigen Leserkreis zu übermitteln: ›Eulalialied‹, ›Jonasfragment‹, ›Passion Christi‹, ›Leodegarlied‹ und ›Alexiuslied‹. In denselben Zusammenhang gehört auch die erzählende geistliche Literatur des 12. und 13. Jahrhunderts mit ihren Bibel- und Heiligenlegenden (Leben des heiligen Eustachius und orientalischer und keltischer Heiliger).

Die so genannten »Heldenlieder« sind der Grundstein der allgemeinen europäischen Literatur.

Am Anfang der eigentlichen Literatur aller europäischen Völker aber stehen die so genannten Heldenlieder als Ausdruck geschichtlicher Umwälzungen und Machtverschiebungen von schicksalhafter Tragweite. Es sind Erinnerungen an große Ereignisse und Taten: Wanderungen bei den Germanen oder die stürmische Epoche des Werdens der Nation bei den Franzosen. Aus dieser Zeit stammt der Inhalt der *Chansons de geste*, das heißt der ›Gesänge der Helden‹, die um 1100 in Nordfrankreich entstanden. Ihre Helden sind: Karl der Große und seine Paladine; vor allem Roland, Wilhelm von Orange, Doon de Mayence. Auch Königslieder, Vasallenlieder, Empörerlieder gehören hierher. Hauptmotive sind die Kämpfe der Herzöge und Vasallen gegen die Zentralgewalt und besonders die »gottgefälligen« Kriege gegen die Heiden.

Das älteste und zugleich bedeutendste ist das ›Rolandslied‹. Dieses erzählt von der Schlacht bei Ronceval in den Pyrenäen (778), in der Karl der Große, von seinem Spanienzug heimkehrend, die Nachhut seines Heeres verlor; Held der Kämpfe ist der bretonische Markgraf Hroudland (Roland), der »christliche Achill«, eine karolingische Vorwegnahme des Kreuzritters in seiner Verbindung ritterlicher Mannestugend und christlicher Frömmigkeit. Das Lied wurde aufgrund älterer Vorlagen wahrscheinlich von einem Anglonormannen um 1098 geschrieben und verkörpert das altfranzösische Volksepos im eigentlichen Sinn.

Die ›Pèlerinage de Charlemagne‹ (Karls Pilgerfahrt nach Jerusalem und seine Reise nach Konstantinopel) stammt aus der ersten Hälfte des 12. Jahrhunderts und ist das einzige Beispiel eines humoristischen *Chanson de geste*, in der *das nationale Ethos der Karlssage in einem prahlerisch lustigen Feuerwerk verpufft und verknattert* (Vossler). Zum Volksbuch wurde im 12. Jahrhundert ein »Empörerlied«, die ›Haimondskinder‹. Die vier Söhne des Grafen Aimon de Dordogne rebellieren gegen Karl den Großen. Unter Zuhilfenahme des Wunderrappen Bayard beginnen Kämpfe, die ganz Frankreich durchtoben und in denen sich Historisches und Wunderbares durchdringen.

Drückte sich in den *Chansons de geste* noch ein gesamtfränkisches Bewusstsein aus, so zeigte die sprachliche Formulierung der Straßburger Eidesformeln von 842 bereits den politischen und kulturellen Zerfall des Reiches in einen »deutschen« und in einen »französischen« Teil. Das Germanische geht im westfränkischen Reich in der Amalgamation zwischen dem Galloromanischen und Fränkischen auf. So entsteht eine Verbindung, die im Laufe der nächsten Jahrhunderte immer neue geistige Anstöße (von weltgeschichtlicher Bedeutung) über das Abendland aussendet.

Der höfische Roman

Im 12. Jahrhundert wurden durch die Weitervermittlung der Gelehrten die antiken Sagen und Mythen und damit die Helden des klassischen Altertums (Aeneas, Alexander, Caesar) und des Orients bekannt. So kam es zu einer Erweiterung des Gesichtskreises, die der sich entwickelnden höfischen Kultur und ihren verfeinerten Lebensformen angemessen war. Auch der Vorstoß in neue Bezirke des Geistes entsprach einem vertieften intellektuellen Bedürfnis. Die vier großen uns überlieferten antikisierenden Versromane: Alexander-, Theben-, Aeneas- und Trojaroman, sind Zeugnis für diesen

Prozess der Verbindung christlicher und höfischer Kulturideale mit einer antiken »Umwelt«, die ohne Bedenken »modernisiert« wurde. Hatte der Held des *Chanson de geste* noch archaische Züge, so war der Held dieser Erzählungen dabei, ein Ritter zu werden. Die Vollendung wurde erreicht, als man die Stoffe fand, die noch mehr geeignet waren, der poesiefreudigen höfischen Gesellschaft in langen Lese-Epen die Welt als einen »grenzenlosen Schauplatz ritterlicher Tugenden und abenteuerlicher Wunderdinge« darzustellen.

Diese Stoffe bot der Bereich der keltischen Sage, die *Matière de Bretagne*: die einst keltischen, aber längst zum Gemeingut gewordenen Erzählungen von König Artus und seinem Hof, der nun zum Muster höfischer Sitte, in deren Mittelpunkt Ehre und Minne standen, emporstilisiert wurde. Die französischen Epiker waren dabei die eigentlichen Anreger, die deutschen die Vollender, während die Italiener das Epos erst in der Renaissance mit Ariost nachholten.

Chrétien de Troyes und die Artussage

Der eigentliche Begründer des höfischen Versromans und Schöpfer einer ersten so genannten französischen Klassik war Chrétien de Troyes (um 1135–1190) mit ›Erec et Enide‹, ›Cligès‹, ›Lancelot ou Le chevalier de la charrete‹, ›Yvain ou Le chevalier au lion‹ und ›Perceval le Gallois ou Le Conte du Graal‹. Seine Leistung – er war ein gewandter Fabulist und großer Psychologe – bestand in der Umformung des Artusstoffs in das höfische Ritterideal der Zeit: Die Feen wurden zu Damen und die Krieger zu modischen französischen Rittern.

Chrétien wurde schon von seinen Zeitgenossen als unerreichter Meister dichterischer Gestaltung bewundert. Im Mittelpunkt steht die Traum- und Märchengestalt des Königs Artus: hell und heiter, Feste feiernd, ritterlich, freigebig, Zuflucht aller Bedrängten. Sein Hof ist die Wunschbildmitte für alle Ritter, deren Ideal, Ruhm und Ehre sind. Da es keine Heidenkämpfe mehr gibt, zieht man auf Abenteuer gegen Unholde, Drachen, Riesen und andere Ritter. Die Problematik der Romane erwächst aus der Spannung zwischen den ritterlichen Idealen Ehre und Minne.

Um 1200 sind schon vier Epen ins Deutsche umgedichtet worden: ›Erec‹ und ›Iwein‹ durch Hartmann von Aue, ›Lancelot‹ durch Ulrich von Zatzikhofen und ›Parzival‹ durch Wolfram von Eschenbach.

Auch die »Tristansage« erfährt in Frankreich ihre erste höfische Ausgestaltung (um 1180 durch Thomas, zwischen 1190 und 1200 durch Béroul), wobei der tragische Grundcharakter der Handlung bewahrt wird. Durch das Motiv des irrtümlich genossenen Liebestranks wird die Liebe der beiden über das rein Triebhafte hinausgehoben.

Chrétien de Troyes (um 1135–1190) darf aufgrund seiner Ritterromane wohl mit Recht der Begründer der ersten französischen Klassik genannt werden.

Gleichzeitig mit der Großepik pflegte man in Frankreich eine Kleinepik abenteuerlich-ritterlichen Stils: Versnovellen, mit einem keltischen Wort *lais* genannt oder noch genauer *lais bretons*, weil man sie der Artussage zurechnete. Die in England lebende anglonormannische Dichterin Marie de France (um 1130–1200) gab ihnen einen einheitlichen Ton und höfischen Schliff. Ihre zwölf *lais* umschließen fast alle bretonischen Sagenkreise vom Feenmärchen und alten Volksmärchen bis zu reinen Fantasiestücken. Zwei Grundthemen beherrschen ihre zur Harfe gesungenen Lieder: die Macht der Liebe als Schicksal und das Wunderbare der Feenwelt. Ebenfalls das hohe Lied der Liebe durchzieht die *Chantefable* (halb gesprochen, halb gesungen) von ›Aucassin et Nicolette‹, eine Mischung von Ballade und Novelle, um 1220 in pikardischer Mundart gedichtet. Das beherrschende Thema ist hier die unbezwingliche Liebesleidenschaft des Grafen Aucassin von Beauvaire zu Nicolette, der geraubten Sarazenin.

Fuchs- und Rosenroman

Beide Romanvarianten entstanden im 13. Jahrhundert und spiegeln dann bereits den Wandel des Geschmacks, der sich in der Gesellschaft an der Schwelle vom Hoch- zum Spätmittelalter vollzieht: Die heroisch-galante Geisteshaltung wird vom bürgerlichen Wirklichkeitssinn verdrängt. Das Aufkommen satirischer und lehrhafter Dichtung steht damit in ursächlichem Zusammenhang. Die Fabel, vor allem Tierfabel, und Allegorie sind ihre beliebtesten Ausdrucksformen. Im »Fuchsroman« *(le roman de renart)*, dem *Chanson de geste* der Tiere, in dem der Fuchs die zentrale Figur darstellt, findet sich eine Art Zusammenfassung aller epischen Tiererzählungen. Das Grundthema bildet sein Streit mit den übrigen Tieren, besonders mit Isegrim, dem Wolf, der in immer neuen Variationen dargestellt wird. Noch deutlicher zeigt sich der Wandel des Zeitgeists im »Rosenroman« *(le roman de la rose)*. Er ist Frankreichs Beitrag zur Minne-Allegorie, von Guillaume de Lorris (um 1205 – um 1240) in glatten, aber leidenschaftlichen Versen geschrieben und als Bruchstück zurückgelassen; 40 Jahre später von dem Gelehrten Jean de Meun (d. i.: Jean Clopinel) vollendet (22 608 Verse).

Die Quintessenz des Ganzen steht in dem Vers Amors: *Wahr ist's, dass keinem Leid entgeht, wer in dem Lieben selber steht.* Liebe bedeutet Lust und Qual zugleich. Das schon in der Antike bekannte Gleichnis Mädchen = Blume wird hier zum Sinnbild der hinter Dornenhecken geschützten Rosenknospe, nach welcher der Liebende greift. Der »Rosenroman« ist in seinem ersten Teil die Ausgestaltung der didaktischen und moralischen Elemente des Schrifttums seiner Zeit, noch überhöht durch die allegorischen, dem Bereich der reinen Ideen entnommenen Gestalten, die der Dichter selbst schuf. Hier lebt noch idealistischer höfischer Geist.

Der Fortsetzer Jean de Meun repräsentierte dann den Wandel der Lebensbestimmung vom idealistischen und weltfremden Höhenflug zur realistischen Diesseitigkeit des späten Mittelalters. Über ein umfangreiches enzyklopädisches Wissen verfügend und ein Meister der Dialektik, dabei zugleich auf Publikumswirkung bedacht, vergröberte de Meun die subtilen Allegorien seines Vorgängers de Lorris zu handfester bürgerlicher Lebensweisheit. Die Frau sinkt zum Gegenstand sinnlichen Begehrens des Mannes herab, frauenfeindliche satirische Reden ernüchtern den Leser und zerstören die Idee der Minne. Andererseits bekämpft der Verfasser aber auch als Rationalist Vorurteile und Aberglauben aller Art und weist so den Weg vom Mittelalter zur Renaissance.

Beides, unverblümt deutliche Liebeslehre und rationalistische Haltung, also Frontstellung gegen Adel und Scholastik, die beherrschenden Mächte der Zeit, sicherten dem Roman bei den gebildeten Kreisen Europas bis ins 16. Jahrhundert eine unerreichte Vorrangstellung.

Die höfische Lyrik

Die älteste Lyrik war volkstümlich-heidnisch (kultische Frühlingslieder, Tanzlieder als Reste alter Fruchtbarkeitstänze, Romanzen, Pastorellen). Altes keltisches Erbe blieb hier lebendig. Im Zentrum der höfischen Lyrik aber standen ebenfalls die Ideale der ritterlichen Kultur, wie sie sich seit den Kreuzzügen entwickelt hatten.

Neben den kriegerischen Tugenden der Tapferkeit und der Ehre traten die neuen Tugenden der aristokratischen Gesellschaft: Zucht und Anstand, Weisheit, Stetigkeit und hohe Gesinnung, mit einem Wort: »Haltung«. Die hohe Stellung, welche die Frau erhielt, bewirkte eine Verfeinerung der Sitten und einen Sinn für Form: Eine ästhetische Bildung griff um sich, in deren Mittelpunkt die Minne stand. Am Hofe der Gräfin Marie de Champagne, der Gönnerin Chrétiens de Troyes, schrieb Andreas Capellanus in der zweiten Hälfte des 12. Jahrhunderts eines lateinischen Traktats ›De amore et de amoris remedio‹, der gleichsam die höfische Literatur und besonders die höfische Lyrik einleitet, weil er eine Art Grundbuch der Lyrik und ein förmliches Gesetzbuch der Minne ist.

> Die Lyrik des höfischen Mittelalters ist der Minnesang: Kunstgesang, nicht Leselyrik, zur Unterhaltung der höfischen Gesellschaft.

Ihr Thema ist die Frauenliebe im Sinne eines Kults der verheirateten Frau. Die Notwendigkeit, die Gefühle zu verbergen, führte zu einer bisher unerreichten Vollendung des Ausdrucks und Verfeinerung der Empfindung. Die Quellen dieser Minnekunst reichen in das arabische Spanien, in den Bereich der kirchlichen Marienverehrung und der lateinischen Huldigungsgedichte geistlicher Poeten an fürstliche Frauen.

Die provenzalischen Troubadours

Um 1100 traten die ersten Minnelieder in der Provence auf; der Süden griff nach der geistigen und künstlerischen Führung Frankreichs. Die provenzalischen Troubadours (*trobar*: finden, also »Erfinder von Liedern und Melodien«) waren die ersten Minnesänger des christlichen Abendlands. Der erste Höhepunkt fällt in die Zeit von 1150 bis 1170 und findet gegen 1200 sein Ende.

Der Süden geriet in den Strudel geschichtlicher Ereignisse (Albigenserkriege 1208–1229), die seine kulturelle Vorrangstellung für immer vernichteten. Die wichtigsten Namen, die uns hier begegnen, sind: Guillaume IX d'Aquitaine (1071–1127), Jaufré Rudel (um 1100–1150), Bernard de Ventudour († 1195), der sympathischste und originellste, Comte Raimund d'Orange († 1173), Bertran de Born (1140–1215), Arnaut Daniel (um 1150–1200), der Meister der Allegorie, und Peire Vidal (1180–1206). Musik, Gesang, Mimik, Vortrag, Dichtung, alles verschmolz in eins.

Die Troubadourlyrik kann als Vorbote jenes europäischen Kunststils gelten, der später Petrarkismus, Gongorismus, Euphuismus, Manierismus heißen wird. Die Vergeistigung der Minne geht dabei Hand in Hand mit dem Kult des Ichs, aber immer im Dienst der Dame, immer im Hinblick auf die Gesellschaft.

Die nordfranzösischen Trouvères

Auch die nordfranzösischen Nachahmer, die Trouvères Conon de Béthune (um 1150–1220), Blondel de Nesle (um 1155–1200) und Graf Thibaut IV von der Champagne (1201–1253), dichteten meist an Fürstenhöfen. Ab 1250 beginnt die Verbürgerlichung der Literatur. Der nüchterne Wirklichkeitssinn städtischer Menschen siegt über den idealistischen Höhenflug adliger Sänger. Einzelne Dichter, wie Rutebeuf (1230–1285), entdecken die *gueux*, die vom Leben Benachteiligten, die einfachen Menschen als Liedthema, andere, wie Guillaume de Machaut (1300–1377), waren meist juristisch gebildet und sahen in der Dichtung etwas Erlernbares, Handwerksmäßiges und legten deshalb, wie die Meistersinger in Deutschland, größtes Gewicht auf den Versbau, was natürlich auf Kosten der ästhetischen Wirkung ging.

Rhétoriqueurs, das heißt, an der Rhetorik geschulte Männer, nannte sich die Schule dieser Dichter, die ihre Gedichte aufbauten »wie eine Mathematikaufgabe oder eine kaufmännische Bilanz«. Das einfache Lied machte kunstvollen Formen wie *Rondeau*, *Ballade*, *Chanson Royale*, *Lai* und *Lirelai* Platz, in denen mehr sentenziöse und meditative Gedanken vorherrschten. Die bedeutendsten Vertreter dieser kunsthandwerklichen Gilde sind Eustache Deschamps (1346–1407) mit über 1500 Gedichten und Christine de Pisan (1363–1430). Zwei Gestalten sprengen den Rahmen »zunftmäßiger Dichtkunst«: ein Adliger, Herzog Charles d'Orléans (1394–1465), und ein »Außenseiter«, der Vagant François Villon.

Charles d'Orléans' Lyrik (›Doux Souvenirs‹, ›Complaintes‹, ›Nonchalance‹) schöpfte ihr allegorisch-symbolisches Gedankengut aus dem »Rosenroman« und die Kunst des Versbaus übernahm sie von der Schule der Rhetoriker. Aber der Geist seiner Dichtung ist noch durchzogen vom Adel einer bereits untergehenden Kultur. Dichten ist ihm noch adliger Sport, das Wort ein edles Instrument des Geistes. Mit ihm geht die höfische Lyrik zu Ende.

François Villon (1431–1463)

In der Form seiner Dichtung blieb auch Villon seinen Vorgängern und Zeitgenossen verpflichtet. Aber im Gehalt und der Intensität seines künstlerischen Wollens sprengte er alle Fesseln. Die Schicksalsschläge, die sein Leben am Rande der Legalität mit sich brachte, fanden ihren Niederschlag in den Balladen (1456 ›Le petit testament‹, 1461 ›Le grant testament‹, nach 1463 ›La ballade des pendus‹). Er bediente sich der alten französischen *balata* im Sinne der Rhetoriker, das heißt der künstlerisch starren gesellschaftlichen Tanzliedform ohne epische und dramatische Handlung, aber sie wurde erfüllt von den Abgründen seiner zwischen derbsinnlicher Diesseitigkeit und visionärer Frömmigkeit hin- und hergerissenen Seele. Seiner sozialen Haltung (er war außerhalb des mittelalterlichen

Establishments angesiedelt) entsprach seine der Verbrecher- und Gaunerwelt entnommene Sprache, so z. B. die im Rotwelsch der *coquillards* abgefassten elf Jargonballaden.

Er war der erste Dichter der Großstadt Paris, selbst ein Pariser Gewächs, ihren Nachtseiten ebenso verhaftet wie ihren geistigen Antrieben, und gab seinem persönlichen Leid in der Sprache des Volkes dichterischen Ausdruck. So wurde er der erste große Lyriker Frankreichs, dessen Bänkelsängerton noch Brecht in den fünf Balladen seiner ›Dreigroschenoper‹ übernahm.

Das mittelalterliche Drama

Es ist zuerst rein liturgisches Drama: Mysterienspiel, kirchlich, ernst, getragen (Arnoul Gréban, ›Mystère de la Passion‹). Die selbstständige Behandlung komischer Themen machte erst später ihr Recht außerhalb der kirchlichen Sphäre geltend (›Le Jeu de la Feuille‹, ›Le Jeu de Robin et Marion‹ von Adam le Bossu). Die bedeutendste Komödie des Mittelalters ist ohne Zweifel ›Maistre Pierre Pathelin‹: die Farce vom Advokaten, der einen Kaufmann hereingelegt hat und schließlich von einem Schäfer überlistet wird (nach 1465).

Zeittafel: Französische Literatur des Mittelalters

Politische, gesellschaftliche Ereignisse und Werke der Literatur (hervorgehoben)

800	Krönung Karls des Großen
842	Straßburger Eide (Eidesformel)
843	Vertrag von Verdun (Reichsteilung)
910	Gründung des Klosters von Cluny
1066	Guillaume le Conquérant König von England; **›La Chanson de Roland‹ (ca. 1100)**
1151	Beginn der Kämpfe von Louis VII mit den Plantagenets
1163	Baubeginn von Notre-Dame de Paris; **Marie de France: Lais (ca. 1175)**
1204	Einnahme von Château-Gaillard und damit der Normandie durch Philippe II Auguste; **Chrétien de Troyes: ›Perceval‹ (ca. 1180)**
1255	Thomas von Aquin in Paris; **Guillaume de Lorris: ›Roman de la Rose‹ (1236) Adam de la Halle: ›Le jeu de la feuillée‹ (1275)**
1285	Philippe IV le Bel (Aufbau der Reichsverwaltung)
1306	Vertreibung der Juden; **Joinville: ›Vie de Saint Louis‹ (1309)**
1337	Beginn des Hunderjährigen Krieges mit England; **Froissart: ›Chroniques‹ (1373)**
1407	Beginn des Bürgerkrieges nach Ermordung des Duc d'Orléans
1428	Jeanne d'Arc befreit Orléans; **Arnoul Gréban: ›Mystère de la Passion‹ (1450)**
1453	Ende des Hundertjährigen Krieges; **François Villon: ›Le grant testament‹ (1461), ›La Farce de maître Pathelin‹ (1465)**
1494	Beginn der Italienkriege

Die Prosadichtung des 14. und 15. Jahrhunderts

Sie besteht vor allem in der Prosabearbeitung der alten *Chansons de geste*, des höfischen Romans und der allegorischen Motive des »Rosenromans«, die gedruckt und im Volk verbreitet werden. Aus literarischen Produkten gesellschaftlicher Exklusivität wurden bürgerliche »Bestseller«, die auf den Publikumsgeschmack zubereitet waren, wie die ›Histoire du petit Jehan de Saintré‹ (1459) von Antoine de la Sale, eine köstliche Ironisierung höfischer Minne. In ›Les cent nouvelles nouvelles‹, der ersten Novellensammlung, und ›Les Quinze joyes de mariage‹, 15 Bilder vom Elend einer Alltagsehe, sind bereits italienischer Einfluss und die Schule Boccaccios sichtbar.

Der Realismus der Weltauffassung und die Fähigkeit, ihn in Prosa auszudrücken, ließ die französische Geschichtsschreibung erstehen. Jofroi de Villehardouin (um 1150–nach 1213) gab mit ›L'histoire de la conquête de Constantinople‹ eine meisterhafte Darstellung des vierten Kreuzzuges von 1204, Jean de Joinville (1225–1317) beschrieb in ›Livre de saintes paroles et des bons faiz nostre roy Saint Looys‹ (nach 1300) den Kreuzzug Louis' le Saint mit großer Liebe. Der Chronist des Hundertjährigen Krieges aber wurde Jean Froissart (1337–1410), während Philippe de Commynes' (um 1447–1511) ›Mémoires‹ nicht nur eine Art Fürstenspiegel, sondern ein Zeugnis neuzeitlicher Macht- und Interessenpolitik sind.

Humanismus und Renaissance (1491–1590)

Beide Bewegungen bedeuten für die Kultur Frankreichs die Wende schlechthin: Das Land der Gotik, der Scholastik und der höfischen Dichtung bricht mit seiner mittelalterlichen Vergangenheit radikal und für immer und wendet sich den in Italien entstandenen Idealen zu: Diesseitigkeit und menschliches Maß, Klarheit und Verständigkeit, Schönheit und Harmonie, Demokratie und Zivilisation. Lateinischer Humanismus und antike Klassik werden nationaler Besitz und somit die Grundlage der modernen französischen Kultur. Die Humanisten waren vor allem bestrebt, mithilfe kritischer Textforschung zu der Urform der Bibel wie der antiken Literatur vorzudringen – *ad fontes!* –, ohne sich deshalb völlig von der Kirche zu lösen. Das Suchen nach religiöser Wahrheit und das Streben nach sittlicher Vervollkommnung bildeten die beiden Triebkräfte ihres geistigen Schaffens. Sie fanden ihre vorbildliche Verkörperung in Erasmus von Rotterdam (1469–1536), der, obgleich kein Franzose, in Paris studiert und viele Jahre dort gelebt hatte. ›Adagiorum chiliades‹, seine berühmte Sprichwörtersammlung, erschien zuerst in Paris und übte bis in die Zeit der Klassik eine geradezu kanonische Wirkung aus.

Marguerite d'Angoulême (1492–1549)

An der Spitze der großen Gestalten französischer Herkunft steht die Schwester Franz' I., Marguerite d'Angoulême, in zweiter Ehe Königin von Navarra, die feinsinnigste und geistreichste Frau der französischen Frührenaissance, *in der einen Hand das Evangelium, in der anderen das Dekamerone und ein Wort Platos auf den Lippen*. Ihre Novellensammlung ›L'heptaméron‹ (›Siebentagewerk‹, 1559 postum veröffentlicht) ist eine Sammlung lyrischer Liebesgeschichten, die um das Thema der vollkommenen Liebe kreisen, und derber Schwänke, die heute mehr kulturgeschichtlich als literarisch bemerkenswert sind. Der an ihrem Hof dienende Bonaventure Des Périers (1510 – 1544), ein echter Vertreter des *esprit gaulois,* sammelte in ›Les nouvelles récréations et joyeux devis‹ (1558) volkstümliche Schwänke und Einfälle. Seine kritische Einstellung zur katholischen und calvinistischen Orthodoxie aber enthüllte ›Le cymbalum mundi‹ (1537), das erste französische Beispiel antichristlicher Satire.

Jean Calvin und François de Sales

Der Mann der Stunde aber war Jean Calvin (1509–1564), unduldsamer Künder einer neuen Lehre und Papst der Gegenkirche zu Genf. Er war nicht nur Reformator, sondern auch ein Schriftsteller von Format. Die Übertragung seines 1536 in lateinischer Sprache geschriebenen Hauptwerkes

›Christianae religionis institutio‹ ins Französische, ›Institution de la religion chrétienne‹ (1541), war ein Markstein in der Geschichte der französischen Sprache. Denn der Jurist Calvin schrieb eine Prosa von gestochener Eloquenz und rationaler Klarheit, die für alle Prosaisten der Folgezeit richtungweisend wurde.

Auf katholischer Seite ist im französischen Bereich nur die ›Introduction à la vie dévote‹ des 1665 heilig gesprochenen François de Sales (1567–1622) als Beispiel der Verbindung von Humanismus und Christentum, Weltoffenheit und Frömmigkeit, gleichsam eine »Nachfolge Christi« für Hofleute, als gleichrangig zu erwähnen.

François Rabelais (1494–1553)

Die herausragendste Gestalt der französischen Frührenaissance ist aber ohne Zweifel der Schöpfer der Weltsatire ›Gargantua et Pantagruel‹ (in fünf Büchern 1532–1564), François Rabelais. In seinem Werk verbanden sich Renaissancebildung und urtümliche Sprachkraft zu einer nie wieder erreichten Einheit.

Rabelais ist eine Gestalt des Übergangs: zuerst Mönch, dann Weltgeistlicher, schließlich war er Arzt in Lyon. Er kämpfte gegen mittelalterliche Enge und Unduldsamkeit und für die neue humanistische Freiheit des Lebens, wie sie sich im Wahlspruch *Fay ce que vouldras* der utopischen Abtei von Thélème ausdrückt, und trat ein für den *bon sens*, die ungekünstelte Urteilskraft des gesunden Menschenverstands.

So führte er anhand der burlesken Abenteuer des aus einem Volksbuch stammenden Riesen Gargantua und seines Sohnes Pantagruel seine Leser durch das Leben seiner Zeit, wobei höchste Geistigkeit und derbster Realismus unvermittelt nebeneinander stehen. Antike Anekdoten, Briefeinlagen in nachgeahmtem ciceronischem Stil und originelle eigene Sprachschöpfungen verbanden sich bei ihm mit Elementen der alten Volkstradition und den Mundarten und regten den Dichter zu kühnen Neuschöpfungen in Form von Bildern und Allegorien an. So wurde François Rabelais zu einem der größten Sprachschöpfer in der Literatur Frankreichs.

Pierre de Ronsard und »La Pléjade«

Die eigentliche Dichtung verharrte länger als die Prosa im Banne der Tradition. Erst Ronsard und sein Kreis »La Pléjade« lösten sich von der Überlieferung vor allem der *Rhétoriqueurs* und schlossen die französische Dichtkunst unmittelbar an die Antike an. So feierte die Schule in ihrem Manifest ›La défense et illustration de la langue française‹ (1549), von du Bellay (1522–1560) ganz im Geist des Meisters Ronsard verfasst, den Ruhm der nationalen Dichtung und Sprache. Es ging um die Aufwertung des Französischen als Literatursprache; deshalb wandte sich die Streitschrift gegen den Gebrauch des Lateinischen und forderte eine Aneignung der Antike im Sinne eines künstlerischen Nacherlebens. Die französische Literatur sollte sich an die großen Dichtungsgattungen der Antike – Epos, Ode, die regelstrenge Tragödie und die Komödie – heranwagen und sie aus ihrem Geiste neu formen. Damit war bereits das Programm des französischen Klassizismus formuliert, für dessen Verwirklichung sich die besten Geister der Nation einsetzten.

Pierre de Ronsard (1524–1585) schrieb an Pindar und Anakreon angelehnte Oden sowie Liebessonette im Stile Petrarcas. In ›Les hymnes‹ versuchte er sowohl christliche als auch antike Gedanken zu verschmelzen. Um seiner Stellung als *prince des poètes* am königlichen Hof gerecht zu werden, machte er sich an die Schöpfung eines Nationalepos, ›La Françiade‹ (1572), das er aber nicht vollendete. Erfolgreicher war in dieser Hinsicht Jaques Amyot (1513–1593), der im Auftrag Franz I. das ganze Werk Plutarchs ins Französische übertrug und auf diese Weise die Heldenleben der Antike zu einer Jahrhunderte überdauernden Quelle vaterländischer Begeisterung und republikanischer Leidenschaft machte.

Michel Eyquem, Seigneur de Montaigne (1533–1592)

Die in der zweiten Hälfte des 16. Jahrhunderts einsetzenden Religions- und Bürgerkriege drängten das humanistische Anliegen zugunsten einer zeitbedingten Polemik zurück. Traktate, Streit- und Schmähschriften religiöser und politischer Art beherrschten die Szene. Der Mensch im Spannungsfeld konträrer gesellschaftlicher und weltanschaulicher Kräfte wurde zum Thema der Zeit. Die Antwort des französischen Geistes hieß: Montaigne.

Michel Eyquem, Seigneur de Montaigne, Schlossherr und Bürgermeister von Bordeaux, knüpfte mit seinen ›Essais‹, fragmentarischen, ohne geplantes Strukturprinzip geschriebenen Gedankensplittern – er nannte sie *bloße Versuche, die Wahrheit zu ergründen* – an antike Traditionen an.

Mit seinen Vorbildern Plutarch, Cicero sowie Petrarca teilte er das Interesse für die *humaniora*, das bedeutet, die mit dem Menschen in Beziehung stehenden Dinge, wie Liebe, Tod, Schmerz, Entsagung und Hoffnung. Die beiden ersten Bücher (1580) brachten noch viele Zitate seiner Lieblingsautoren, allen voran Seneca, dessen Stoizismus er teilte. Aber bald ging er von der Verarbeitung des antiken Bildungsguts über zur Beobachtung seiner Umwelt und fand so den Weg zu einem empiri-

Zeittafel: Französische Literatur der Renaissance

Politische, gesellschaftliche Ereignisse und Werke der Literatur (hervorgehoben)

1515	François I
1516	Beginn des Baus der Loire-Schlösser (Blois, Chambord, Chenonceaux)
1521	Kriege gegen Karl V. (Habsburger)
1529	Frieden von Cambrai: Karl V. Herr über Italien
1533	Verbreitung der Reformation (Calvin); **Rabelais: ›Pantagruel‹ (1534)**
1534	Ankunft von Jacques Cartier in Kanada
1539	Französisch offizielle Sprache; **Calvin: ›L'Institution chrétienne‹ (1541)**
1547	Henri II; **Du Bellay: ›Défense et illustration de la langue française‹ (1549), Ronsard: ›Les Odes‹ (1550)**
1557	Aufstand der Protestanten in Paris
1559	Ende der Italienkriege; **Marguerite de Navarre: ›L'Heptaméron‹ (1559)**
1559	François II
1560	Catherine de Médici (Königsmutter und eigentliche Regentin)
1560	Charles IX
1562	Beginn der Religionskriege (Hugenotten)
1574	Henri III; **Montaigne: ›Essais‹**
1589	Henri IV
1598	Edikt von Nantes (Religionsfreiheit für Protestanten); **Malherbes: ›Ode au roi Henri le Grand‹ (1600)**
1610	Ermordung von Henri IV

schen Skeptizismus. Er zweifelte an den Fähigkeiten der menschlichen Vernunft und sah in den Sinnen *unsere wahren Herren*. Aller gedanklichen Abstraktion abhold, sind ihm philosophische Systeme nur *Belustigungen oder Selbsttäuschungen des Geistes*, denn Wahrheit ist nach seiner Überzeugung ausschließlich im Glauben möglich, nicht aber in der Wissenschaft.

Im dritten Buch und den mehr als 600 Zusätzen zu den beiden ersten (1588) erreichte er schließlich die letzte Stufe seiner Entwicklung: Er analysierte sich selbst, aber nicht aus dem Grunde, sich zu rechtfertigen wie Augustinus oder zu polemisieren wie Rousseau. Er stilisierte sich weder zum Heiligen noch zum Helden empor, sondern drang durch sein Ich hindurch auf den Grund der menschlichen Natur und fand den Weg zu einem Ideal der natürlichen Lebensführung im Sinne der »Aurea mediocritas«. Er war ein Mensch des Maßes, der die Religionskriege und auch die Folterung verabscheute und an die Möglichkeit der Freiheit glaubte; und außerdem war er ein Moralist aus Überzeugung, in seinem Denken so konkret wie in seiner Sprache, die noch heute durch ihre Lebendigkeit und Kernigkeit besticht. Sein Gesprächston bereitete die Gesellschaftskultur des Salons in den nächsten Jahrhunderten vor.

Französische Klassik (1594–1715)

Die französische Klassik bedeutete im Prinzip den Sieg der Regel über die verschiedenen Gruppen von Schriftstellern, die sich diesem Streben nach Gesetzmäßigkeit widersetzten und den Willen zur Freiheit bekundeten. In diesem Kampf zwischen Regel und Freiheit war die Berufung François de Malherbes' (1555–1628) als Reformator der französischen Sprache und Verskunst an den Pariser Hof im Jahre 1615 von programmatischer Bedeutung. Seine Reformen erstreckten sich in erster Linie auf den Versbau und die Wortwahl, gingen aber zudem bereits auf den Satzbau ein. Nicht zufällig liefen diese Bestrebungen nach der Ordnung im sprachlichen Bereich mit der Tendenz zur staatlichen Machtkonzentration unter den Kardinälen Richelieu und Mazarin parallel. Denn ebenso wie der Widerstand des Adels am unbeugsamen Willen der Politiker zerbrach, so scheiterte das sture Freiheitsstreben der Schriftsteller am Siegeszug der Regel.

Vorklassik (1594–1660)

Die bürgerkriegsähnlichen Zustände in der ersten Hälfte des 17. Jahrhunderts hatten den Wunsch nach Ruhe, Ordnung und nationaler Geltung aufkommen lassen, den der *grand roi* Louis XIV ab 1660 glänzend erfüllte. Die staatliche und königliche Machtentfaltung fand in der klassischen Ära von 1660 bis 1715 die künstlerische Entsprechung, deren sie bedurfte.

Die Salonkultur

Das zentrale Ereignis auf literarischem Gebiet ist die Bändigung des barocken Lebenswillens durch die Zucht des klassischen Geistes, in den die literarischen Strömungen der Zeit mündeten: Das »Preziösentum« der Salons (preziös = kostbar) einer Mme de Rambouillet, Mme de Scudéry, Mme de Maintenon bestand in der Kultivierung eines exklusiven Denkstils und eines Verhaltenskodex, der in Sitte, Sprache und Gesinnung alles Alltägliche und Gemeine ablegte.

Die erzieherische Bedeutung der Salonkultur als Vorstufe der Klassik liegt neben der Schärfung des Verstands im Dialog und der Erziehung zur Selbstbeherrschung vor allem in der Veredelung und Verfeinerung der Gefühle, wie sie in der Galanterie des neuen adligen Frauendienstes zum Ausdruck kam, die in den Romanen ›L'Astrée‹ von Honoré d'Urfé (1567–1625) und ›Clélie‹ von Madeleine de Scudéry (1607–1701) ihren literarischen Niederschlag fand. Dieses neue Gesellschaftsideal führte auch zu einer Renaissance der Liebes- und Abenteuerromane im Stil des ›Amadis‹. Das Ziel aller Bemühungen der Salons war das Ideal des *gentilhomme* oder *honnête homme*: *Er hat von der Renaissance die humanistische Bildung übernommen, er ist stoisch eingestellt, er hat als leichte Würze, trotz seiner Patronisierung durch die Kirche, gewisse heidnische oder skeptische Velleïtäten bewahrt* (C. J. Burckhardt).

Die »Burlesken«

Widerspruch und Kritik bürgerlicher Kreise ließen nicht lange auf sich warten. Eine Gruppe junger Schriftsteller, die wegen des Trivialcharakters ihrer Werke die »Burlesken« (ital. *burla* = der Schwank) genannt wurden, zogen die Modeideale der Preziösen unter großem Beifall ins Komische, darunter Théophile de Viau (1590–1626) und vor allem Paul Scarron (1610–1667) mit seinem Werk ›Le roman comique‹ (1651–1657). Antoine Furetière schließlich zeigte in ›Le roman bourgeois‹ (1666) das Heldentum und die Konflikte des bürgerlichen Alltags und stellte sie als gleichwertig neben die Probleme des Adels.

Gegner der Preziösen und Malherbes waren aber auch die Libertins, ein Zirkel junger Adliger, die der skeptisch-sensualistischen Philosophie Pierre Gassendis (1592–1655) und den Lehren Epikurs anhingen und durch ihren moralischen Indifferentismus dem Staat und der Kirche verdächtig erschienen.

In Cyrano de Bergeracs (1619–1655) fantastischen Romanen vereinigten sich schließlich beide Strömungen zu den bizarren Zukunftsvisionen einer skurrilen Fantasie (›Histoire comique des Etats et Empires de la Lune‹, ›Histoire comique des Etats et Empires du Soleil‹, 1657/1662).

Klassik (1660–1715)

Die Gründung der Académie Française durch Kardinal Richelieu 1635 und die Anfänge der großen Dramatik Corneilles 1636 fielen nicht zufällig zeitlich zusammen.

Pierre Corneille (1606–1684)

Pierre Corneille ist der eigentliche Begründer des klassischen französischen Dramas. Er nahm in seinen Meisterwerken ›Le Cid‹ (1636), ›Horace‹ (1640), ›Cinna ou La clémence d'Auguste‹ (1640) die bunte, bewegte Theatralik des Barock auf eine strenge, vornehme, ruhige Klassik zurück, in der die Szene fast zum luftleeren Raum und der Mensch zur Idee wurde.

Barock war diese Dramatik nur im Übermaß der Helden und ihrer Willenskräfte und in der drängenden Wucht der Worte. Der ›Cid‹ entstammte einer spanischen Vorlage. Corneille machte aus drei Akten fünf; zugleich führte er das Gesetz der drei Einheiten (allerdings mit Ausnahme der Einheit der Handlung) durch. Der Held Rodrigue ist nicht nur der Wahrer der nationalen und seiner persönlichen Ehre, er ist auch ein Heros, der das Ideal eines Volkes verkörperte und die Begeisterung der Jugend erweckte.

Sein zweites Drama ›Horace‹ dramatisierte die römische Sage vom Streit der Curatier und der Horatier nach dem Bericht des Historikers Livius. Im Sinne der Einheitsregeln durchaus stilrein enthält die Tragödie in nuce Corneilles Weltbild: Das Tragische wird vom Heroischen absorbiert, nicht Furcht und Mitleid, sondern Stolz und Bewunderung werden aufgerufen. Ohne alle Zugeständnisse wird der Konflikt zwischen Liebe und Pflicht durchgeführt.

In ›Cinna‹ gelang Corneille in Kaiser Augustus eine unübertreffliche Verkörperung der Staatsraison, während er in ›Polyeucte martyr‹ (1643) die unbegrenzte Gottesliebe eines Märtyrers darstellte. Nach diesen großen Dramen begann Corneilles unaufhaltsamer Abstieg. Als er starb, hatte er nicht nur seinen Ruhm, sondern auch das Ende seines Ideals eines absoluten Heldentums überlebt. An die Stelle des Staatsinteresses begann bereits das Interesse an menschlichen Problemen zu treten. Die Unterordnung des französischen Menschen unter ein Ordnungsprinzip im staatlichen und geistigen Leben war vollendet.

Nicolas Boileau-Despréaux (1636–1711)

Mit derselben unumschränkten Machtfülle wie der König auf politischem Gebiet herrschte Nicolas Boileau-Despréaux im Bereich der Dichtung. Er schuf mit ›L'art poétique‹ (1674), nach dem Vorbild von ›De arte poetica‹ des Horaz geschrieben, die bedeutendste Theorie des klassischen Geistes, die für eineinhalb Jahrhunderte das Gesetzbuch des abendländischen Klassizismus war.

Die wichtigste Regel der *raison* tritt im Drama als die Regel von den drei Einheiten zutage: Einheit der Handlung, des Orts und der Zeit.

Für alle Stilgattungen gibt er die Regeln. Die ordnende Vernunft ist dabei die alles bestimmende Macht. Das Typische und Gesetzliche triumphiert über das Individuelle, die *raison*, der *bon sens* über die Willkür der Fantasie, denn: *Rien n'est beau que le vrai* (für die Wahrheit der Vernunft fällt das Schöne mit dem Wahren und Guten zusammen).

Jean Racine (1639–1699)

Die Antike ist der alleinige Kanon. Diesem Ideal am nächsten kam Jean Racine. Er ist der Vollender der klassischen Tragödie im Sinne Boileaus und zugleich ein unerreichter Meister der Sprache. An die Stelle der stoischen Willenskraft Corneilles trat bei ihm – dem Interesse der Zeit entsprechend – die Leidenschaft, an die Stelle der Römer traten die Griechen und an die Stelle der Männer die Frauen. Seine Meisterwerke sind ›Andromaque‹ (1667), ›Britannicus‹ (1669), ›Bérénice‹ (1670), ›Iphigénie‹ (1670), ›Phèdre et Hippolyte‹ (1677), ›Esther‹ (1689) und ›Athalie‹ (1691, aufgeführt 1716). Gründliches Studium der Griechen verband sich mit einer christlich-jansenistischen Religiosität, die in der Reinheit des Herzens den Urgrund allen Lebens erblickte.

Den Gipfel seiner Kunst erreichte Racine in ›Bérénice‹, wo der Kaiser Titus aus Staatsinteresse und Bérénice aus freiem Verzicht ihrer Liebe entsagen. Das Ideal reiner Menschlichkeit tritt hier neben die Idee der Staatsraison.

In ›Phèdre‹ gelang ihm in vollendeter Weise die Vereinigung der Antike mit dem Christentum, indem er die heidnische Vorstellung von der schicksalhaften Verflechtung des Menschen in Schuld mit dem christlichen Gedanken von der Entsühnung des Menschen durch das Opfer der eigenen Persönlichkeit verband. Schuld und Sühne bilden das Thema: Phèdre, die Frau des Theseus, liebt ihren Stiefsohn Hippolyte. Von ihm verschmäht rächt sie sich an ihm durch Verleumdung, die ihm den Tod bringt. Als die Nachricht von seinem Tod eintrifft, bekennt sie ihre Schuld und sühnt ihr Verbrechen durch ihren Freitod. Ihre Gewissensqual erwächst aus der Gedankensünde, ihre Leidenschaft verzehrt sich in der Sehnsucht nach der Reinheit des Herzens, die Hippolyte verkörpert. Hier blickte Racine in den Abgrund des menschlichen Daseins: die Kluft zwischen Vernunft und Gefühl, Intellekt und Seele, Wissen und Glauben tat sich auf.

Descartes, Pascal und die Realisten

Diese beiden Lebensmächte fanden ihre reinste Verkörperung in René Descartes (1596–1650) und Blaise Pascal (1623–1662), zwei großen Mathematikern und Denkern ihrer Zeit.

René Descartes wurde mit seinen die Philosophie der Neuzeit eröffnenden ›Discours de la méthode pour bien conduire sa raison et chercher la vérité dans les sciences‹ (1637) und mit dem Traktat ›Les passions de l'âme‹ (1649) nicht nur der erste große philosophische Systematiker der Neuzeit und Begründer der modernen Erkenntniskritik – sein *Cogito, ergo sum* bahnte den Weg zu Immanuel Kant –, er lieferte auch die erste philosophische Darstellung in französischer Prosa. Die *raison* wurde durch ihn zum Gott der Zeit.

Blaise Pascal dagegen, ebenfalls Mathematiker, Erfinder einer Rechenmaschine, erlebte 1654 eine »Bekehrung« und verbrachte den Rest seines Lebens in Port-Royal, der Hochburg des Jansenismus, dessen Gründer Jansenius, Bischof von Ypern, einen reinen Augustinismus lehrte: Prädestination, Verderbtheit des Menschen; nur erlösbar durch Gottes Gnade. Pascal ging im Dienste dieser Lehre auf und griff in 19 kühnen Briefen an einen fingierten Freund in der Provinz (›Lettres Provinciales‹, 1656/57), die von den Jesuiten gelehrte Moral an. Es waren kraftvolle Pamphlete, in meisterhafter Sprache geschrieben; sie wirkten als literarische Sensation.

Von der von Pascal geplanten Apologie des Christentums erschienen nur etwa 1500 Bruchstücke (›Pensées‹), die 1670 verstümmelt und erst im 20. Jahrhundert vollständig herausgegeben wurden. Trotz des fragmentarischen Charakters ist das Bestreben erkennbar, eine Synthese von Erlebnis- und Verstandeskraft als den beiden Ausdrucksformen menschlichen Seelenlebens herbeizuführen, deren Schnittpunkt das menschliche Herz ist; denn nur das Herz und nicht der Verstand begreift nach Pascals Überzeugung Gott. Dieses Bemühen Pascals, den Glauben und darüber hinaus das religiöse Verhalten des Menschen auch psychologisch zu begreifen, stellt ihn in innere Beziehung zu den Moralisten wie La Rochefoucauld (1613–1680), der in seinen ›Réflexions ou Sentences et maximes morales‹ in geschliffener Prosa seine melancholisch stimmenden Beobachtungen über die menschliche Natur niederlegte, und La Bruyère (1645–1696), der mit ›Les caractères de Théophraste, traduits du grec, avec les caractères ou les mœurs de ce siècle‹ (1688), die ›Charaktere‹ des Griechen Theophrast als Einkleidung benützend, glänzend beobachtete gesellschaftspsychologische Studien schrieb, die eine tiefe Einsicht in die menschliche Natur verraten. Mit Boileau und den klassischen Tragikern verband ihn bei aller versteckten Satire der Glaube an die antiken Werte, deren oberster die Einfachheit ist.

Denselben Hang zur psychologischen Vertiefung in die Abgründe der menschlichen Seele und die Untiefen der menschlichen Gesellschaft offenbaren die ›Mémoires‹ des Kardinals de Retz (1613–1679) und vor allem die Briefe der Ninon de Lenclos (1620–1705) und der Mme de Sévigné, farbenprächtige Schilderungen der Salonkultur und der Menschen, die sie repräsentieren, und nebenbei noch eine *chronique scandaleuse*, in der sich Ernst, ja Tragik mit Lächerlichkeit verbindet.

Molière (1622–1673)

Diese Gesellschaft bedurfte des Spiegels der Komik. Ihr Meister hieß Molière. Jean Baptiste Poquelin – Molière –, Theaterdirektor, Schauspieler, Dichter, brachte die französische Komödie – nach Corneilles einsam gebliebenem ›Lügner‹ (›Le menteur‹, 1644) – auf die Höhe der Zeit. Von seinen 32 Stücken sind die bedeutendsten: ›Les Précieuses ridicules‹ (1659), die Entlarvung einer Modetorheit, die Unnatur für Natur hält und so der *raison* zuwiderläuft; ›Le Tartuffe ou L'imposteur‹ (1664), die Demaskierung eines frommen Heuchlers, dem immer wieder ein naiver Mensch (Orgon) auf den Leim geht; ›Le misanthrope‹ (1666), die Charakterstudie Alcests, des Menschenfeinds, welcher der Koketterie Celimenes verfallen ist; ›L'avare‹ (1668), der Reinfall des Geizhalses Harpagon, den Sohn und Tochter betrügen; ›Le bourgeois gentilhomme‹ (1670), der Bürger, der als Edelmann gelten will; ›Les femmes savantes‹ (1672), die Komödie der Blaustrümpfe; ›Le malade imaginaire‹ (1673), eine Arztsatire.

Das Grundthema aller Komödien ist die Geißelung der Sünde wider die Natur, das Heraustreten aus dem Bereich des Logisch-Vernünftigen, dem Normalen, ins Extreme. In den großen Charakterkomödien ›Le Tartuffe‹, ›Le misanthrope‹ und ›Le malade imaginaire‹ entlarvte Molière menschliche Schwächen: Heuchelei, Menschenfeindlichkeit, Einbildung; in den Komödien des Bürgertums ›Le bourgeois gentilhomme‹, ›Le malade imaginaire‹ und ›L'avare‹ stellte er Laster dar, die erst in einer bürgerlichen Umwelt voll zur Wirkung kommen: Prestigesucht, Eitelkeit, Verstellung, Geiz. Er begann mit Possenreißerei und Nachahmung fremder, besonders spanischer Muster und umfasste den irrationalen Humor der Fabliaux und Farcen ebenso wie den anspruchsvolleren Rationalismus der zeitgenössischen hohen Kunst.

Jean de La Fontaine (1621–1695)

Wie Molière nimmt auch Jean de La Fontaine, Frankreichs großer Fabeldichter, eine Sonderstellung ein. Von Natur ein kindlicher, leistungsunwilliger Epikureer gelang ihm doch literarisch Bedeutendes. Seine 240 ›Fables‹ sind originelle Schöpfungen. Im Unterschied zu seinen Vorbildern Äsop, Babrios und Phädrus bot er in erster Linie Handlung und nicht nur Moral, zeichnete nicht Abstraktionen irgendeiner moralischen Eigenschaft, sondern schuf der Wirklichkeit entnommene Wesen, deren Verhalten nicht so sehr moral- als instinktgebunden ist. La Fontaine verstand es, *das natürliche Reich unserer Triebe und Instinkte gesellschaftsfähig, ansprechend, reizvoll, verführerisch und zutraulich zu gestalten* (Vossler). In der Sprache freilich sprengte der Fabeldichter öfter die strengen Regeln des Klassizismus durch Verwendung volkstümlicher Wörter und einer sehr freien Versform *(vers libre)*. Von den 240 Fabeln sind nur zwölf isometrisch, das heißt von gleicher Verslänge. Seine ›Contes et nouvelles en vers‹ dagegen waren für die Herzogin von Bouillon im streng klassischen Sinn, ohne burleske oder preziöse »Entglei-

Zeittafel: Französische Literatur im 17. Jahrhundert (Klassik)

Politische, gesellschaftliche Ereignisse und Werke der Literatur (hervorgehoben)

1610	Louis XIII
1610	Herrschaft von Marie de Médici (bis 1617)
1616	Machtzuwachs von Cardinal Richelieu
1618	Beginn des Dreißigjährigen Krieges
1624	Salon der Mme de Rambouillet
1628	Kapitulation von La Rochelle (Zentrum der Reformation)
1630	Theatertruppen des Hôtel de Bourgogne und des Théâtre du Marais
1634	Gründung der Académie Française
1635	Kriegserklärung an Spanien
1637	**Descartes: ›Discours de la méthode‹; Corneille: ›Le Cid‹ (1637)**
1642	Tod von Richelieu
1643	Tod von Louis XIII; Regentschaft von Cardinal Mazarin
1643	Louis XIV
1643	Gründung des Illustre-Théâtre durch Molière; **Cyrano de Bergerac: ›Le Pédant joué‹ (1646)**
1648	Westfälischer Friede
1650	Fronde (Aufstand gegen königliche Zentralgewalt); **Mme de Scudéry: ›Clélie‹ (1654)**
1661	Tod von Mazarin; **Molière: ›Les Précieuses ridicules‹ (1659)**
1665	Colbert Finanzminister; **La Rochefoucauld: ›Maximes‹ (1665), Racine: ›Andromaque‹ (1667), La Fontaine: ›Fables‹ (1668)**
1670	**Pascal: ›Pensées‹**
1672	Krieg gegen Holland (bis 1678); **Boileau: ›L'art poétique‹ (1674)**
1678	Arbeiten am Schloss von Versailles; **Mme de La Fayette: ›La Princesse de Clèves‹ (1678)**
1680	Gründung der Comédie Française
1685	Widerrufung des Edikts von Nantes; **La Bruyère: ›Les Caractères‹**
1701	Spanischer Erbfolgekrieg (bis 1714); **Saint-Simon: ›Mémoires‹, Fénelon: ›Télémaque‹**
1715	Tod von Louis XIV

sungen« geschriebene sentimental-frivole Kurzerzählungen, die inhaltlich bereits eine frühe Vorwegnahme des Rokoko in Boileau'scher Manier bedeuten.

Der Roman

Der Roman stand mehr im Schatten der Dramatik eines Corneille, erreichte allerdings in Mme de La Fayettes (1634–1693) psychologischem Meisterwerk ›La princesse de Clèves‹ (1678), der Geschichte einer entsagungsvollen Liebe, eine in seinem keuschen Heroismus an eben jene Corneille gemahnende ethische Eindringlichkeit.

Um 1680 stand das Frankreich Louis' XIV auf dem Gipfel seiner Macht und strahlte über ganz Europa seinen Einfluss aus. Das voll entwickelte kulturelle Selbstbewusstsein der Nation führte zu einem Widerstand gegen die einseitige Vorherrschaft der Antike in allen Fragen der Kultur, der in der berühmten ›Querelle des anciens et des modernes‹ seinen Niederschlag fand (Charles Perrault, 1628–1703 – mit seinen Kindermärchen in die Weltliteratur eingegangen –, ließ von 1688 bis 1697 die Schrift ›Parallele des anciens et des modernes‹ erscheinen, Boileau antwortete mit einer Gegenschrift ›Réflexions sur Longin‹, 1694). Es ging nicht um eine Abwertung der Antike, sondern um eine Gleichstellung, ja Höherwertung der Gegenwart, hinter der die Idee des Fortschritts stand. Um die Jahrhundertwende allerdings mehrten sich die Stimmen der Kritik, das System Louis' XIV hatte die Grenze seiner inneren und äußeren Möglichkeiten erreicht. Neben den von persönlicher Enttäuschung stark gefärbten ›Mémoires‹ des Duc de Saint-Simon (1675–1755) ist vor allem der in griechischer Einkleidung (Telemach sucht seinen Vater Odysseus) geschriebene Erziehungsroman des Bischofs und Prinzenerziehers François de Fénelon (1651–1715), ›Les aventures de Télémaque‹ (1699), zu nennen. Das eigentliche Thema des Romans, die Erziehung zum idealen Monarchen, enthielt Forderungen, die Louis XIV nicht gefielen: der Fürst soll für sein Volk leben, auf jeden Luxus verzichten, Schmeichler und Liebesaffären meiden. *Humanité* sollte das Ziel sein. Der Stil war antikisierend, an Homer orientiert, aber in Prosa, der Geist jedoch war christlich. Bei aller indirekten Kritik hielt Fénelon Staat und Kirche noch für göttliche Einrichtungen, wenn auch die irdischen Vertreter mit Fehlern behaftet waren.

Bei Fontenelle und vor allem bei Bayle jedoch kündigte sich bereits eine Kritik am »System« an, die das ganze folgende Jahrhundert bis zur großen »Systemveränderung« von 1789 durchziehen sollte. Bernard le Bouvier de Fontenelle (1657–1757), Corneilles Neffe, betätigte sich als Erster mit der Verbreitung wissenschaftlicher Erkenntnisse. Im Ton einer galanten Salonunterhaltung erläuterte er das Weltbild des Kopernikus (›Entretiens sur la pluralité des mondes‹, 1686) und entlarvte im gleichen Stil den Glauben an Orakel (›Histoire des oracles‹, 1687) als Wahnvorstellungen der Alten, zog aber damit zugleich die Wirklichkeit von Wundern und die Idee des Übernatürlichen in Zweifel. Pierre Bayle (1647–1706), nach Voltaire *le premier des dialecticiens et des philosophes sceptiques*, eröffnete mit seinem ›Dictionnaire historique et critique‹, (1697), einer mit kritischen Anmerkungen versehenen Darstellung von Gestalten der klassischen und nachklassischen Geschichte, die Reihe der enzyklopädischen Werke, mit denen in der allgemein verständlichen Form eines Wörterbuchs aufklärerische Gedanken einer breiteren Öffentlichkeit zugänglich gemacht wurden. In seiner 1684 gegründeten kritischen Zeitschrift ›Nouvelles de la République des Lettres‹ analysierte Bayle mit präziser Formulierung den Antagonismus zwischen Glauben und Denken, der das nächste Jahrhundert beherrschen sollte.

Das 18. Jahrhundert

Rationalismus und Empfindsamkeit waren die beiden gegensätzlichen und doch so vielfach miteinander verzahnten Bewegungen des 18. Jahrhunderts. Obwohl beide aus England stammten, fanden sie in Voltaire und Rousseau, zwei Franzosen, ihre europäischen Repräsentanten. Die Literatur selbst teilte sich in die galante sentimentale Rokokodichtung der adligen Gesellschaft und in das ernstere Schrifttum der Aufklärung.

Aufklärung (1715 – 1760)

Aufklärung und Vorromantik gingen verschiedene Wege, vereinigten sich aber in ihrer Wirkung, die in der »Zersetzung« einer als »unvernünftig« und »unnatürlich« erkannten sozialen und sittlichen Wertordnung bestand.

Charles de Montesquieu (1689–1755)

Am Anfang steht Charles de Montesquieu, ein Mann klassischer, vor allem römischer Bildung, mit englischen Neigungen. Seine ›Lettres persanes‹ (anonym 1721) kritisierten aus der fingierten Distanz zweier in Frankreich reisender Perser französische Zustände. In den ›Considérations sur les causes de la grandeur des Romains et de leur décadence‹ (1734) lieferte er die erste große aufgeklärte Geschichtsphilosophie, die am Beispiel Roms den Wert bürgerlicher Tugenden für den Aufstieg eines Staates aufzeigen sollte. In seinem Meisterwerk ›De l'esprit des lois‹ (1748) entwarf er am Beispiel der von ihm idealisierten englischen Verfassung das Bild eines freiheitlichen Staates, in dem die Gewaltenteilung an die Stelle monarchistischer Willkür tritt.

Voltaire (1694–1778)

Mit Voltaire (bürgerlich François-Marie Arouet), dem »Patriarchen von Ferney«, tritt uns der eigentliche Anwalt der Aufklärung entgegen, ein universaler Geist, ein Klassizist, der die Regeln beachtete, sich aber auch als Erster am ästhetischen Bedürfnis seiner Leser orientierte, fortschrittsgläubig, aber nicht optimistisch wie Leibniz, in religiöser Hinsicht Deist, das heißt Anhänger der »natürlichen« Religion (die in Werten wie Freiheit, Gerechtigkeit, Hilfsbereitschaft und Duldsamkeit einen Ausdruck der natürlichen menschlichen Instinkte sieht) und deshalb ein unerbittlicher Gegner des Aberglaubens in jeder Form, des Vorurteils in jeder Gestalt und der religiösen Intoleranz in jeder konfessionellen Verkleidung.

Diesen Überzeugungen diente er in allen Formen der Dichtung: In den klassischen Tragödien ›Œdipe‹ (1718), ›La mort de César‹ (1731), ›Zaïre‹ (1732), ›Mérope‹ (1743), ›Tancrède‹ (1760), ›Irène‹ (1778) schuf er »achtbare Mittelmäßigkeiten«, in seinem Epos ›La Henriade‹ (1723) verherrlichte er Henri IV. als Vorkämpfer der Toleranz, in ›La Pucelle d'Orléans‹ (1762) unterwarf er Kirche und Königtum einer scharfen Kritik. Die Erzählung ›Zadig, ou La destinée‹ (1747) und die Romane ›Candide ou L'optimisme‹ (1759) – Ausdruck seines durch das Erdbeben von Lissabon erschütterten Optimismus mit der Weisheit letztem Schluss: *Il faut cultiver son jardin* – und ›L'ingénu‹ (1767) sind seine bedeutendsten epischen Schöpfungen. Als Geschichtsschreiber machte er Epoche, indem er als erster Geschichte vom Standpunkt eines »engagierten« Zeitgenossen aus schrieb. Seine ›Histoire de Charles XII, roi de Suède‹ (1731) war noch mehr Roman als Geschichtsschreibung, ›Le siècle de Louis XIV‹ (1751) dagegen das erste wirkliche Porträt einer Epoche, eine Gesamtgeschichte der Zeit, in der alle Zweige des öffentlichen Lebens einer kritischen Würdigung unterzogen und die Geschichte eines Volkes in den größeren Zusammenhang der Menschheitsgeschichte hineingestellt wurde. In seinem ›Essai sur les mœurs‹ (1762) ging Voltaire dann zu einer vergleichenden Staaten- und Völkergeschichte über, in die er in durchaus unkritischer Idealisierung auch den Orient einbezog. Als Briefschreiber und Mitarbeiter der ›Encyclopédie‹ erlangte er eine geradezu fürstliche Stellung in der »Republik der Geister«, die in den Salons der französischen Oberschicht ihren Mittelpunkt hatte. Als Elitefranzose schrieb er aber noch nicht für die *canaille*, das heißt die breite Masse.

Denis Diderot (1713–1784)

Der Durchbruch der Aufklärung als »Massenbewegung« war deshalb erst das Werk des Handwerkersohns Denis Diderot, ein bildungshungriger Vielwisser, Meister in der Aneignung von Gedanken und ihrer Umsetzung in allgemein fassliche Formulierungen, der leitende Theoretiker der Aufklärung und die treibende Kraft ihres Monumentalwerks, der ›Encyclopédie‹, die von 1751 bis 1780 in 35 Folianten erschien. Sie versuchte die Wissenschaft volkstümlich und die Menschen nachdenklich zu machen. Mehr oder minder versteckt durchzog die Forderung nach freier Kritik in politischen und religiösen Dingen das ganze Werk und forderte Kirche und Staat zur Abwehr heraus. Diderot selbst schrieb die Artikel über Handwerk und Gewerbe, gab eine Darstellung der Philosophie von den Anfängen bis zur Gegenwart und entwarf in seinen politischen Artikeln den Grundriss einer politischen Philosophie. Auch als Dichter war er bedeutend. Mit seinen Lustspielen ›Le Fils naturel‹ (1757) und ›Le Père de famille‹ (1758) hat er wesentlich zum Durchbruch des bürgerlichen Elements in der europäischen Dichtung beigetragen. Seine bedeutendste Erzählung, ›Le neveu de Rameau‹ – 1805 von Goethe übersetzt –, schildert in Gesprächen den geistigen und sittlichen Zustand von Paris vor 1789. Dieselbe Gesprächsform verwendete er im Alterswerk ›Le rêve de d'Alembert‹ (1769), einer dichterischen Darlegung seiner philosophischen Weltanschauung; *das genialste philosophische Kunstwerk der Zeit* (Dilthey).

Der Mathematiker und Mitherausgeber der ›Encyclopédie‹ Jean Le Rond d'Alembert (1717–1783) besorgte den mathematisch-naturwissenschaftlichen Teil. Er schrieb auch die Einleitung: ›Discours préliminaire‹ (1751), deren Thema die ideale Einheit des menschlichen Wissens war. Als Mitarbeiter oder Mitstreiter ebenfalls eng mit den beiden Herausgebern verbunden war die radikale Gruppe der »Materialisten«: Claude-Adrien Helvétius, Baron d'Holbach und Etienne de Condillac. Die rationalistische Ausgangsposition Descartes' weit hinter sich lassend bekannten sich diese radikalen Philosophen zu einem konsequenten Materialismus, der den Atheismus des 19. Jahrhunderts bei Feuerbach und Marx vorbereitete.

Ausländische Einflüsse

Einen spanischen Einfluss verraten die vielen Romane und auch Lustspiele von Alain-René Lesage (1686–1747), darunter die Satire ›Le diable boiteux‹ (1707) und der Vorläufer des Figaro, ›Histoire de Gil Blas de Santillane‹ (1715–1735), eine nach dem Muster des spanischen Schelmenromans angelegte, aber durchaus französische Schilderung zeitgenössischer Zustände.

Als Vermittler der englischen Literatur der Empfindsamkeit betätigte sich der Abenteurer Antoine-François Prévost d'Exiles (1697–1763). Seine ›La véritable histoire du chevalier des Grieux et de Manon Lescaut‹ (1731) schilderte die Liebe eines vornehmen jungen Herrn zu einer *femme fatale*, deren Amoral immer wieder über den Willen siegt, treu zu bleiben. (Nach des Grieux kam Werther!)

Einbruch der Empfindsamkeit in die Dramatik

Eine neue Empfindsamkeit tauchte in der Dramatik auf. Wichtigster Vertreter dieser Richtung und außerdem ihr Schöpfer war Pierre de Marivaux (1688–1763), in dessen Komödien die Behandlung des Liebesproblems im Mittelpunkt steht. Die sich bereits bei ihm ankündigende demokratische Tendenz, die sich in einer leichten Verschiebung der sozialen Grenzen im Spiel offenbarte: Rollentausch zwischen Herr und Diener, Dame und Kammerzofe, zeigte sich in voller Ausprägung bei Pierre-Augustin Caron de Beaumarchais (1732–1799). Die Intrigenkomödie ›Le barbier de Séville ou La Précaution inutile‹ (1775) funkelte von keckem Witz, fügte sich aber noch in den herkömmlichen Rahmen. Erst ›La folle journée, ou Le mariage de Figaro‹, nicht vor 1784 aufgeführt, gab in der Gestalt des Grafen Almaviva den Adel dem Gelächter des dritten Standes preis und steigerte sich im berühmten Monolog des Figaro (V,3) zu einer flammenden Anklage gegen die ganze bestehende Ordnung, in der sich die Revolution unmissverständlich ankündigte.

Vorromantik (1760 – 1820)

Bereits um 1760 hatte sich in Frankreich ein psychologischer Umbruch vollzogen, der dem Sturz des politischen Systems um drei Jahrzehnte vorausging und dessen Verkörperung Jean-Jacques Rousseau hieß.

Rousseau (1717–1778)

Seine revolutionäre Leistung war die Emanzipation des Gefühls, das bisher mehr ein Anhängsel des Verstandes gewesen war. Für ihn war es die Quelle aller Wahrheit und aller Tugend. Verbunden mit einem unbestechlichen Sinn für Gerechtigkeit entfachte diese Religion des Gefühls eine philanthropische Inbrunst, *die der revolutionären Epoche weitgehend die ihr eigene Atmosphäre einer fast hemmungslosen Begeisterung verlieh* (Cazamian). Als genialer Widerpart Voltaires wandte er sich mit derselben Heftigkeit gegen den Intellektualismus der Aufklärer wie gegen die Schöngeisterei der Salons. Zwei Traktate (›Discours sur les sciences et les arts‹, 1750; ›Discours sur l'origine et les fondements de l'inégalité parmi les hommes‹, 1775) konnten bei allem leidenschaftlichen Aufbegehren gegen die Konventionen der Zivilisation wegen ihrer reformerischen Ansichten als noch aufklärerisch bezeichnet werden. Die endgültige Entfremdung brachte sein ›Lettre à M. d'Alembert‹ (1758), in dem nicht nur die Bühne verdammt, sondern nachdrücklich das Ideal der Kultur und der Gedanke der Popularisierung der Wissenschaft, das Hauptanliegen der Enzyklopädisten, und einer ihrer Führer angegriffen wurden. In Montmorency (Landhaus Ermitage) entstanden dann die drei berühmtesten Werke Rousseaus: ›Julie, ou la nouvelle Héloïse‹ (1761), ein Briefroman, der Julies Verführung und Ehe erzählt und den endgültigen Durchbruch des Gefühls und der Naturempfindung im Roman bedeutet. *Die Natur wird zu einem allumfassenden Prinzip erhoben. Sie ist die Quelle alles Guten, die Wegweiserin aller gesunden Impulse* (Cazamian). Rousseau wird der Verkünder eines neuen Evangeliums: *Retour à la nature*. Gegenüber allen gesellschaftlichen Konventionen wird das Recht auf Leidenschaft, die als Offenbarung der Natur gefeiert wird, mit einer geradezu fanatischen Ausschließlichkeit verfochten. Der Verfasser wurde mit einem Schlag weltberühmt.

In ›Émile ou l'education‹ (1762), halb Roman, halb Lehrbuch, entwickelte Rousseau seine Gedanken über die Erziehung zum Naturmenschen im Stande der Vergesellschaftung. Sein pädagogischer Individualismus wandte sich mit Schärfe gegen den zu seiner Zeit herrschenden Schematismus in der Erziehung. Der Gedankengang ist einfach und überzeugend: Alles ist gut, wie es aus den Händen des Schöpfers der Dinge hervorgeht; alles verdirbt unter den Händen der Menschen. Deshalb die Anlagen im Kinde nicht verderben, sondern zu eigener Selbstständigkeit entwickeln. Darum rühmt er den »Robinson« als bestes Erziehungsbuch: der Mensch soll schöpferischer Mensch bleiben. Körperliche Erziehung wird gefordert. Die Frage nach der religiösen Erziehung behandelt er in der Form eines Selbstbildnisses seiner Wanderjahre: ›Profession de foi du vicaire savoyard‹. Er bekämpft den Materialismus der Zeitgenossen ebenso wie den Offenbarungsglauben der Kirchen und tritt für den Glauben an Gott, die Unsterblichkeit der Seele und die Freiheit des Willens ein. Damit steht er auf dem Boden der englischen, aber nicht der französischen Aufklärung.

Das dritte Buch schließlich wurde das Grundbuch der Revolution von 1789: ›Du contract social ou principes du droit politique‹ (1762). Er stellt fest: *Der Mensch ist frei geboren und überall liegt er in Ketten* und schließt die Grundfrage an: Wie lassen sich diese Ketten rechtfertigen? Seine Antwort: Sie kommen nicht aus der Natur, sondern sind auf eine Übereinkunft, den *Gesellschaftsvertrag*, wie er sie nennt, gegründet. Wie dieser zustande kam und wie er aussieht, erläuterte Rousseau in seinen weiteren Ausführungen, welche um die Begriffe *volonté générale* und *volonté de tous* und um die Idee der Volkssouveränität kreisen.

›Les Confessions‹ (1781–1788) sind eine Selbstdarstellung von rückhaltloser Offenheit und feinster Seelenanalyse, aber auch Zeugnis einer krankhaften Sensibilität, in der viel Selbstüberhebung und Täuschung enthalten ist: Die Schwächen seiner Persönlichkeit dürfen aber den Blick auf seine weltweite Wirkung nicht verstellen.

Rousseaus Einfluss

In Frankreich wandelten Jacques-Henri Bernardin de Saint-Pierre (1737–1814) und Etienne Pivert de Senancour (1770–1846) auf Rousseaus Spuren. Bernardin übertrug in der sentimentalen Novelle ›Paul et Virginie‹ (1787) dessen Lehre vom Glück des natürlichen und guten Menschen auf eine Liebesidylle in der unschuldigen Einsamkeit einer Südseeinsel, Senancour deutete in seinem Roman ›Oberman‹ (1804) die Lehre von der Rückkehr zur Natur im Sinne der Resignation. Oberman ist der Typ des von unheilbarer Schwermut befallenen Einzelgängers und Melancholikers, in dem die Romantik später ihr negatives Leitbild fand. Frankreichs größter Lyriker im 18. Jahrhundert, André Chénier (1762–1794), feierte in ›Les bucoliques‹ die Griechen als die Künder und Vorbilder echten, naturwahren und naiven Lebens und Dichtens.

Rouget de Lisle schrieb 1792 in Straßburg die ›Marseillaise‹. Das Theater wurde zum Tribunal (Revolutionsdrama) und das Pathos der großen Worte, über das Männer wie beispielsweise Mirabeau,

Zeittafel: Französische Literatur im 18. Jahrhundert (Aufklärung)

Politische, gesellschaftliche Ereignisse und Werke der Literatur (hervorgehoben)

1715	Louis XV (bis 1774)
1715	Philippe d'Orléans (Regent bis 1723)
1721	Tod von Watteau (Maler); **Montesquieu: ›Lettres persanes‹ (1721)**
1723	Machtübernahme durch Louis XV
1726	Cardinal Fleury Minister (bis 1743)
1733	Polnischer Erbfolgekrieg (bis 1735); **Marivaux: ›Le jeu de l'amour et du hasard‹ (1730), Abbé Prévost: ›Manon Lescaut‹ (1731), Voltaire: ›Lettres philosophiques‹ (1734)**
1740	Österreichischer Erbfolgekrieg (bis 1748); **Montesquieu: ›De l'esprit des lois‹ (1748)**
1751	**Diderot: ›Encyclopédie‹** (premiers volumes)
1756	Siebenjähriger Krieg (bis 1763); **Rousseau: ›Discours sur l'inégalité‹ (1755), Voltaire: ›Candide‹ (1759)**
1764	Verbot des Jesuiten-Ordens; **Rousseau: ›Le contrat social‹ (1762), Voltaire: ›Dictionnaire philosophique‹ (1764)**
1768	Kauf von Korsika
1774	Louis XVI; **Diderot: ›Jacques le fataliste et son maître‹** (1773)
1774	Amerikanischer Unabhängigkeitskrieg (bis 1783); **Beaumarchais: ›Barbier de Séville‹ (1775), Laclos: ›Les liaisons dangereuses‹ (1782)**
1788	Generalstände; **Beaumarchais: ›Le Mariage de Figaro‹ (1784), Bernardin de Saint-Pierre: ›Paul et Virginie‹ (1787)**
1789	Französische Revolution; Erklärung der Menschenrechte
1792	Ausrufung der Republik
1793	Hinrichtung von Louis XVI
1797	Vertrag von Campoformio; **Mme de Staël: ›De l'influence des passions‹ (1796), Chateaubriand: ›Essai sur les révolutions‹ (1797)**
1799	Staatsstreich Napoleons

Desmoulins, Danton und Saint-Just verfügten, riss die Massen mit sich. Die Rhetorik der Römer stand Pate.

Die Revolution und der General Napoleon brachten die Musen zum Schweigen oder stellten die Dichtung in den Dienst der Tendenz.

Auch die Memoirenwerke der Revolutionszeit, wie die der Mme Roland (1754–1793), atmen in der Erhabenheit des Stils den Geist einer heroischen Zeit, der in Napoleons Diktat (im eigentlichen Sinne des Wortes) seine Vollendung fand. Seine Verordnungen und Erlasse durchzieht der Geist der Monumentalität, unter dem zwar ein Kontinent seufzte, der aber in seiner römischen Klarheit und Strenge klassisch genannt werden darf.

Das 19. Jahrhundert

Um die Jahrhundertwende strebte Frankreich einer Erneuerung zu, deren Verwirklichung eine Inspiration aus dem Ausland ermöglichte.

Romantik (1820–1850)

Diese Inspiration ihrem Vaterland vermittelt zu haben, das ist wohl das Verdienst der Mme de Staël (1766–1817). In ihrem Buch ›De l'Allemagne‹ (1810) stellte sie die zeitgenössischen romantischen und idealistischen Strömungen des deutschen Geisteslebens als fortschrittlich dar und forderte ihre Landsleute zur geistigen Aneignung auf. So wurde sie zur Wegbereiterin der Romantik in Frankreich, indem sie das Romantische in der Seele des französischen Volkes wieder zum Klingen brachte.

Höhepunkt der Romantik

Der eigentliche Begründer der Romantik in Frankreich aber war der bretonische Adlige François René Vicomte de Chateaubriand (1768–1848). Künstlerisch der klassischen Tradition verhaftet, politisch legitimistisch-monarchisch, weltanschaulich streng katholisch gesinnt litt er als Persönlichkeit an der Krankheit des Jahrhunderts *(mal de siècle)*: einem melancholischen Pessimismus, der dem Gefühl des Entwurzeltseins entsprang, das der Emigrant Chateaubriand in sich trug und das seine Sehnsucht nach Heimat und Religion als Stätten der Geborgenheit psychologisch erklärt. Vom Gefühl ausgehend verherrlichte er 1802 (dem Jahr des Konkordats) in einer Art emotionaler Apologetik die Schönheit der christlichen Religion, gleichsam eine Ästhetik des katholischen Christentums schreibend: ›Le génie du christianisme‹. Das Buch entsprach einem Bedürfnis der Zeit. Seine drei berühmtesten Erzählungen verbanden die romantische Grundstimmung mit einem publikumswirksamen Exotismus: ›Atala‹ (1801) und ›René‹ (1805) erzählen vom Untergang eines Indianerstamms in Louisiana. Die romantische Schönheit amerikanischer Urwälder bildet die stimmungsvolle Kulisse für unglückliche Liebe und romantischen Weltschmerz; ›Les aventures du dernier des Abencérage‹ (1826) nützt die Glanzzeit des Maurenreiches als stimmungsmäßigen Hintergrund. Die 1848 postum erschienenen ›Mémoires d'outre-tombe‹, von ihm selbst *das Epos seines Zeitalters* genannt, werden vom Willen zur Selbststilisierung geprägt und verlieren sich stellenweise in schrankenlosem Subjektivismus.

Mit Victor Hugo (1802–1885) erreichte die französische Romantik ihren äußeren Höhepunkt, stieß aber zugleich an die Grenzen ihrer Möglichkeiten. Er ist ihr repräsentativer Wortführer und verhalf ihr im Drama (›Hernani‹, 1830), im Roman (›Notre-Dame de Paris‹, 1831; ›Les misérables‹, 1862) und in der Lyrik zum Sieg. Seine größte Leistung liegt, wie bei allen Romantikern, auf dem Gebiet der Lyrik, da hier der romantische Individualismus die ihm gemäße Ausdrucksform fand. Hugo begann in formaler Hinsicht noch klassizistisch, in ›Les orientales‹ (1829) jedoch herrschte schon eine an Delacroix gemahnende Betonung des Malerisch-Bildhaften, die sich mit aktueller Griechenbegeisterung verband. In den zwischen den Jahren 1830 und 1840 entstandenen Gedichtsammlungen kam dann, wie die Titel ›Les feuilles d'automne‹, ›Les chants du crépuscule‹, ›Les voix intérieures‹, ›Les rayons et les ombres‹ bezeugen, das Romantische voll zum Durchbruch. Sein Ich weitete sich dabei für Familie und Nation und mündete schließlich mit ›La légende des siècles‹ (1859–1883) – kleinen lyrischen Epen – in einen optimistischen Glauben an die Humanität, die alle Menschen umfasst. Im Grunde aber gab es für ihn nur eine Realität: das französische Volk, dem er mit jeder Faser seines Herzens diente und für das er schrieb. Die Nation ehrte ihn als ihren Dichter und beging seinen Tod als Nationaltrauertag.

Noch vor Hugo hatte Alphonse de Lamartine (1790–1869) mit seinen ›Méditations poétiques‹ (1820) *aus der Unmittelbarkeit des Gefühls heraus*, wie er selbst bekannte, die romantische Seite der französischen Seele zum Klingen gebracht. Einsamkeit und Weltschmerz erzeugten bei ihm eine elegische Stimmung, die durch Meditation ins Geistige übertragen wird.

Alfred Comte de Vigny (1797–1863), der Dichter adligen Ehrgefühls, distanziert und beherrscht, in seiner Formstrenge auf die »Parnassiens« verweisend, trat 1820–1837 mit Gedichten und kleineren Epen (›Poèmes antiques et modernes‹, 1826) und drei Novellen ›Servitude et grandeur militaires‹ (1835), an die Öffentlichkeit. Tiefer Pessimismus durchzieht seine Lyrik und Epik.

Das Geschöpf, sei es Mensch oder Tier, wird ohne Schuld in Unglück, Leid und Tod gestürzt. Für den Menschen bleiben Selbstachtung und Nächstenliebe die einzigen Möglichkeiten der Abwehr.

Dem verinnerlichten, geistig und seelisch zuchtvollen Adligen Vigny stand der labile, ironisch veranlagte großstädtische Dandy Alfred de Musset gegenüber, der eigentliche Lyriker der französischen Romantik (1810–1857), als Künstler reif zur Welt gekommen, als Mensch sozusagen nie reif geworden. Die unglückliche Liebe zu George Sand ließ zwischen 1835 und 1837 ›Les Nuits‹ entstehen, vier ›Nachtgedichte‹, schonungslose Enthüllungen seines seelischen Zustands, die jedoch frei von Frivolität sind. Der Roman ›La confession d'un enfant du siècle‹ (1836) wurde zum Brevier aller Exaltierten und Leidenden; er verdankt seine Berühmtheit vor allem dem zweiten Kapitel, wo die Krankheit der Zeit: die Haltung des *ennui*, der Lebensskepsis, beschrieben wird, die dem heroischen Aufschwung der Revolution und Napoleons folgte.

George Sand (1804–1876) gilt als literarische Entdeckerin der Provinz und als Heimatschriftstellerin (›La mare au diable‹, 1846; ›La petite Fadette‹, 1849). Das andere große Thema ihrer Romane, die Liebe als Inbegriff aller menschlichen Tugenden (z. B. ›Lelia‹, 1833), verrät den Einfluss Rousseaus (Recht auf Leidenschaft) und zeitgenössischer sozialistischer Ideen saint-simonistischer Prägung (Utopie von einer Idealgesellschaft).

Ganz den Nachtseiten der Romantik verhaftet war der bizarre und geistig krankhaft veranlagte Gérard de Nerval (1808–1855), ein großer Kenner und Verehrer der deutschen Dichtung, Übersetzer des ›Faust‹ (›Etudes sur les poètes allemands‹, 1830), Schöpfer düsterer Traumvisionen (›Les Chimères‹, 1854) und lyrischer Prosaerzählungen (›Sylvie‹, 1854). Der Form nach stand er der klassischen Tradition nahe.

Unterhaltungsliteratur

Die vergröbernde Umsetzung romantischer Motive in gängige Unterhaltungsliteratur war das Werk von Alexandre Dumas (*père*, 1802–1870), ein ungemein fantasiereicher und produktiver Autor. Er schrieb über 250 Romane, darunter die Bestseller ›Les trois mousquetaires‹ (1844) und ›Le comte de Monte-Cristo‹ (1845/46). Mit Hugo und Vigny eroberte er auch das Theater für die Romantik. Seinem Sohn Alexandre Dumas (*fils*, 1824–1895) gelang nur mit der zuerst als Roman (1848), dann als Drama (1852) verfassten ›La dame aux camélias‹ ein ähnlicher Erfolg. Nicht weniger erfolgreich schrieb Eugène Sue (1804–1857) einen der ersten Fortsetzungsromane, ›Les Mystères de Paris‹ (1842/43), ein Kolossalgemälde seiner Zeit im volkstümlichen Stil.

Romantische Einflüsse der Zeit sind auch in den Werken der »utopischen« Sozialisten, wie Henri de Saint-Simon, Charles Fourier, Pierre J. Proudhon, sowie in der Geschichtsschreibung eines Jules Michelet (1798–1874) und in der Literaturkritik Charles-Augustin Sainte-Beuve (1804–1869) lebendig, während Auguste Comte (1798–1857) auf das kommende Zeitalter der Wissenschaftlichkeit verweist. Seinem Dreistadiengesetz entsprechend folgt auf das Zeitalter der Theologie und der Metaphysik das auf den Erkenntnissen der exakten Wissenschaften und den Gesetzen der Soziologie beruhende Zeitalter des Positivismus, das heißt der Tatsachen. So tritt an die Stelle subjektiver Willkür die Objektivität, die geradezu wissenschaftlich kühle und distanzierte Untersuchung von Mensch und Gesellschaft. Damit war die Stunde des Realismus gekommen, dessen eigentliche literarische Ausdrucksform der Roman ist.

Realismus (1850–1885)

Den Übergang von der Romantik zum Realismus bilden die drei großen Klassiker des Romans: Stendhal – Balzac – Flaubert.

Stendhal (1783–1842)

Henri Beyle, genannt Stendhal (nach dem Geburtsort Winckelmanns), Klassizist und Romantiker, Aufklärer und Amoralist in einer Person, beobachtete, zergliederte und beschrieb mit wachem Verstand und im Stil nüchterner, trockener Sachlichkeit den Seelenzustand seiner Helden, die nicht mehr in Gefühlen schwelgen, sondern kalte Rechner und harte Egoisten sind.

Das Grundthema seiner Romane war: Wie erobert man Frauen und gelangt dadurch zu Ruhm, Geld und Macht? In einer einleitenden Reflexion ›De l'amour‹ (1822) unterwarf er das Liebesempfinden einer geradezu wissenschaftlichen Analyse. Die Umsetzung der hier gewonnenen Einsichten in Handlungen ist das Thema seiner Romane: In ›Le rouge et le noir. Chronique du XIXe siècle‹ (1830), so benannt nach den Symbolen der beiden führenden Mächte der Zeit: Armee und Kirche, schilderte er den Aufstieg und Sturz eines genialen Ehrgeizlings, Julien Sorel; in ›La chartreuse de Parme‹ (1839) verkörpert Fabrice del Dongo den Typ des egoistischen Genussmenschen; in ›Lucien Leuwen‹ (1842) steht ein reicher Bankierssohn, durch Intrigen desillusioniert, im Mittelpunkt des Geschehens. Die kühle, distanzierte, »wertfreie« Objektivität der Darstellung verrät eine innere Verwandtschaft zur Modeströmung des Nihilismus und brachte ihm die Bewunderung Nietzsches ein.

Honoré de Balzac (1799–1850)

Honoré de Balzac begann mit Kolportageromanen, ehe er sich – auch jetzt noch nicht frei von Romantisierung, Idealisierung und übertriebenem Pathos – einer realistischen Darstellung seiner Umwelt zuwandte. Kein Künstler im artistischen Sinn, aber ein großer, genialer Dichter machte er sich als Erster erfolgreich an die Aufgabe, eine Gesamtdarstellung des nachnapoleonischen bürgerlichen Lebens in Frankreich zu geben und es mit wissenschaftlichem Ernst und mit den Methoden der neuen »naturwissenschaftlichen« Soziologie zu durchforschen. Das Ergebnis dieser Bemühungen war ›La comédie humaine‹ (91 Romane und Novellen in 17 Bänden, 1842–1848), wo er in vielerlei Handlungen mit rund dreitausend Gestalten tatsächlich ein Kolossalgemälde der französischen Gesellschaft entwarf. *Die Welt ist in dieser vollständigsten Vision, die seit Dante entstand, nicht statisch, sondern dynamisch erfasst* (Hofmannsthal). Balzacs Anspruch geht auf die Totalität des Menschlichen, in dessen Zentrum Paris steht. Er selbst verglich sich mit Napoleon: *Was er mit dem Degen begann, werde ich mit der Feder vollenden!*

Im Realismus entstand der Makrokosmos der bürgerlichen Welt mit allen Tugenden und Lastern, in der Geld der einzige Gott ist.

Exzentrischer Romantiker und leidenschaftlicher Realist zugleich »entlarvte« der konservative Royalist Balzac bereits vor Marx die kapitalistische Gesellschaft als eine »Entartung« des Menschen. Alle Handlung durchziehen dieselben merkantilen und erotischen Leidenschaften – jedes Mittel und jeder Betrug sind recht, um zu Macht, Geld und Genuss zu kommen.

Freilich erreichte Balzac sein Ziel, diese Typen bürgerlicher Erfolgsgier zu Symbolen der menschlichen Komödie schlechthin zu machen, mehr in der Breite als in der Tiefe. Seine Kunst erscheint umso größer, je exakter er den Alltag herausarbeitet; so z. B. in ›La peau de chagrin‹ (1831), ›Eugénie Grandet‹ (1834), ›Le père Goriot‹ (1834/35), ›César Birotteau‹ (1838) und ›La cousine Bette‹ (1846), wo jeweils ein Typ dominiert: der Emporkömmling, der Wucherer, der Geizhals, der Bankier, der Bandit usw. Mit ›La femme de trente ans‹ (1842) führte er den Typ der »Unverstandenen« in die europäische Literatur ein. Nebenher entstanden Nacherzählungen gewagter Späße im Stil eines Rabelais, ›Les cent contes drôlatiques‹ (40 wurden vollendet und veröffentlicht, 1832–1853). Eingegangen in die Unsterblichkeit ist Balzac aber in erster Linie als Beschwörer des Dämons Paris in all seinen Schattierungen. So zeigt ihn auch die berühmte Plastik Rodins.

Gustave Flaubert (1821–1880)

Den Gipfel des Realismus erreicht der bewussteste Künstler und überlegenste Gestalter, Gustave Flaubert. Als bedingungsloser Fanatiker eines künstlerischen Realismus ging er in seiner Objektivität und im Übermaß seiner künstlerischen Forderungen bis an die Grenze des Möglichen. Sein Erstling, ›Madame Bovary‹ (1857) – das Schicksal einer untreuen Frau, auf dem Hintergrund ihrer kleinstädtischen Umgebung mit vollendeter psychologischer Meisterschaft gezeichnet –, machte in der europäischen Romankunst Epoche. Der »Kunstmönch von Rouen« wurde der große Wegbegleiter der *l'art pour l'art*-Bewegung. Er führte eine ganze Künstlergeneration von der romantischen Subjektivität zu einer keine menschliche Regung mehr verratenden *impassibilité*. In seinem historischen Roman ›Salammbô‹ (1863), an dem er fünf Jahre arbeitete, entwarf er ein farbenprächtiges Gemälde aus der Spätzeit Karthagos. In ›L'éducation sentimentale‹ (1869; 1. Fassung 1845) schilderte er den »sentimentalen« Werdegang eines jungen Mannes vom idealistischen Jüngling zum »realistischen« Dandy und Streber, in dem sich die Seelenhaltung der Generation um 1848 widerspiegelt.

Der Idealismus des »Helden« versandet in der Banalität des Alltags, deren Borniertheit Flaubert in seinem 1881 postum veröffentlichten Roman ›Bouvard et Pécuchet‹ in satirischer Schärfe eingefangen hat. ›La tentation de Saint-Antoine‹ (1874; Fassungen von 1849 und 1856) sollte eine symbolhafte Schau der Menschheitsgeschichte werden. Die in sechsfacher Steigerung vorgeführten Versuchungen des Heiligen zeigen aber nur die Relativität aller angeblich ewigen und absoluten Werte und münden so in einem mutigen Bekenntnis zum Diesseits. Zu seinem Vergnügen schrieb Flaubert nebenher noch ›Trois contes‹ (1877): ›Un cœur simple‹, ›La légende de Saint-Julien l'Hospitalier‹ und ›Hérodias‹, auch hier schon neben der Sehnsucht nach Reinheit und Einfachheit eine gewisse Dekadenzstimmung verratend. Zum Verständnis des Menschen Flaubert sind auch seine Briefe und Tagebücher von Bedeutung.

Realismus und Naturalismus

Was Flaubert als Künstler exemplarisch gestaltete: die geradezu wissenschaftlich-objektive Erfassung der Welt, erhoben die Brüder Goncourt (Edmond de Goncourt, 1822–1896 und Jules de Goncourt, 1830–1870) zum Programm.

Der »Realismus«, das heißt Wirklichkeit und Naturtreue, wird zum alleinigen Gradmesser der Kunst erhoben.

Damit ist der Weg zum Naturalismus beschritten. An die Stelle des romantischen »Ortskolorits« (*couleur locale*) tritt das »Milieu«. Der Roman wird zum *document*. Mit den Mitteln wissenschaftlicher Beobachtung werden die Eigenheiten des Milieus erforscht und zu den darin lebenden Menschen in Beziehung gebracht. In dieser Weise untersuchten die Brüder Goncourt das Milieu der Literaten (›Les hommes de lettres‹, 1860), Maler (›Manette Salomon‹, 1867), Dienstboten (›Germinie Lacerteux‹, 1865), Zirkusleute (›Les frères Zemganno‹, 1879) und der Bühne (›La Faustin‹, 1882) und wurden mit ihrer minuziösen Detailschilderung die Begründer des *style impressioniste*. Als Zeitdokument von unschätzbarem Wert ist ihr Tagebuch: ›Journal des Goncourt. Mémoires de la vie littéraire‹, 1851 gemeinsam begonnen und von Edmond bis 1896 fortgeführt, ein einzigartiger Querschnitt durch das literarische und geistige Leben von Paris (1887–1896 und 1956–1958 veröffentlicht).

Die weitere Entwicklung des realistischen Romans stand im Zeichen eines wachsenden Einflusses der exakten Wissenschaften. Der Geschichtsschreiber und Literarhistoriker Hippolyte Taine (1828–1893) machte die Gedanken Comtes für die Geschichts- und Literaturwissenschaft fruchtbar und formulierte das positivistische Programm, wonach alle geistige und seelische Leistung als Produkt von Rasse, Milieu und Zeitgeist zu erklären sei. Dieser Determinismus führte ihn allerdings zu manchen vorschnellen Schlüssen, wie: *Le vice et la vertu ne sont que des produits comme le vitriol et le sucre.* Der Biologe Claude Bernard (1813–1878) stellte in seiner ›Introduction à l'étude de la Médicine expérimentale‹ (1865) die Forderung auf, dass die Medizin wie die Physiologie von Untersuchung und Experiment beherrscht werden müsse. Ein Arzt, Lucas, betonte die Bedeutung der Erbanlage für das menschliche Leben. Aus der Kombination dieser drei Theorien erwuchs das Romanschaffen Emile Zolas (1840–1902), Führer des französischen und Lehrer des europäischen Naturalismus. Vor allem von Bernard beeinflusst machte er den Versuch, in einer Romanreihe den Einfluss der Vererbung auf die Generationen einer Familie darzustellen. Das Ergebnis waren schließlich 20 Bände, die unter dem Sammeltitel ›Les Rougon-Macquart. Histoire naturelle et sociale d'une famille sous le Second Empire‹ erschienen.

Den Anfang machte ›La fortune des Rougon‹ (1871), den Schluss bildete ›Le docteur Pascal‹ (1893). Die erfolgreichsten Bände waren ›L'assommoir‹ (1877): Alkoholismus; ›Nana‹ (1880): Prostitution; ›Germinal‹ (1885): Arbeitskampf; ›La Débâcle‹ (1892): Pariser Kommune und Krieg. Was heute noch beeindruckt, ist nicht so sehr die Methode der Dokumentation, sondern die aus seiner dichterischen Fantasie aufsteigende und mit packenden Bildern durchsetzte Schilderung seiner Zeit und seines Volkes, für dessen demokratische Rechte er sich mutig einsetzte. Wie in seinen Romanen ging es ihm auch in der Politik (Dreyfusaffäre) letztlich um die Wahrheit (›J'accuse ...! Lettre ouverte au Président de la République‹, 1898).

Der folgerichtigste Naturalist aber und genaueste Schilderer triebhaften Menschendaseins in seiner ganzen Grausamkeit war Guy de Maupassant (1850–1893). In zwölf Jahren schrieb er sieben Romane, darunter ›Bel Ami‹ (1885) und fast 200 Novellen. Unübertroffen bleibt die erste, ›Boule de Suif‹ (1880), die Geschichte der »Fettklößchen« genannten Dirne, die sich für die anderen opfert und dafür verfemt wird. Die Durchleuchtung der Alltagsgemeinheit führte bei Maupassant zu einem erotischen Zynismus ohnegleichen.

Einem gemäßigten Naturalismus, der sich hauptsächlich in der naturgetreuen Wiedergabe des heimatlichen Milieus offenbarte, huldigte der Provenzale Alphonse Daudet (1840–1897). Mit ›Lettres de mon moulin‹ (1869) und ›Les aventures prodigieuses de Tartarin de Tarascon‹ (1872), der Geschichte eines aufschneiderischen Gascogners, erreichte er den Gipfel seines Ruhms.

Lyrik des »Parnass« und des Symbolismus (1860–1914)

Was für den Roman die Wissenschaft, bedeutete für die Lyrik die Form. Strebte der Roman nach Wissenschaftlichkeit, so die Lyrik nach formaler Vollendung. Man war der »gotischen Krankheit«, das heißt der romantischen Freiheit, die nur das Zufällige, Wandelbare, Veränderliche gestaltete, müde und sehnte sich nach dem verpflichtenden Joch eines abstrakten Formideals.

Im Leben und Wirken Théophile Gautiers (1811–1872) wird dieser Weg exemplarisch verdeutlicht. Er begann als Romantiker, kehrte dann zur klassischen Tradition zurück und wurde, den Formen- und Farbensinn seiner Malerbegabung auf die Dichtung übertragend, zum Begründer des artistischen »Parnass« und zum Schöpfer jenes Kults der Form, der als *l'art pour l'art*-Standpunkt die Weltanschauung des *Fin de siècle* wurde. Die Dichtung sollte jetzt das Bleibende und Dauernde in der Erscheinung Flucht zum Ausdruck bringen (bei Benn: ›Statistische Gedichte‹).

Mit seinen ›Emaux et camées‹ (1852), den Versen eines Malers und Artisten, wurde Théophile Gautier der Ahnherr der *école parnassienne*, so genannt nach einer Anthologie ›Parnasse contemporain‹ (1866–1876). Das Kennzeichen der Schule ist nicht so sehr ein betonter Antiromantizismus als vielmehr die Priorität, die der Form zuerkannt wird, sodass jedes beliebige Thema als Betätigungsfeld für die technische Virtuosität aufgegriffen werden kann. Das zentrale Moment ist der Kult des Artistischen.

Das Programm der Bewegung entwarf Charles Leconte de Lisle (1818–1894), der anerkannte Führer der Schule, im Vorwort zu seinen ›Poèmes antiques‹ (1852). Im Einklang mit den realistischen Strömungen der Zeit sollte die neue Lyrik lo-

Zeittafel: Französische Literatur im 19. Jahrhundert (Romantik und Realismus)

Politische, gesellschaftliche Ereignisse und Werke der Literatur (hervorgehoben)

1802	Napoleon Konsul auf Lebenszeit
1804	Kaiserkrönung Napoleons; **Chateaubriand: ›Les martyrs‹ (1809), Mme de Staël: ›De l'Allemagne‹ (1810)**
1815	Schlacht bei Waterloo
1815	Rückkehr von Louis XVIII
1824	Charles X; **Lamartine: ›Méditations poétiques‹ (1820), Hugo: ›Odes‹ (1822), Vigny: ›Poèmes‹ (1823), Hugo: ›Préface de Cromwell‹ (1827)**
1830	Louis-Philippe; **Stendhal: ›Le Rouge et le Noir‹ (1830), Balzac: »Eugénie Grandet‹ (1833), Mérimée: ›Colomba‹ (1840)**
1848	II. Republik; **Dumas: ›Les Trois Mousquetaires‹ (1844), Dumas (fils): ›La Dame aux camélias‹ (1848)**
1850	Courbet (Malerei): ›Un enterrement à Ornans‹
1852	Napoleon III; **Flaubert: Madame Bovary (1856), Baudelaire: ›Les fleurs du mal‹ (1857)**
1863	Manet (Malerei): ›Olympia‹
1864	Gründung des Roten Kreuzes; **Mistral: ›Mireille‹ (1859), Hugo: ›Les Misérables‹ (1862), Leconte de Lisle: ›Poèmes barbares‹ (1862), Verne: ›De la Terre à la Lune‹ (1865), Daudet: ›Lettres de mon moulin‹ (1866), ›Le Parnasse contemporain‹ (1866), Flaubert: ›L'éducation sentimentale‹ (1869)**
1870/71	Deutsch-Französischer Krieg, III. Republik; **Rimbaud: ›Le bateau ivre‹ (1871)**
1871	Pariser Kommune; **Mallarmé: ›L'Après-midi d'un faune‹ (1876)**
1884	Rodin (Bildhauerei): ›Les Bourgeois de Calais‹; **Verlaine: ›Sagesse‹ (1881), Maupassant: ›La Maison Tellier‹ (1881), Zola: ›Germinal‹ (1885), Maupassant: ›Bel-Ami‹ (1885)**
1889	Weltausstellung in Paris
1894	Affäre Dreyfus

gische Klarheit, Unpersönlichkeit und Ungerührtheit (impassibilité) mit den Forderungen höchster künstlerischer Zucht und Schönheit vereinigen. Sein eigenes Werk dokumentiert eine Reihe von Gedichtsammlungen: ›Poèmes et Poésies‹ (1855), ›Poèmes barbares‹ (1862–1878) – eine scharfe Verurteilung der romantischen Gefühlspoesie als Dekadenzerscheinung –, und vor allem ›Poèmes tragiques‹ (1884), wo er in klassisch gebauten Alexandrinern und kunstvollen Reimen einen heroischen Nihilismus und Pessimismus predigt.

Charles Baudelaire (1821–1867), das größte lyrische Genie Frankreichs im 19. Jahrhundert, führte die Schule der Parnassiens auf ihren Höhepunkt und überwand sie zugleich, indem er neue Dimensionen sprachlicher Aussage eröffnete. *Es ist dies Baudelaires eigenes Problem, wie nämlich Poesie möglich sei in der kommerzialisierten und technisierten Zivilisation.* (H. Friedrich)

Er war immer ein leidenschaftlicher, ja geradezu fanatischer Diener der Form, eben ein Parnassien, aber dahinter verbarg sich ein Lebensgefühl, das die bisher im Romantischen eingebettete Haltung des *ennui* (= Langeweile, Ekel) zu einer radikalen Haltung der Negation verdichtete, die heute im Rückblick als der eigentliche Beginn der Moderne angesehen wird. »Modern« ist seine Verbindung von geistiger Zucht mit kritischer Intelligenz, deren Frucht in den Aufsatzsammlungen ›Curiosités esthétiques‹ und ›L'art romantique‹ (beide 1868 postum) niedergelegt ist. »Modern« ist die Entpersönlichung, die in seiner Lyrik zum Ausdruck kommt – er hat keines seiner Gedichte datiert –, und »modern« ist die Musikalität seiner Sprache und überhaupt der Versuch, Musik und Kunst mit einzubeziehen; »modern« ist ferner die absolute Vereinsamung des Menschen, seine Isolierung von allem Übersinnlichen, das Empfinden des Abgrunds *(gouffre)*. So schafft er in seinem Leben und in seinem Werk, vor allem in ›Les fleurs du mal‹ (1857) – einem literarischen Ereignis erster Ordnung –, eine fantastische Gegenwelt der Negation, indem er die Schönheit des Bösen und Dekadenten, des Triebs, des Rauschgifts, des Todes der Wirklichkeit des Positiven gegenüberstellt. In dem Gedicht ›Hymne à la Beauté‹ setzt er sich das Bild der Schönheit zusammen aus Rhythmus, Luft und Glanz. So wies er der Lyrik den Weg der Verabsolutierung, den dann Verlaine, Rimbaud und Mallarmé beschritten.

Der unmittelbare Fortführer Baudelaire'scher Kunstauffassung war Paul Verlaine (1844–1896). Mit ihm begann der Symbolismus, das heißt eine Dichtkunst, in der die indirekte Aussage das Hauptprinzip der Kunst werden sollte. *Ein Symbol war ein Zeichen oder ein Komplex von Zeichen, deren Suggestivkraft seine unmittelbare Bedeutung überstieg. Der religiöse oder esoterische Gebrauch des Wortes umgab es mit einer gewissen Atmosphäre des Geheimnisvollen und Mystischen* (Cazamian). Von Baudelaire herkommend (›La bonne chanson‹, 1870), dann nur seiner inneren Stimme folgend zerbrach Verlaine die Scheidewand zwischen Wirklichkeit und Wahn. Ein »Villon der Moderne«, allen Erlebnisströmen hingegeben, Trinker und Büßer in einem, entwickelte er die vollkommenste Stimmungskunst, brach er mit allen Gesetzen der Dichtung. Sein Gedicht ›L'art poétique‹ enthält sein Programm:

De la musique avant toute chose,
Et pour cela préfère l'Impair,
Plus vague et plus soluble dans l'air,
Sans rien en lui qui pèse ou qui pose.

Seine bekanntesten Gedichtsammlungen sind: ›Romances sans paroles‹ (1873), ›Sagesse‹ (1881), ›Jadis et naguère‹ und ›Les poètes maudits‹ (1884); sie sind durchzogen von dieser Musikalität der Verse, die keinen Reim und keinen Strophenbau mehr benötigt, da sie von einer inneren Harmonie des Klangs getragen ist (eigenartige Gruppierung von Lauten), die sich als ebenso formgebend wie ein Silben- oder Reimschema erweist. Verlaines Selbstdarstellungen ›Mes hospitaux‹ (1891), ›Mes prisons‹ (1893) und ›Confessions‹ (1895) geben einen erschütternden Einblick in seine zwischen Alkoholgenuss und Askese hin- und hergerissene verzweifelte Existenz.

Sein um zehn Jahre jüngerer Freund Arthur Rimbaud (1854–1891) kam 17-jährig als Rebell und Vagabund nach Paris, fand sich mit Verlaine in einer verkommenen Freundschaft, warf mit 20 Jahren die Literatur hin, brach nach dem Orient auf und kehrte erst zum Sterben zurück. Bereits mit 17 Jahren schrieb er das berühmte Gedicht ›Le bateau ivre‹ (1871), eine pathetische Symphonie in Worten. Das Bild vom Boot, das, aller Lenkung entglitten, den Strom hinuntertreibt und ins Weltmeer gelangt, ist eine einzige ekstatische Vision der Freiheit. Die Revolte gegen Konvention und Zwang in politischer, gesellschaftlicher und künstlerischer Hinsicht war ihm Lebensgesetz. Seine Prosagedichte ›Une saison en enfer‹ (1873) und ›Les illuminations‹ (1886) ließen die Kunstformen der Romantik wie des Parnass hinter sich und stießen in den Bereich einer musikalisch aufgelösten Versprosa vor, in der sein Sehertum an einer neuen Wirklichkeit arbeitete, die schließlich in seinem Werk ›L'alchimie du verbe‹ die Grenze menschlicher Ausdrucksfähigkeit erreichte.

Der Hohepriester des Symbolismus aber, halb Dandy, halb Professor, war Stéphane Mallarmé (1842–1898), ein »Abstrakteur der Quintessenz«, Erzieher zur *poésie pure*, gewollt dunkel, ideenarm und formenreich, Wagnerverehrer. In Paris hatte er Umgang mit jungen Dichtern und den Impressionisten Manet, Monet, Renoir, deren künstlerisches Programm er auf die Dichtung übertrug. Zu seinen besten Gedichten zählen ›L'Après-midi d'un faune‹ (1876) und ›Les Poésies‹ (1881). Es sind Traumvisionen, verinnerlichte Versgebilde, »Wortsymphonien«, in denen die Grenze zwischen dem Wort und der Musik überschritten wird. Die Wirkung seiner Lyrik war überaus weit reichend und tief gehend (Stefan George, T. S. Eliot).

Das 20. Jahrhundert

Das 20. Jahrhundert nahm die Strömungen des 19. Jahrhunderts in sich auf und führte sie fort, stieß aber auch, durch zwei Weltkriege und ihre Schrecken hindurchgehend, in neue gedankliche und sprachliche Bereiche vor: den Surrealismus, den Existenzialismus, das »Absurde Theater«, den »Nouveau Roman«, kühne Konstruktionen des französischen Intellekts, gespannt über das Nichts einer »entgötterten« Welt. Soziologie und Psychologie lieferten das Material, aus dem die Philosophen und Schriftsteller der »Moderne« ihre Gedankengebäude schufen. Viele zerbrachen die traditionellen Formen literarischer Aussage im Drama und im Roman, aber immer noch schimmern lateinische Form und humanistisches Erbe durch neue Gehalte. Jedoch führte die Krise der Zeit auch zu einer Renaissance des Glaubens *(Le renouveau catholique)* und einer verstärkten Hinwendung zur Tradition.

An der Schwelle des neuen Jahrhunderts

Als Fortsetzer Mallarmés und Vollender der »poésie pure«, als Wächter der Schönheit und des reinen Geistes in einer Welt des Zerfalls steht Paul Valéry (1871–1945) an der Schwelle des neuen Jahrhunderts. Über den Symbolismus hinausführend drang er vor zur »reinen Idee«, indem er die Wirklichkeit in Sprache umsetzte und auf diese Weise vergeistigte. Das Gedicht wird ein Fest des Intellekts. In seinen besten Gedichten, ›La Jeune Parque‹ (1917), ›Le cimetière marin‹ (1920), ›Ebauche d'un serpent‹ (1921), ›Narcisse parle‹ und ›Fragments du Narcisse‹ (1921–1926), aber auch in seinen Essays und Aphorismen fand dieses Streben zum reinen Geist und zum reinen Sein vollendete Gestalt.

Mit Guillaume Apollinaire (1880–1918) und seinen Gedichtbänden ›Alcools‹ (1913) und ›Calligrammes‹ (1918) begann das eigentliche 20. Jahrhundert. Er markierte den Übergang vom Impressionismus zum Kubismus und Surrealismus und darüber hinaus den Beginn des literarischen Experiments und die Eroberung des Unbewussten für die Dichtung. Der Glaube an die Gesetze des Zufalls führte bei ihm zu einer experimentellen Lyrik von magischer Kraft. Der Untertitel ›Drame surréaliste‹ seines im Jahre 1917 uraufgeführten Schwanks ›Les mamelles de Tirésias‹ und der rechtfertigende Kommentar *Le nouveau esprit et les poètes* übte schulbildenden Einfluss aus und wirkte bis zu Jean Cocteau (1889–1963), dem »Avantgardisten in Permanenz«, der in seinem umfangreichen Werk, das von der Lyrik bis zum Drehbuch reicht, alle Strömungen der Zeit durchlief.

Surrealismus

Der anerkannte Prophet, welcher der Dichtung neue Bereiche erschloss, war jedoch Sigmund Freud. Er wies auch den französischen Schriftstellern um 1920 den Weg ins Labyrinth des Unbewussten und des Traums. Ein neuer Glaube entstand, skeptisch und pessimistisch, gleichsam eine Mystik der Negation. Sein Künder war André Breton (1896–1966), der Begründer und Vorkämpfer des Surrealismus. In zwei programmatischen Schriften, ›Manifeste du surréalisme‹ (1924) und ›Second manifeste du surréalisme‹ (1930), hat er seine Thesen vertreten: *Der Surrealismus basiert auf dem Glauben an die höhere Realität gewisser Assoziationsformen (Gedankenverbindungen), die bisher vernachlässigt worden sind, an die Allmacht des Traumes, an das zweckfremde Spiel des Denkens.* Er strebt eine alogische Dichtung an und wendet sich gegen das »zerebrale (das heißt verhirnte) Untier« Mensch (Auswahl ›Poésies‹, 1949): *Ein Gedicht soll der Zusammenbruch des Intellekts sein.* Als klassisches Werk des Surrealismus gilt ›Nadja‹, (1928), die Geschichte einer medial veranlagten Frau.

Bretons Wirkung erstreckt sich auf die gesamte Gegenwartsliteratur. Zu Lebzeiten standen ihm besonders René Char (1907–1988), Paul Eluard (1895–1953), der große Sänger der *résistance*, Philippe Soupault (1897–1990) und Louis Aragon (1897–1982) nahe. Die Vermischung und Weiterführung von Freud'schen und marxistischen Ideen führte die Gruppe zeitweise ins orthodoxe kommunistische Lager. Der häufige Mangel an Verständlichkeit beraubte sie jedoch der Breitenwirkung und veranlasste das Publikum, nach anderen, leichter verständlichen literarischen Aussagen zu suchen. Diese wurden vom traditionellen Roman und vom zeitgenössischen Drama geboten.

Der Roman im 20. Jahrhundert

Der Roman führte in einer Hinsicht die Technik des Naturalismus und Psychologismus aus dem 19. Jahrhundert fort, setzte aber inhaltlich neue Akzente. Auf die Malerei der Charaktere und des Milieus folgte die Betonung ethischer und metaphysischer Verhaltensweisen, auf die Begrenzung des Individuums durch Psychologie und Gesellschaft folgte seine totale Teilnahme an der Geschichte, auf den Roman der psychologischen und sozialen Determiniertheit folgte der Roman der Freiheit. Hierher gehören die Schriftsteller des Zyklenromans *(roman fleuve)*, wie Jules Romains (1885–1972), der Vertreter des »Unanimismus« (Allbeseelung), der in 27 Bänden (›Les hommes de bonne volonté‹, 1932–1946) die Kollektivseele von Paris zwischen 1908 und 1933 schilderte und so der Sehnsucht seiner Zeit nach *Allgegenwart des Einzelwesens in der Gemeinschaft* Ausdruck verlieh; Georges Duhamel (1884–1966), der in seinem zehnbändigen Hauptwerk ›Chronique des Pasquier‹ (1933–1941) zum Romancier des französischen Mittelstands wurde, und Roger Martin du Gard (1881–1958), der Verfasser des achtbändigen Romanzyklus ›Les Thibault‹ (1922–1940), in dem er mit stark pessimistischem Grundton die Geschichte einer bürgerlichen Familie am Anfang des Jahrhunderts darstellte.

André Gide (1869–1951), die widersprüchlichste Dichtergestalt Frankreichs im 20. Jahrhundert, zwischen brutalem Individualismus und puritanischer Gewissensstrenge schwankend, versenkte sich in die Vielschichtigkeit des menschlichen Charakters (›Les faux-monnayeurs‹, 1925; ›L'école des femmes‹, 1929).

Jean Giono (1985–1970) und Henri Bosco (1888–1976) beschworen in ihren Romanen und Erzählungen die von *Pan beherrschte dämonische Natur des Südens*, dessen Wesen leidenschaftlich, sinnlich und heidnisch-antik ist.

Antoine de Saint-Exupéry (1900–1944), Pilot und heroischer Humanist, bemühte sich in seinen Flieger- und Abenteuerromanen ›Vol de nuit‹ (1931), ›Terre des hommes‹ (1939) und ›Pilote de guerre‹ (1942) um die Humanisierung der Technik. Er sah die Aufgabe der Zeit darin, *dem menschlichen Leben wieder einen geistigen Sinn zu geben.*

Sein Landsmann und Kriegskamerad André Maurois (1885–1967), der »Romancier der Bürgerlichkeit«, Rationalist und Moralist, glänzender Vermittler zwischen England und Frankreich, schrieb weltmännisch-elegante Romane (›Climats‹, 1928; ›Le cercle de famille‹, 1932) und wurde der meisterhafte Biograf berühmter Persönlichkeiten (wie z. B. Disraeli, Eduard VII.).

Henri de Montherlant (1896–1973) war der Dichter der heroischen Haltung (*Was wäre mein Leben ohne die Kriegsjahre!*) und verherrlichte besonders in ›Les bestiaires‹ (1926) und ›Les jeunes filles‹ (1936–1939) Werte des Krieges und des Sports: Mut, Stolz, Ehre, Kameradschaft.

André Malraux (1901–1976), Rebell, abenteuerumwitterter Dichter und Politiker, schrieb zuerst harte Tatsachenberichte (›Les conquérants‹, 1928; ›L'espoir‹, 1937), ehe er 1947 mit ›Le musée imaginaire‹ als Kunstbetrachter und Psychologe hervortrat und in den ›Antimémoires‹ (1967) ein Tagebuch seiner Begegnungen mit großen Persönlichkeiten der Gegenwart entwarf.

Alle aber überragt Marcel Proust (1871–1922), der Spätimpressionist und Bergsonschüler, in dessen Hauptwerk ›A la recherche du temps perdu‹ (15 Bände., 1913–1927) sich die Pariser Salons der Vorkriegszeit spiegeln. Frühreifes und snobistisches Wohlstandskind, zwingt ihn eine Krankheit mit 35 Jahren zum Rückzug in sein Zimmer. In der Einsamkeit seiner vier Wände beginnt er mithilfe eines mikroskopisch genauen Erinnerungsvermögens und einer genialen Assoziationsgabe sein Leben als *temps perdu* aus der Rückschau noch einmal aufzurollen und holt aus der Tiefe der »Erinnerung«, dem »Strom der Zeit« eine ganze vergangene Welt zu neuem Leben. So wurde Proust zum Bahnbrecher des Bewusstseinsromans und zugleich der größte Epiker Frankreichs im 20. Jahrhundert.

Französisches Theater

Trotz der großen Popularität des Films zeigte auch das französische Theater eine ungebrochene Lebenskraft. Viele der eben genannten Romanciers waren auch als Dramatiker erfolgreich, aber die eigentlichen Repräsentanten des französischen Theaters der Gegenwart sind doch Jean Giraudoux (1882–1944) und Jean Anouilh (1910–1987).

Giraudoux – er trat auch mit Romanen und Essays hervor, ›Siegfried et le Limousin‹ (1922) behandelte das deutsch-französische Verhältnis – hatte als Dramatiker mit überaus wirksamen Modernisierungen antik-klassischer Stoffe, ›Judith‹ (1931), ›Amphitryon 38‹ (1929), ›Electre‹ (1937), und mit seinen Schauspielen ›La guerre de Troie n'aura pas lieu‹ (1935) und ›La folle de Chaillot‹ (1945) großen Erfolg. Er sucht zu trösten, indem er verzaubert; er kritisiert, indem er scherzt, er lächelt unter Tränen, denn *das Leben ist eine verfehlte Angelegenheit, aber schön, sehr schön.*

Von Anouilh sind zwei antike »Modernisierungen«: ›Eurydice‹ (1942) und ›Antigone‹ (1944), besonders bekannt geworden. Er teilte seine Stücke ein in *pièces noires* und *pièces roses*, Ausdruck seines Schwankens zwischen dem Pessimismus und der Hoffnung. Das Grundthema seines Dichtens ist die Unerfüllbarkeit der menschlichen Sehnsucht nach dem absolut Reinen; in seinen Dialogen schwingt stets die Trauer der Seele über die Unerfüllbarkeit ihres Traums.

Le Renouveau catholique

Aus dieser Spannung zwischen Ideal und Wirklichkeit und dem Versuch ihrer geistigen Bewältigung erwuchsen Frankreich aus ganz entgegengesetzter Richtung zwei große Bewegungen der Erneuerung: *Le Renouveau catholique*, die Erneuerung aus dem Glauben, und der Existenzialismus, der Vorstoß in die absolute Freiheit, hinter der das Nichts steht.

Die katholische Erneuerungsbewegung hatte in Léon Bloy (1846–1917) ihren Begründer und in Charles Péguy (1873–1914), dem Dichter der ›Jeanne d'Arc (›Le mystère de la charité de Jeanne d'Arc‹, 1909) den Gründer der Zeitschrift ›Cahiers de la Quinzaine‹ (1900–1914), ihren streitbaren Führer. Georges Bernanos (1888–1948), der bereits zu Lebzeiten von der Kritik »der französische Dostojewski« genannt wurde, zeigte in seinem Roman ›Sous le soleil de Satan‹ (1926) und dem ›Journal d'un curé de campagne‹ (1936) sowie dem Bühnenspiel ›Dialogues des Carmélites‹ (1948) das Ringen der menschlichen Seele um Gott. Jacques Maritain (1882–1973) erweiterte die Bewegung nach der philosophischen Seite und entwickelte einen ›Humanisme intégral‹ (1936).

François Mauriac (1885–1970) gestaltete in über 20 Romanen die dunkle Gewalt des Bösen, während Paul Claudel (1868–1955), der repräsen-

Zeittafel: Französische Literatur im 20. Jahrhundert

Politische, gesellschaftliche Ereignisse und Werke der Literatur (hervorgehoben)

1905	Trennung von Staat und Kirche; **Rolland: ›Jean-Christophe‹ (1904)**
1914	Ermordung von Jaurès (Sozialistenführer); **Gide: ›La porte étroite‹ (1909)**
1914	Erster Weltkrieg (bis 1918); **Apollinaire: ›Alcools‹ (1913), Alain-Fournier: ›Le Grand Meaulnes‹ (1913), Proust: ›Du côté de chez Swann‹ (1913)**
1917	Russische Revolution
1919	Vertrag von Versailles; Gründung des Völkerbunds
1920	Gründung der Parti Communiste Français (P.C.F.); **Valéry: ›Le cimetière marin‹ (1920), Du Gard : ›Les Thibault‹ (1922)**
1925	Abkommen von Locarno; **Breton: ›Manifeste du surréalisme‹ (1924), Claudel : ›Le Soulier de Satin‹ (1924), Gide: ›Les Faux-Monnayeurs‹ (1925)**
1928	Ravel (Musik): ›Boléro‹; **Mauriac: ›Thérèse Desqueyroux‹ (1927)**
1933	Machtergreifung Hitlers; **Malraux: ›La Condition Humaine‹ (1933)**
1936	Front populaire; **Giraudoux: ›La guerre de Troie n'aura pas lieu‹ (1935), Aragon: ›Les beaux quartiers‹ (1936)**
1937	Picasso (Malerei): ›Guernica‹
1939	Zweiter Weltkrieg (bis 1945); **Saint-Exupéry: ›Terre des hommes‹ (1939)**
1940	Vichy-Regierung; **Camus: ›L'étranger‹ (1942), Sartre: ›L'être et le néant‹ (1943)**
1945	IV. Republik; **Anouilh: ›Antigone‹ (1944), Sartre: ›Huis clos‹ (1944)**
1946	Indochina-Krieg (bis 1954); **Sartre: ›Les mains sales‹ (1948), Ionesco: ›La cantatrice chauve‹ (1950)**
1954	Algerien-Krieg (bis 1962); **Beckett: ›En attendant Godot‹ (1953), Robbe-Grillet: ›Le voyeur‹ (1955)**
1958	De Gaulle Präsident der V. Republik; **Butor: ›La modification‹ (1957), Duras: ›Hiroshima, mon amour‹ (1959), Ionesco: ›Rhinocéros‹ (1960)**
1968	Studenten-Unruhen; **Yourcenar: ›L'oeuvre au noir‹ (1968)**
1969	Pompidou Staatspräsident
1970	Tod von De Gaulle; **Tournier: ›Le roi des aulnes‹ (1970), Modiano: ›Lacombe Lucien‹ (1974)**
1981	Mitterand Staatspräsident; **Le Clézio: ›Désert‹ (1980)**
1995	Chirac Staatspräsident; **Furet: ›Le passé d'une illusion‹ (1995)**

tative Dichter der Bewegung und gleichzeitig ihr vielseitigster Künstler, vom Symbolismus herkommend, die barocke Diesseits-Jenseits-Spannung in seinen großen Dramen ›L'annonce faite à Marie‹ (1912) und ›Le soulier de satin‹ (1929) zum Ausdruck brachte, seit Calderón die großartigste Weltschau aus katholischer Sicht. Gabriel Marcel (1889–1973) schließlich, der Gegenspieler Sartres, wurde der Schöpfer eines katholischen Existenzialismus und stellte Sartre eine Philosophie der Hoffnung entgegen (›Etre et avoir‹, 1935; ›Philosophie d'Espoir‹, 1946).

Existenzialismus

Die Mehrzahl der Existenzialisten jedoch schließt jedes theistische Denken aus und fordert vom Menschen den Mut, *das Leben auf die Freiheit eines Wesens zu gründen, das für eine Weile existiert, ohne das Wie und Warum zu kennen, aber seiner Existenz zumindest das Siegel seiner Willensentscheidung aufprägen kann* (Cazamian). Die seltene Vereinigung von philosophischem Engagement mit schriftstellerischer Begabung ließ Jean-Paul Sartre (1905–1980) zum eigentlichen Sprecher der Bewegung werden. Er schrieb das Grundwerk ›L'être et le néant‹ (1943) und interpretierte in zahlreichen Romanen (›La nausée‹, 1938; ›Le mur‹, 1939; ›Les chemins de la liberté‹, 1945–1949) und Dramen (›Les mouches‹, 1943; ›Huis clos‹, 1943; ›Morts sans sépulture‹, 1946; ›Les mains sales‹, 1948) seine eigene Lehre. Einige Schlüsselwörter haben im Wortschatz und Sprachgebrauch der Gegenwart einen gewissen Stellenwert gefunden: *l'absurdité, l'authenticité, l'engagement*, und zeugen so von der breiten Wirkung seines Denkens.

Seine Lebensgefährtin Simone de Beauvoir (1908–1986) begann mit ›L'invitée‹ (1943), schrieb als Nächstes die Apologie der emanzipierten Frau, ›Le deuxième sexe‹ (1949), und den Schlüsselroman ›Les mandarins‹ (1955), eine Schilderung der Pariser Intelligenz von 1945 und der Nachkriegsjahre. Ihr letztes Werk, ›La vieillesse‹ (1970), mündet in eine scharfe Anklage gegen die bürgerliche Gesellschaft ein.

Für die schon bei Sartre vorhandene »Sinnwidrigkeit des Daseins« fand dann Albert Camus (1913–1960) das Stichwort vom »Absurden« (›Le mythe de Sisyphe‹, 1942; ›L'homme révolté‹, 1951) und zeigte in den Romanen ›L'étranger‹ (1942), ›La peste‹ (1947), in der Erzählung ›La chute‹ (1956) sowie in den Theaterstücken ›Caligula‹ (1944), ›L'état de siège‹ (1948) und ›Les justes‹ (1950) die Haltung des Menschen, der gegen das Absurde »revoltiert«. Im Gegensatz zu Sartre verwarf allerdings Camus die Ideologien und Mythen, die im Namen der »Revolution« auftreten, und bekannte sich zum Individuum als dem Maß aller Dinge: *Ich lehne mich auf, daher sind wir ...* Das ist mehr Descartes als Marx.

Die letzten Möglichkeiten des Nihilismus werden vom »absurden« Theater ausgelotet, in dem das »Endspiel« der Menschheit aufgeführt wird. Das gleichnamige Schauspiel (›Fin de partie‹, 1957) schrieb Samuel Beckett (1906–1989, irischer Herkunft), der konsequenteste Vertreter der neuen Richtung. Bei seinen Stücken, die alle Gesetze der bisherigen Dramaturgie sprengen, handelt es sich um Dramen des menschlichen Scheiterns. In ›En attendant Godot‹ (1952) warten zwei Landstreicher vergeblich auf die nicht näher bezeichnete Figur »Godot«, in ›Fin de Partie‹ (1957) vegetieren vier Menschen dem Ende entgegen. So deutet Beckett die Situation des Menschen der Gegenwart als leeres Warten und als Suchen ohne Ergebnis.

Während Arthur Adamov (1908–1970, russischer Herkunft) mehr Kafka und Brecht verpflichtet war, gelang dem dritten »metaphysischen Schockdramatiker«, Eugène Ionesco (1912–1994), mit seinen »Anti-Stücken«, wie ›Les Chaises‹ (1957), ›Les rhinocéros‹ (1959) – wo er den allmählichen Verlust der personalen Lebensform durch die Vermassung darstellt – und ›Le roi se meurt‹ (1962), der Durchbruch zu europäischer Wirkung.

Der Anti-Roman

Dem »Anti-Theater« des Absurden entspricht ein »Anti-Roman« der epischen Avantgardisten des *Nouveau Roman*: In den Romanen und Erzählungen Raymond Queneaus (1903–1973) zerfällt das menschliche Dasein wie in Becketts ›Endspiel‹, Alain Robbe-Grillet (geb. 1922) dagegen versucht die Dinge aus ihren falschen »anthropomorphen« Bezügen zu lösen und freizulegen (»Dingroman«, z. B. ›La Jalousie‹, 1957). Was bleibt, ist eine Formel, eine Abstraktion, eine Welt der Beziehungslosigkeit. *Die Welt ist weder sinnvoll noch absurd. Sie ist.*

Bei Michel Butor (geb. 1926) und auch Nathalie Sarraute (1900–1999) dagegen löst sich der Mensch im »Strom der Zeit« auf. In Butors Roman ›La modification‹ (1957) taucht der Mensch im Kollektiv unter, bei Sarraute (›Tropismes‹, 1939; ›Martereau‹, 1959; ›Le planétarium‹, 1959; ›Les fruits d'or‹, 1963; ›Entre la vie et la mort‹,1968) besteht das Leben aus einer Folge von Miniaturkämpfen und Neuralgien, die von absurden Reizen diktiert werden. Die Welt aber hat keinen anderen Sinn, als dass sie gesagt wird. Mit diesem »Sagen« aber bleibt auch sie noch der französischen Tradition verpflichtet.

Literaturempfehlungen »Französisch«

Deutschsprachige Werke:

Engler, W., ›Geschichte des französischen Romans. Von den Anfängen bis Marcel Proust‹, Stuttgart 1982

Engelhardt, K. u. Roloff, V., ›Daten der französischen Literatur‹, 2 Bde., München 1979

Heitmann, Kl., (Hrsg.), ›Der französische Roman vom Mittelalter bis zur Gegenwart‹, 2 Bde., Düsseldorf 1975

Lange, W.-D., ›Französische Literatur der Gegenwart in Einzeldarstellungen‹, Stuttgart 1971

Lope, H.-J., ›Französische Literaturgeschichte‹, Heidelberg 1978

Schwendemann, I. (Hrsg.), ›Hauptwerke der französischen Literatur, Einzeldarstellungen und Interpretationen‹, Kindlers Literaturlexikon, 3. Aufl., München 1980

Französische Werke:

Bellenger, Y., Couty, P., Sellier, Ph., Truffet, M., ›Histoire de la littérature française‹, 2 Bde., Paris 1972, 1977

Guth, Paul, ›Histoire de la littérature française‹, 3 Bde., Paris, Monaco 1992

Malignon, J., ›Dictionnaire des écrivains français‹, Paris 1971

Zeitgenössische Literatur:

Bersani, J., Autrand, M., Lecarme, J., Vercier, B., ›La littérature en France depuis 1945‹, Paris 1974 (auch: Stuttgart 1971)

Boideffre, P., ›Les écrivains français d'aujourd'hui‹, Livre de poche ›Que sais-je‹ Nr. 1057

Bonnefoy, Ch., Cartano, T., Oster, D., ›Dictionnaire de la littérature française contemporaine‹, Paris 1977

Bruézière, M., ›Histoire descriptive de la littérature contemporaine‹, Paris 1975

Duvignaud, J., Lagoutte, J., ›Le théâtre francais contemporain‹, Paris 1974

Hinterhäuser, H., ›Französische Lyrik von Villon bis zur Gegenwart‹, 2 Bde., Düsseldorf 1975

Pillement, G., ›Le théâtre d'aujourd'hui‹, Paris 1970

Séghers, P., ›Le livre d'or de la poésie française‹, 3 Bde., Paris 1972

Simon, A., ›Dictionnaire du théâtre français contemporain‹, Paris 1973

Vercier, B., Lecarme, J., ›La littérature en France depuis 1968‹, Paris 1982

Eine außergewöhnliche Schilderung des Theaters, des Ringens von Regisseur und Schauspieler um werkgetreue oder eigenwillige Inszenierungen, aber auch des Lebens in den Pariser Künstlerkreisen, bieten die Memoiren von Jean-Louis Barrault:

›Souvenirs pour demain‹, Paris 1972

›Comme je le pense‹, Paris 1975

Die Abiturprüfung

Als Form der schriftlichen Abiturprüfung hat sich in allen Bundesländern die Textaufgabe durchgesetzt. Für die einzelnen Teilaufgaben lassen sich bestimmte Strategien einüben. Bei der Bearbeitung der Fragen ist es sehr nützlich, über ein fundiertes Vokabular zur Textproduktion zu verfügen (→ Kapitel »Wortschatz«).

Die Textaufgabe

Diktat, Version und Nacherzählung, lange Zeit die üblichen Prüfungaufgaben, sind nicht ausreichend geeignet, um die in den Lehrplänen für die Oberstufe festgelegten sprachlichen Fertigkeiten und fachlichen Kenntnisse zu überprüfen. An ihre Stelle ist deshalb heute die Textaufgabe getreten.

Die Textaufgabe soll einerseits zu eigenständigen fremdsprachlichen Äußerungen anregen und andererseits eine objektivere und transparentere Beurteilung der Schülerleistung erlauben. Außerdem hat sie den Vorteil, organisch aus dem Unterricht zu erwachsen. Eine spezielle Ad-hoc-Vorbereitung auf die Prüfungsform des Abiturs ist darum nicht in dem früher üblichen Maß notwendig. Zudem können die einzelnen Teile der Textaufgabe bzw. die für die Textaufgabe wichtigen Fertigkeiten schon in den vorausgehenden Lernjahren geübt werden. Hierzu seien einige Beispiele genannt:

- Fragen zu den behandelten Lektionen
- Zusammenfassungen
- Auffinden von Synonymen oder Antonymen
- Worterklärungen
- Üben in sprachlichen Paraphrasen usw.

Auch in dieser Hinsicht geht sie organisch aus dem Unterricht hervor.

Die Aufgabenstellungen der Textaufgabe werden allgemein zwei Bereichen zugeordnet: einerseits dem Textverständnis und der Textanalyse (grammatikalische Aufgaben, Fragen zum Text, *résumé*), andererseits als textübergreifende Aufgaben (*commentaire personnel,* Version).

Natürlich gleichen sich die allgemeinen methodischen Schritte bei der Bearbeitung der Textaufgabe in den modernen Fremdsprachen und vieles ist deshalb übertragbar. Dies gilt zumal für das Englische und das Französische, da der Englischunterricht in der Schule meist dem Französischunterricht vorausgeht. Hier wird deshalb vor allem auf für die Textaufgabe Französisch wichtigen Aspekte eingegangen. Für das inhaltliche Verständniss (fachliche Kenntnisse) der Textaufgabe Französisch im Abitur kann ein landeskundliches Hintergrundwissen nur nützlich sein. In den Bundesländern, in denen sich die Textaufgabe auf ein im Unterricht behandeltes literarisches Werk bezieht, sind natürlich sowohl dessen spezielle als auch allgemeine literarische Kenntnisse unerlässlich.

Allgemeine Tipps

Der schriftliche Ausdruck bzw. die Textproduktion im Französischen übt und beweist nicht nur einen bestimmten Grad der Beherrschung der Fremdsprache, sondern schult darüber hinaus die geistige Disziplin: die Fähigkeit, unsere oft vielfältigen, manchmal widersprüchlichen Gedanken zu ordnen und sie anderen verständlich mitzuteilen. Deshalb sollte zielstrebig die Umsetzung der drei folgenden Regeln geübt werden:

Keine zu komplexen Satzgefüge

Auch der fortgeschrittene Lerner des Französischen sollte sich grundsätzlich auf das Satzgefüge Hauptsatz plus Nebensatz beschränken und auf dessen logische Verknüpfung mit dem Vorausgehenden und dem Nachfolgenden achten.

Klare Gliederung

Eine klare Gliederung der Antworten zu den Textfragen und der längeren Textproduktionen, wie *résumé* und *commentaire personnel,* fördert selbst bei einer Reihe sprachlicher Fehler erheblich das Verständnis. Eine klare sprachliche Textstrukturierung kann darüber hinaus als ein Charakteristikum des schriftlichen Ausdrucks im Französischen gelten.

Bewusster Einsatz der Satzzeichen

Komma, Strichpunkt, Doppelpunkt, Frage- und Ausrufungszeichen haben wichtige Funktionen und können, richtig gesetzt, den schriftlichen Ausdruck variieren und ebenfalls erheblich das Verständnis fördern.

Tipps und Arbeitsvorschläge

Commentaire personnel

Der *commentaire personnel* drückt die persönliche, begründete Stellungnahme zu dem durch das Thema aufgeworfenen Problem aus. In Abhängigkeit von der Art dieser Stellungnahme sind unterschiedliche Formen des *commentaire personnel* denkbar, die sich auch in der Komplexität der Textgliederung und damit der Länge unterscheiden.

Einfache Form der Stellungnahme

Eine Stellungnahme ist eindeutig »ja«. Daraus ergibt sich die einfachste Form:

- Einleitung mit Themabezug
- Stellungnahme und Aufzählung der Argumente, Gesichtspunkte und Gründe (→ Lösungsvorschlag IV. 1.)

Komplizierte Form der Stellungnahme

Eine Stellungnahme ist tendenziell »ja« bzw. tendenziell »nein«, etwa im Sinne von »ja, aber ...«. Daraus ergibt sich eine etwas kompliziertere Form:

- Einleitung mit Themabezug
- Konzession: Ausdruck eines Arguments oder Gesichtspunktes, der nicht der tendenziellen Stellungnahme entspricht
- Aufzählung meiner Argumente, Gesichtspunkte und Gründe; Schlussfolgerung, die die Stellungnahme präzisiert (→ Lösungsvorschlag Aufgabe IV. 2.)

Kompliziertestе Form der Stellungnahme

Man ist noch unentschieden, muss die Argumente erst abwägen. Daraus ergibt sich die komplizierteste Form:

- Einleitung mit Themabezug und Problematisierung bezüglich der Stellungnahme,
- Aufzählung von Argumenten, Gesichtspunkten, Gründen *pour* bzw. *contre* oder
- Aufzählung von Argumenten, Gesichtspunkten, Gründen *contre* bzw. *pour*,
- Schlussfolgerung, mit einer Stellungnahme (→ Lösungsvorschlag Aufgabe IV. 3.)

Version

Die Version innerhalb einer Textaufgabe ist umstritten und wird deshalb nicht in allen Bundesländern gefordert. Dort, wo sie verlangt wird hat die Version eine ganz bestimmte Zielrichtung: Sie soll nicht das Textverständnis überprüfen – das tun bereits die Fragen zum Text und das *résumé* –, sondern Aufschluss darüber geben, inwieweit unterschiedliche bzw. gemeinsame Strukturen und Ausdrucksweisen vom Französischen und der Muttersprache erkannt und entsprechend übersetzt werden können.

Die Übersetzung aus dem Französischen ist deshalb eine sich an das fremdsprachliche Original eng anschließende Wiedergabe und nicht eine Art Neuschöpfung des fremdsprachlichen Textes in der Muttersprache. Dies ist der Hintergrund für den oft gegebenen, etwas vagen Rat: *So wörtlich wie möglich, so frei wie nötig.*

Eine Einübung der Version sollte das Bewusstsein von für das Französische charakteristische aber vom Deutschen verschiedene Strukturen schärfen, wie z. B. die *mise en relief*, die Partizipal- und Infinitivkonstruktionen. Ein wichtiger erster methodischer Schritt bei der Übersetzung ist die Identifizierung des Hauptsatzes und seine Wiedergabe; erst wenn dies geschehen ist, werden die Nebensätze und Einschübe übersetzt.

Résumé

Man notiert zunächst die wesentlichen Informationen des Textes. Dabei ist es nötig, sich auf das Wesentliche zu konzentrieren: Beispiele bzw. nähere Erklärungen gehören nicht zu einem *résumé*. Man bringt dann die wesentlichen Informationen des Textes in eine logische Ordnung und achtet auf die Übergänge zwischen den einzelnen Punkten. Ein *résumé* ist ein zusammenhängender Text. Man schreibt ein *résumé* aus der Sicht des Autors, ohne persönliche Anmerkungen.

Beispiel einer Textaufgabe

(Le commentaire de texte dirigé/l'étude de texte)

texte

L'esprit européen est-il pour demain?

Le XIXe siècle était un siècle stupide. Le nôtre a encore trente ans pour prouver qu'il l'est moins. Alors, parlons-en. A l'heure actuelle, on se trouve devant des problèmes qui dépassent les nations isolées. Il faut arriver à une extension géographique et à une puissance économique telles que l'Europe redevienne ce qu'elle était autrefois, c'est-à-dire l'Université et l'arbitre du monde et qu'elle reprenne le rôle qu'elle mérite.

Pour la jeunesse d'aujourd'hui l'idée de patrie ne signifie plus grand-chose. De la province on est passé à la nation. N'est-il pas temps maintenant d'entrer dans un cadre d'une autre dimension et surtout d'une autre nature que la simple nation, héritée des conceptions bourgeoises du XIXe siècle? Nous, qui avons eu vingt ans en 1968, nous réclamons une éducation européenne. Nous sommes une génération de transition: nous ne tenons plus autant à nos antécédents nationaux et nous n'avons pas encore pris conscience de nos véritables racines européennes. Nous ne voulons plus être étrangers. Nous devrions apprendre une même histoire et commencer par nos »ancêtres les Européens« plutôt que par »nos ancêtres les Gaulois«! Il serait grand temps qu'à Francfort comme à Montpellier on enseigne de la même manière le pourquoi et le comment du traité de Westphalie. Nous avons déjà en commun les mêmes mathématiques, la même chimie, la même physique et la même géographie. Pourquoi ne partagerions-nous pas la même histoire et la même littérature?

Non! on ne fabriquera pas des générations d'Européens en supprimant les taxes d'importation sur le jambon de Parme et les artichauts bretons. Ce n'est pas l'Europe de l'électro-ménager ni l'Europe des clubs de vacances qui nous importent, c'est un esprit européen. Il faut: éduquer les jeunes générations dans un esprit qui sera inévitablement celui de demain; une culture commune, une culture européenne; une intégration des diplômes et des programmes. N'est-il pas absurde de penser qu'aujourd'hui un médecin français serait un assassin de l'autre côté du Rhin, s'il voulait y exercer son art, et ce n'est là qu'un aspect élémentaire d'un problème dont l'urgence finira bien par apparaître.

Enfin, si les cultures se jugent aux idées et aux monuments qu'elles laissent, les civilisations se jugent par leurs institutions. Où en sont celles de l'Europe?

Pour survivre et s'adapter au monde moderne, il faudra surmonter les habitudes et les nationalismes qui craqueront de toute manière un jour ou l'autre, et comme dirait Jean Monnet: »Nous devons mettre en commun nos ressources économiques.«

Si le général de Gaulle n'a pas joué le rôle qu'on attendait dans la formation de l'Europe, c'est que sa conception de la nation ne pouvait lui faire admettre l'idée d'une supranationalité. Sans doute, pour lui, déléguer ses pouvoirs c'était renoncer. Aujourd'hui, il semble que si les chefs d'Etat ont perdu un peu de leur majesté, ils sont redevenus des hommes, et que, forts de leurs pouvoirs, ils n'attendront pas une nouvelle guerre qui aurait peut-être plus de chances de forger l'unité. On en a assez de n'entendre parler actuellement que des marchés. Nous espérons que tout rentrera bientôt dans l'ordre pour une Europe dont on parle beaucoup et qui n'est pourtant pas la Lune!

(D'après François-Marie Banier, L'esprit européen est-il pour demain?, dans: Le Monde, 28 janvier 1971)

Devoirs

I. Structures grammaticales

1. *»Le nôtre a encore trente ans …«*
   Transformez la phrase en employant le déterminant possessif notre.
2. *»prouver qu'il l'est moins«*
   Remplacez le pronom d'objet direct par les mots qu'il représente.
3. *»parlons-en«*
   Supprimez le pronom adverbial.
4. *»Il faut arriver à une extension géographique«*
   Remplacez l'infinitif par une proposition subordonnée (sujet: nous). Ensuite remplacez l'expression il faut *par: il est nécessaire/ il importe/ il est sûr/ il est possible/ il est probable/ il paraît/ il semble/ et indiquez le mode, subjonctif ou indicatif ?*
5. *»Il faut arriver à une extension géographique et à une puissance économique telles que l'Europe redevienne …«*
   Remplacez le mot puissance *par le terme* pouvoir.
6. *»Nous, qui avons eu vingt ans en 1968, nous réclamons …«*
   Mettez au singulier.
7. *»nous n'avons pas encore pris conscience de nos véritables racines européennes«*
   Remplacez l'expression prendre conscience *par l'expression* se rendre compte.
8. *»Nous devrions apprendre une même histoire et commencer par …«*
   Remplacez le verbe auxiliaire modal par l'expression il est nécessaire.
9. *»Pourquoi ne partagerions-nous pas la même histoire?«*
   Remplacez le pronom personnel nous *par* les étudiants européens. *Evitez la formule* est-ce que.
10. »Ce *n'est pas l'Europe de l'électro-ménager ni l'Europe des clubs de vacances* qui *nous importent.«* *Comment est-ce qu'on appelle la formule* ce … qui *et quelle est sa fonction ? Supprimez-la.*
11. »ce *n'est là* qu'*un aspect élémentaire«*
    Remplacez les mots ce … qu(e) *par une construction équivalente.*
12. *»aux idées et aux monuments qu'elles laissent«*
    Mettez le passage au passé composé.
13. *»Pour survivre et s'adapter au monde moderne«*
    Remplacez la construction pour + infinitif *par une proposition subordonnée en employant une conjonction (sujet: nous).*
14. *»si les chefs d'Ètat ont perdu un peu de leur majesté, ils sont redevenus des hommes.«*
    Remplacez la construction par une construction équivalente.
15. *»tout rentrera dans l'ordre pour une Europe dont on parle beaucoup et qui n'est pourtant pas la Lune.«* *Faites deux phrases en supprimant la construction relative.*

II. Questions

Répondez aux questions suivantes. Employez les informations directes ou indirectes données par le texte, mais ne copiez pas les expressions du texte!

1. *Pourquoi est-ce que l'auteur est d'avis que le XIXe siècle était un siècle stupide?*
2. *Pourquoi est-ce que la formation d'une Europe unie est la tâche la plus importante de notre époque?*
3. *Pourquoi est-ce qu'il est beaucoup plus facile pour la jeunesse d'aujourd'hui de créer cette Europe unie?*
4. *Pourquoi l'auteur appelle-t-il une »génération de transition« ceux qui ont eu vingt ans en 1968?*
5. *De quelle façon l'éducation pourrait-elle contribuer à surmonter les nationalismes démodés?*
6. *Quelle est l'attitude de l'auteur à l'égard d'un marché commun européen?*
7. *Qu'est-ce que l'auteur veut montrer par l'exemple du médecin français qui serait un assassin de l'autre côté du Rhin?*
8. *Est-ce que, d'après l'auteur, de Gaulle était un »grand Européen«?*

III. Résumé

Résumez les points les plus importants du texte. Ne copiez pas le texte!

IV. Commentaire personnel

Exposez vos idées sur un des sujets suivants.

1. *Croyez-vous que l'enseignement des langues vivantes aux écoles puisse contribuer à la formation d'un esprit européen?*
2. *Les jeunes d'aujourd'hui tiennent-ils encore à la nation?*
3. *Une fédération européenne – une sorte d'États-Unis d'Europe – est-elle vraiment nécessaire ?*

V. Version

Traduisez le dernier paragraphe du texte en allemand. (»Si le général de Gaulle … qui n'est pourtant pas la Lune!«)

Lösungsvorschläge

I. Structures grammaticales

1. *Notre siècle a encore trente ans*
2. *prouver qu'il est un siècle moins stupide*
3. *parlons de ce siècle*
4. *Il faut que nous arrivions à une extension géographique; il est nécessaire + subjonctif; il importe + subjonctif; il est sûr + futur; il est possible + subjonctif; il est probable + futur; il paraît + futur; il semble + subjonctif.*
5. *Il faut arriver à une extension géographique et à un pouvoir économique tels que …*
6. *Moi, qui ai eu vingt ans en 1968, je réclame …*
7. *nous ne nous sommes pas encore rendu compte de nos véritables racines européennes*
8. *Il est nécessaire que nous apprenions une même histoire et que nous commencions par*
9. *Pourquoi les étudiants européens ne partageraient-ils pas la même histoire ?*

10. *La mise en relief. Elle sert à souligner une partie de la phrase. Ni l'Europe de l'électro-ménager ni l'Europe des clubs de vacances ne nous importent.*
11. *C'est là seulement un aspect élémentaire*
12. *aux idées et aux monuments qu'elles ont laissés*
13. *Afin que/Pour que nous survivions et que nous nous adaptions au monde moderne.*
14. *Ayant perdu un peu de leur majesté, les chefs d'État sont redevenus des hommes.*
15. *tout rentrera bientôt dans l'ordre pour l'Europe. On parle beaucoup de cette Europe qui n'est pourtant pas la Lune.*

II. Questions

1. *L'auteur critique le XIXe siècle parce que pendant cette époque un nationalisme très fort s'est développé partout en Europe.*
2. *D'une part les problèmes de notre époque ne concernent plus seulement les nations isolées. Pour résoudre ces problèmes un cadre plus grand et plus puissant que celui d'une nation est nécessaire. D'autre part l'Europe a perdu son rôle dans le monde. C'est pourquoi une fédération européenne est nécessaire.*
3. *La jeunesse d'aujourd'hui n'est plus attachée à la nation ou à la patrie. Elle veut franchir les limites de la nation.*
4. *L'auteur parle d'une génération de transition parce que d'un côté les jeunes d'aujourd'hui ne sont plus attachés à la tradition nationale, mais de l'autre ils ne se sont pas encore rendu compte de ce que toutes les nations européennes ont en commun, de la tradition européenne.*
5. *L'éducation devrait pendre position pour la tradition commune et par cela former un esprit européen. Pour y arriver, l'histoire et la littérature sont particulièrement importanets.*
6. *L'auteur exprime une attitude plutôt critique à l'égard d'une économie commune. Selon lui, celle-ci ne sert pas à préparer l'intégration des nations européennes. C'est par contre une culture commune qu'il faut.*
7. *Par cet exemple l'auteur veut montrer que de nos jours les frontières nationales sont devenues absurdes et souligner la nécessité de ce qu'il appelle »une intégration des diplômes et des programmes«.*
8. *Selon l'auteur, de Gaulle ne l'était pas. Il a plutôt freiné la construction européenne parce qu'il ne voulait pas abandonner certains droits à une Europe supranationale.*

III. Résumé

Les points essentiels:

1. *Les nations seules ne peuvent ni résoudre les problèmes ni jouer un rôle important dans le monde.*
2. *Pour la jeune génération le nationalisme est déjà démodé.*
3. *Afin de créer un esprit européen, une éducation européenne est nécessaire, surtout en ce qui concerne l'histoire et la littérature.*
4. *La coopération économique ne suffit pas; il faut aussi arriver à une coopération culturelle.*
5. *La coopération administrative doit s'exprimer par des institutions européennes.*
6. *De Gaulle a empêché la formation de l'Europe parce qu'il ne voulait pas renoncer à ses pouvoirs.*
7. *Aujourd'hui l'attitude des chefs d'Etat à l'égard de leurs pouvoirs a changé.*

8. *Ni les guerres ni les marchés ne feront l'Europe.*
9. *L'Europe unie n'est pas une chose impossible.*

Le résumé:

L'esprit européen est-il pour demain?
Tout d'abord l'auteur constate qu'à notre époque les nations seules ne peuvent ni résoudre les problèmes modernes ni jouer un rôle important dans le monde. Puis, il expose qu'aujourd'hui il semble être plus facile qu'autrefois d'arriver à une Europe unie parce que pour les jeunes le nationalisme est quelque chose de démodé. Pour cette raison, il réclame une éducation européenne, surtout en ce qui concerne l'histoire et la littérature. C'est ainsi qu'on créera un esprit européen qui ne soit pas formé par une coopération économique. Car il faut d'une part une coopération culturelle et d'autre part une coopération administrative qui doit s'exprimer par des institutions européennes. A cela s'ajoute un autre facteur qui facilite la formation de l'Europe unie: l'attitude changée des chefs d'Etat à l'égard de leur pouvoir personnel et de la souveraineté. Il en résulte qu'actuellement l'Europe unie n'est plus considérée comme une chose impossible, mais ce ne sont ni les marchés ni les guerres ni les hommes comme de Gaulle qui la feront.

IV. Commentaire personnel

1.

L'enseignement des langues vivantes aux écoles peut-il contribuer à la formation d'un esprit européen? Moi, je pense que oui. Je vois essentiellement deux points de vue pour cette opinion. D'un côté, apprendre une langue moderne, la langue d'un voisin, cela signifie pas seulement apprendre le vocabulaire et la grammaire, mais c'est aussi le seul moyen de comprendre un peuple, de connaître sa culture et ses idées, d'analyser ses opinions. En conséquence, les préjugés transmis d'une génération à l'autre peuvent être détruits et une compréhension plus profonde peut se devélopper. De l'autre, l'enseignement des langues vivantes aux écoles rend possible la discussion entre les jeunes des différentes nations. Et cette discussion elle aussi, peut contribuer à la solution des problèmes de l'avenir, à la création d'un esprit commun, d'un esprit européen.

2.

Il se pose la question de savoir si les jeunes d'aujourd'hui tiennent encore à la nation. Tout en reconnaissant le fait que de nos jours on peut entendre à nouveau des slogans nationalistes aussi parmi les jeunes, je trouve que pour la plupart des jeunes d'aujourd'hui le nationalisme est une conception démodée. A mon avis, il y a quatre raisons qui nous expliquent pourquoi la jeunesse d'aujourd'hui n'est plus attachée à la nation. En premier lieu, le nationalisme est pour elle étroitement lié aux misères, à l'absurdité des deux guerres mondiales. En outre, les moyens de communication de masse, l'éducation moderne, la possibilité de faire des voyages à l'étranger ont contribué à détruire les vieux préjugés enracinés. A cela s'ajoute que les jeunes ne veulent plus être enfermés dans les frontières d'une nation, ils veulent être cosmopolites, ils veulent participer à la culture des autres nations dont ils apprennent les langues à l'école. Finalement, aujourd'hui les opinions, les façons de vivre et de penser, les problèmes de la jeunesse sont internationaux. Le conflit entre les nations est remplacé par un autre conflit – celui entre les générations. On voit bien par ce qui précède que je ne peux prendre qu'une position: Non, nous autres les jeunes, nous ne tenons plus à la nation, c'est l'Europe que nous voulons.

3.

Dans les pays d'Europe, les opinions sont très partagées en ce qui concerne la question de savoir si une fédération européenne est vraiment nécessaire. Je vais essayer d'y réfléchir. Qu'est-ce qui parle pour une telle fédération? Il y a tout d'abord le fait que la Deuxième Guerre mondiale a détruit le rôle de l'Europe dans le monde. Aujourd'hui le monde est dominé par une seule puissance, les Etats-Unis. Comparées à cette superpuissance, les nations européennes sont insignifiantes. Le potentiel militaire et économique d'une nation isolée est ridicule comparé à celui de ce géant. Ensuite, il y a le point de vue de la sauvegarde d'une certaine culture européenne. De nos jours, nous sommes envahis par « the americain way of life » dont le fast food, la musique, le cinéma et la télévision ne sont que quelques exemples. On peut, finalement, en tirer la conclusion que si l'Europe veut survivre, elle doit mettre en commun ses ressources. Les nations européennes ont le choix: ou former une alliance puissante ou ne plus être ce qu'elles sont.

Mais l'actualité nous donne aussi des arguments contre une fédération européenne. Il y en a surtout deux. D'une part, dans le cadre de l'Union Européenne actuelle, on se plaint de plus en plus d'un manque de démocratie dans les décisions, d'une trop grande influence des technocrates. Je doute fort que cela change si la coopération entre les pays européens va encore plus loin. D'autre part, une fédération européenne exige une forte harmonisation des lois dans les pays membres. La conséquence en sera que beaucoup de particularités qui jusqu'à ce jour font le charme de tel ou tel pays disparaîtront. La diversité qui fait la richesse de l'Europe sera ainsi fortement réduite.

Alors, quelle position prendre? En comparant les arguments, j'arrive à la conclusion que ceux pour la nécessité d'une fédération européenne l'emportent. (En comparant les arguments, je dois constater que ceux-ci sont d'une importance égale.) C'est pourquoi je refuse de prendre position.

V. Version

Wenn der General de Gaulle bei der Bildung Europas nicht die erwartete Rolle spielte, so deshalb, weil seine Auffassung von der Nation es ihm verbot, den Gedanken einer überstaatlichen Ordnung gelten zu lassen. Seine Machtbefugnisse abzutreten, bedeutete für ihn wahrscheinlich die Selbstaufgabe. Heute hat es den Anschein, dass die Staatsoberhäupter wieder Menschen geworden sind, wenn sie auch ein wenig von ihrer Herrscherwürde verloren haben, und dass sie, ihre Machtbefugnisse nutzend, nicht auf einen neuen Krieg warten werden, der vielleicht mehr Aussicht hätte, die Einheit zu schmieden. Man hat genug davon, gegenwärtig nur von den Märkten zu hören. Wir hoffen, dass sich alles bald regeln wird für ein Europa, von dem man viel spricht und das dennoch nicht nur ein Traum ist.

Wortschatz

Sowohl für die Textproduktion als auch für das Verständnis fremdsprachlicher Literatur- und Sachtexte ist die Kenntnis eines entsprechenden Vokabulars unerlässlich. Neben Ausdrücken zur logischen Verknüpfung und Textstrukturierung und zur Bearbeitung literarischer Texte finden sich Listen mit Wörtern, die erst in jüngster Zeit in die französische Sprache eingegangen sind.

Wortschatz zur logischen Verknüpfung und Textstrukturierung

Es ist zu empfehlen, die folgende Auswahl wichtiger Ausdrücke auswendig zu lernen und regelmäßig zu wiederholen. Ziel ist dabei eine quasiautomatische Verfügung, die wiederum die Variation im schriftlichen Ausdruck ermöglicht.

Grund/Folge

causer .... verursachen
venir du fait que .... davon herrühren, dass
la cause de .... der Grund/die Ursache für
la raison pour laquelle .... der Grund dafür, dass/der Grund, warum
les causes en sont .... die Gründe/die Ursachen dafür sind
la raison en est .... der Grund dafür ist
à l'occasion de .... anlässlich
sous prétexte de .... unter dem Vorwand
pourvu que (+ subjonctif) .... vorausgesetzt, dass
entraîner .... zur Folge haben
il en résulte que .... daraus folgt, dass
faire que .... bewirken, dass
les conséquences en sont .... die Folgen davon sind
tellement que .... so sehr, dass
c'est pourquoi .... deshalb
pour cette raison .... deshalb
par conséquent .... folglich
en conséquence .... folglich
à la suite de .... infolge

Vergleich/Gegensatz/Einschränkung

en comparaison avec .... im Vergleich zu
comparé à .... verglichen mit
ainsi que .... wie auch
plus/moins/aussi important que .... wichtig/weniger wichtig/ebenso wichtig als
par contre .... dagegen
en revanche .... dagegen
contrairement à .... im Gegensatz dazu
à l'opposé de .... im Gegensatz zu
au détriment de .... auf Kosten von
pourtant .... jedoch/dennoch
cependant .... jedoch/dennoch
de toute façon .... auf jeden Fall
à la différence de .... im Unterschied zu
en fait .... tatsächlich
alors que .... während
tandis que .... während

bien que (+ subjonctif) .... obwohl
quoique (+ subjonctif) .... obwohl
tout en reconnaissant le fait que .... in Anerkennung der Tatsache, dass
du moins .... wenigstens
malgré .... trotz
aux dépens de .... auf Kosten von
sans que (+ subjonctif) .... ohne dass
même .... selbst, sogar

Zeit
actuellement .... zurzeit
de nos jours .... heutzutage
à l'époque de .... in der Zeit von
à cette époque .... in jener Zeit
autrefois .... früher
il y a un an .... vor einem Jahr
ces dernières années .... in den letzten Jahren
dans le passé .... in der Vergangenheit
dans les années à venir .... in den kommenden Jahren
à l'avenir .... in Zukunft
de temps en temps .... von Zeit zu Zeit
à ce jour .... bis heute
d'ici demain/deux ans .... bis morgen/bis in zwei Jahren
d'ici là .... bis dahin

Meinung
en somme .... alles in allem
en général .... im Allgemeinen
exposer .... darlegen
témoigner de .... zeugen von/bezeugen
faire apparaître .... erkennen lassen
prouver .... beweisen
refuser .... ablehnen/sich weigern
affirmer .... behaupten
douter fort que (+ subjonctif) .... stark zweifeln
proposer que (+ subjonctif) .... vorschlagen
il se pose la question de savoir si .... es stellt sich die Frage, ob
être d'un autre avis .... anderer Meinung sein
à mon avis .... meiner Meinung nach
selon moi .... meiner Meinung nach
d'après l'auteur .... nach der Meinung des Autors
quant à moi .... was mich betrifft
en ce qui me concerne .... was mich betrifft
considérer comme .... ansehen als/halten für

prendre position .... Stellung nehmen
la prise de position .... Stellungnahme
le point de vue .... Gesichtspunkt
selon ses propres termes .... nach seinen eigenen Worten
trouver que .... finden/der Meinung sein, dass
trouver bon/normal que (+ subjonctif) .... gut/normal finden, dass

Textstrukturierung

pour commencer .... zu Beginn, einleitend
commençons par .... zunächst
tout d'abord .... zuallererst
en premier lieu .... an erster Stelle
premièrement .... als Erstes/zuerst
de plus .... außerdem, des Weiteren
en outre .... außerdem, des Weiteren
ensuite .... dann/danach
puis .... dann/danach
à cela s'ajoute .... hinzu kommt
par la suite .... im Folgenden
d'ailleurs .... übrigens
finalement .... schließlich
enfin .... schließlich
en dernier lieu .... an letzter Stelle
pour terminer .... abschließend
en conclusion .... schlussfolgernd
on peut en tirer la conclusion .... man kann die Schlussfolgerung daraus ziehen
en résumé .... zusammenfassend
on voit par ce qui précède que .... man sieht aus dem Vorhergehenden, dass
d'une part … d'autre part .... einerseits … andererseits
d'un côté … de l'autre .... einerseits … andererseits

Wortschatz zur Interpretation literarischer Texte

Die Kenntnis eines Grundwortschatzes ist Voraussetzung zur Interpretation, vor allem von literarischen Texten (Drama, erzählende Dichtung und Lyrik). Die Fachausdrücke sind nach Sachgruppen geordnet. Neben den Einzelbegriffen sind auch eine ganze Reihe von Redewendungen und typischen Formulierungen in die Sammlung aufgenommen.

Vocabulaire de l'explication de textes .... Wortschatz der Interpretation

l'auteur .... der Autor
un auteur .... ein Verfasser, Autor
le romancier .... der Romanschriftsteller
un écrivain .... ein Schriftsteller
le poète .... der Dichter
le narrateur .... der Erzähler
la narratrice .... die Erzählerin
le nouvelliste .... der Novellendichter, Novellist
le satiriste .... der Satiriker
le fabuliste .... der Fabeldichter
le génie .... das Genie, die Begabung
le talent .... das Talent, die Begabung

les époques de l'histoire littéraire .... literarische Epochen
l'Antiquité .... die Antike
le Moyen Age .... das Mittelalter
la Renaissance .... die Renaissance
les Temps Modernes .... die Neuzeit
antique .... antik
médiéval, -e, -aux .... mittelalterlich
moderne .... modern
contemporain, -e .... zeitgenössisch
le classicisme .... die Klassik
le romantisme .... die Romantik
le réalisme .... der Realismus
classique .... klassisch
romantique .... romantisch
réaliste .... realistisch
un apogée .... ein Höhepunkt
la décadence .... der Verfall
un épanouissement .... ein Aufblühen, eine Entfaltung
la floraison .... die Blüte
une évolution .... eine Entwicklung
un adversaire .... ein Gegner
le partisan .... der Anhänger

une école littéraire	eine literarische Schule
le mouvement littéraire	die literarische Bewegung
le groupe	die Gruppe
le créateur	der Schöpfer
la créatrice	die Schöpferin
le goût du temps	der Zeitgeschmack
le livre	das Buch
le livre	das Buch
le tome, le volume	das Buch, der Band
la table des matières	das Inhaltsverzeichnis
le livre est intitulé …	das Buch hat denTitel …
la préface	das Vorwort
une introduction	eine Einführung
le livre se divise en dix chapitres	das Buch ist in zehn Kapitel aufgeteilt
au premier/dernier chapitre	im ersten/letzten Kapitel
au chapitre précédent/suivant	im vorigen/folgenden Kapitel
un livre de deux cents pages	ein 200 Seiten starkes Buch
à la première/dernière page d'un livre	auf der ersten/letzten Seite eines Buchs
le passage	die Stelle
le paragraphe	der Abschnitt
la ligne	die Zeile
la note (syn. annotation)	die Anmerkung
un appendice	ein Anhang
le glossaire	das Glossar
citer un auteur, un passage	einen Autor, eine Stelle zitieren
la citation	das Zitat
écrire un texte	einen Text verfassen
rédiger un manuscrit	ein Manuskript verfassen
éditer un texte	einen Text herausgeben
un éditeur	ein Herausgeber
une édition	eine Edition
publier un texte	einen Text veröffentlichen
la publication	die Veröffentlichung
traduire un livre en anglais	ein Buch ins Englische übersetzen
traiter un argument	ein Thema behandeln
exposer un problème	ein Problem darlegen
développer une idée	einen Gedanken entwickeln
suivre un ordre	eine Ordnung einhalten
résumer un texte	einen Text zusammenfassen
le style	der Stil
le style simple	der einfache, schlichte Stil
le style concis	der gedrängte Stil

le style élevé, soutenu	der gehobene Stil
le langage sobre	die nüchterne Sprache
le langage imagé	die bilderreiche Sprache
le langage obscur	die dunkle, unklare Sprache
le langage administratif	die Verwaltungssprache
le terme technique	der Fachausdruck, Fachterminus
le lieu commun	der Gemeinplatz
le cliché	der abgedroschene Ausdruck, das Klischee
le mot	das Wort
mettre des mots en valeur	Wörter hervorheben
les figures de style	die Stilfiguren
les procédés de style	die Stilmittel
la répétition	die Wiederholung
une énumération	eine Aufzählung
une allégorie	eine Allegorie
une anaphore	eine Anapher
une antithèse	eine Antithese
une apostrophe	eine Apostrophe
le chiasme	der Chiasmus
un euphémisme	ein Euphemismus
une hyperbate	eine Sperrung
une hyperbole	eine Hyperbel
une ironie	(eine) Ironie
la litote	die Litotes
la métaphore	die Metapher
la métonymie	die Metonymie
la périphrase	die Umschreibung
le pléonasme	der Pleonasmus
le symbole	das Symbol
les genres littéraires	die literarischen Gattungen
les genres narratifs	die erzählenden Gattungen
la fable	die Fabel
le récit	die Erzählung
le texte narratif	der Erzähltext
la prose	die Prosa
écrire en prose	Prosa schreiben
une anecdote	eine Anekdote
le conte	die Erzählung
le conte de fées	das Märchen
le conte philosophique/satirique	die philosophische/satirische Erzählung
la nouvelle	die Novelle
les mémoires	die Memoiren

le roman	der Roman
autobiographique	der autobiografische Roman
d'amour	der Liebesroman
d'aventures	der Abenteuerroman
bourgeois	der bürgerliche Roman
policier	der Kriminalroman
historique	der historische Roman
de science fiction, utopique	der Zukunftsroman
de voyage	der Reiseroman
le sujet	der Stoff
la forme	die Form
le contenu	der Inhalt
un récit sert de cadre à …	eine Erzählung dient als Rahmen für …
la description	die Beschreibung
l'auteur	
raconte qch.	der Autor erzählt (von) etwas
fait le récit de qch.	berichtet von etwas
rapporte que …	berichtet, dass …
décrit la réalité	beschreibt die Wirklichkeit …
crée un monde fictif	erschafft eine fiktive Welt
s'inspire de qch.	inspiriert sich an, lässt sich von etwas inspirieren
reprend un thème	nimmt ein Thema wieder auf
traite un problème	behandelt ein Problem
pénètre un problème	durchdringt ein Problem
observe les hommes	beobachtet die Menschen
peint un personnage	schildert eine Person
fait le portrait d'un personnage	gibt eine Charakteristik einer Person
peint les mœurs	schildert die Sitten
utilise un motif	benützt ein Motiv
s'adresse à un public cultivé	wendet sich an ein gebildetes Publikum
crée du suspense	schafft Spannung
maintient le suspense	hält die Spannung aufrecht
le point de départ	der Ausgangspunkt
le roman commence par/se termine par	der Roman beginnt mit/endet mit
l'action se passe à Paris/se déroule à Paris	die Handlung spielt in Paris
un dénouement rapide, inattendu	ein rasches, unerwartetes Ende
la durée chronologique, réelle	die chronologische, tatsächliche Zeitdauer
revenir en arrière	rückblenden
anticiper sur l'avenir	vorgreifen
le retour en arrière	die Rückblende
intercaler, insérer des épisodes	Episoden einschieben
plusieurs actions s'entrelacent	mehrere Handlungen überlagern sich

faire des digressions	abschweifen
l'auteur adopte une position de supériorité	der Autor nimmt die Haltung des allwissenden Erzählers ein
l'auteur présente le récit dans la perspective d'un personnage	der Autor erzählt aus der Perspektive einer (Roman)-Figur
l'auteur présente le récit dans la perspective du narrateur-commentateur	der Autor berichtet aus der Sicht des kommentierenden Erzählers
un angle de vue	ein Blickwinkel
prononcer un discours	eine Rede halten
la prise de position objective	die objektive Stellungnahme
être partial – impartial	parteiisch – unparteiisch sein
peser le pour et le contre	das Für und Wider abwägen
établir une comparaison entre plusieurs thèses	einen Vergleich zwischen mehreren Thesen anstellen
lier les arguments logiquement	die Argumente logisch verknüpfen
mettre qch. en doute	etwas in Zweifel ziehen
répondre à une objection	auf einen Einwand antworten
attirer l'attention sur qch.	die Aufmerksamkeit auf etwas lenken
convaincre qn.	jemanden überzeugen
l'objet du discours	der Gegenstand der Rede
l'intention de l'auteur	die Absicht des Autors
donner ses raisons	seine Gründe anführen
justifier un jugement	ein Urteil begründen, rechtfertigen

le théâtre	**das Theater**
la pièce (de théâtre)	das Theaterstück, Drama
la tragédie	die Tragödie, das Trauerspiel
la tragi-comédie	die Tragikomödie
le drame	das Drama, (romantisches) Schauspiel
le mélodrame	das Melodram
la comédie	das Lustspiel, die Komödie
la comédie de caractère	die Charakterkomödie
la comédie d'intrigue	die Intrigenkomödie, Handlungskomödie
la comédie tourne qn. en ridicule/ridiculise qn.	die Komödie macht jemanden lächerlich
peindre les travers, les vices des hommes	die Schwächen, Laster der Menschen schildern, darstellen
la comédie comporte des éléments de farce	die Komödie enthält Schwankelemente
le sketch	lustiger Einakter, Sketch
briser avec les conventions	mit den Konventionen brechen

les parties de la pièce de théâtre	die Teile des Dramas
un acte	ein Akt, Aufzug
la pièce se divise en trois, cinq actes	das Stück ist in drei, fünf Akte aufgeteilt
une pièce en trois, cinq actes	ein Stück in drei, fünf Akten
un entracte	der Zwischenakt
la scène	die Szene
la scène suivante/précédente	die folgende/die vorhergehende Szene
la scène postérieure/antérieure	die spätere/die frühere Szene
une exposition	eine Exposition
l'exposition présente les personnages	die Exposition stellt die Personen vor
l'exposition précise le temps et le lieu de l'action	die Exposition gibt Zeit und Ort der Handlung an
le tableau	das Bild
le prologue	das Vorspiel, der Prolog
un épilogue	ein Epilog
le monologue	der Monolog
le personnage confie un secret à qn.	die Person teilt jemandem ein Geheimnis mit
l'action	die Handlung
l'action	die Handlung
l'action principale	die Haupthandlung
l'action secondaire	die Nebenhandlung
le dénouement heureux/malheureux	der glückliche/unglückliche Ausgang
écrire une pièce de théâtre	ein Theaterstück schreiben
emprunter le sujet de ses drames à la mythologie	den Stoff, Gegenstand seiner Dramen der Mythologie entnehmen
mettre qch. à la scène	etwas auf die Bühne bringen
être conforme aux règles d'Aristote	den Regeln des Aristoteles entsprechen
observer l'unité de temps, de lieu et d'action	die Einheit der Zeit, des Orts und der Handlung beachten
s'écarter des règles	von den Regeln abweichen
la scène se passe (se déroule) à Rome	die Szene spielt in Rom
être soumis à la censure	der Zensur unterliegen, unterworfen sein
la représentation	die Aufführung
les personnages	die Personen
le rôle	die Rolle
la distribution des rôles	die Rollenverteilung
la troupe	die Truppe
un acteur	ein Schauspieler
une actrice	eine Schauspielerin
le comédien, la comédienne	der (die) Komödiant(in)
le héros	der Held

l'héroïne	die Heldin
le figurant	der Statist
la figurante	die Statistin
le sot	der Dummkopf
la naïve	die Naive
une interprétation	eine Darstellung, Verkörperung (einer Rolle)
jouer une pièce	ein Stück spielen
jouer un rôle	eine Rolle spielen
interpréter un rôle	eine Rolle spielen, darstellen, verkörpern
distribuer les rôles	die Rollen verteilen
intervertir les rôles	die Rollen vertauschen
un acteur paraît en scène, un acteur entre	ein Schauspieler tritt auf
un acteur sort	ein Schauspieler tritt ab
avoir le trac	Lampenfieber haben
avoir du succès	Erfolg haben, Beifall finden
applaudir un acteur, une pièce	einem Schauspieler applaudieren, ein Stück beklatschen
siffler un acteur, une pièce	einen Schauspieler, ein Stück auspfeifen
un personnage figure dans une pièce	eine Person kommt in einem Stück vor

la poésie — die Dichtung

la poésie	die Dichtung
le lyrisme	die Lyrik, das Lyrische
la poésie lyrique	die lyrische Dichtung
le poème épique	das epische Gedicht
la chanson de gestes	das Heldenlied
la satire de la noblesse	die Satire auf den Adel
la satire littéraire	die literarische Satire
le sonnet	das Sonett
la ballade	die Ballade
une ode	eine Ode
une élégie	eine Elegie
une épigramme	ein Epigramm

la versification — die Metrik

la strophe — die Strophe

la strophe	die Strophe
le quatrain	der Vierzeiler
le tercet	das Terzett, der Dreizeiler
le couplet	das Couplet, die Strophe
le refrain	der Kehrreim

le vers	der Vers
le vers	der Vers
le pied (du vers)	der Versfuß
la mesure	das Versmaß
la syllabe longue	die Länge (Versmaß)
la syllabe brève	die Kürze
la suite de syllabes longues ou brèves	eine Abfolge von Längen und Kürzen
le rythme	der Rhythmus
le rythme régulier	gleichmäßiger Rhythmus
le rythme varié	ungleichmäßiger Rhythmus
un alexandrin (vers de 12 syllabes)	ein Alexandriner
le décasyllabe	der Zehnsilber
un octosyllabe	ein Achtsilber
un hémistiche	ein Halbvers
la coupe, la césure	der Einschnitt, die Zäsur
le vers pair	der gleichsilbige Vers
le vers impair	der ungleichsilbige Vers
le vers sonore	der klangvolle Vers
le vers cadencé, rythmé	der rhythmische Vers
le vers libre	der freie Vers
la rime	der Reim
la rime en é	der Reim auf é
la rime plate (aa bb)	der gepaarte Reim
la rime croisée (ab ab)	der gekreuzte Reim
la rime embrassée (ab ba)	der überschlagende Reim
un vers à rimes croisées	ein Vers mit gekreuzten Reimen
un enjambement	ein Enjambement
écrire en vers	dichten
un vers sonne bien/mal	ein Vers klingt gut/schlecht
un vers rime avec un autre	ein Vers reimt mit einem anderen
scander un vers	einen Vers skandieren
pratiquer l'enjambement, le rejet	die Brechung, den Zeilensprung anwenden
mettre deux termes en parallèle	zwei Ausdrücke miteinander vergleichen, einander gegenüberstellen
établir une comparaison entre deux choses	einen Vergleich anstellen zwischen zwei Dingen
les sentiments	die Gefühle
évoquer les joies et les peines de l'amour	die Freuden und Qualen der Liebe beschwören
célébrer l'amour	die Liebe feiern
chanter l'amour	die Liebe besingen
courtiser une dame, faire la cour à une dame	einer Dame den Hof machen
chanter la joie de vivre	die Lebensfreude besingen

évoquer un souvenir	eine Erinnerung beschwören
exceller dans la poésie	sich in der Dichtung hervortun
faire naître un sentiment	ein Gefühl wecken
se passionner pour qch.	sich für etwas begeistern, schwärmen für
émouvoir qn	jemanden bewegen
toucher qn	jemanden bewegen, berühren
brûler d'une passion	sich in einer Leidenschaft verzehren
souffrir	leiden
éprouver un sentiment	ein Gefühl empfinden
la souffrance	das Leiden
la passion	die Leidenschaft
la douleur	der Schmerz
la tristesse	die Trauer, Traurigkeit
la haine	der Hass
le mépris	die Verachtung
la joie	die Freude
le bonheur	das Glück
la générosité	die Hochherzigkeit
la sincérité	die Aufrichtigkeit
une émotion	eine Bewegung, Regung
un sentiment noble	ein edles Gefühl
un sentiment sincère	ein aufrichtiges Gefühl

Aktueller Wortschatz

(Vocabulaire actuel)

L'Europe	Europa
la monnaie unique (européenne)	(europäische) Einheitswährung
l'Union européenne	Europäische Union
l'espace monétaire	Währungsraum
l'euro (m)	Euro
la réunification	Wiedervereinigung
les nouveaux Länder	die neuen Länder
la politique agricole commune	gemeinsame Agrarpolitik
la Banque centrale européenne	Europäische Zentralbank
le marché unique	gemeinsamer Binnenmarkt
l'Union monétaire	Währungsunion
la mondialisation	Globalisierung
la chute du Mur de Berlin	Fall der Berliner Mauer
l'ouverture des frontières	Öffnung der Grenzen
la stabilité monétaire	Währungsstabilität
le budget communautaire	EU-Haushalt
le référendum	Volksentscheid
la dislocation	Auseinanderbrechen
la citoyenneté	Staatsbürgerschaft
le contributeur / la contributrice	Beitragszahler(in)
marginaliser	in eine Abseitsposition bringen
le mouvement indépendantiste	Unabhängigkeitsbewegung
naturaliser	einbürgern
la double nationalité	doppelte Staatsbürgerschaft
le code de la nationalité	Staatsbürgerschaftsrecht
le multimédia	Multimedia
le courrier électronique (l'e-mail)	E-Mail
en ligne	online
le virus informatique	Computervirus
le Caméscope	Camcorder
le zapping	Herumschalten zwischen TV-Programmen
l'internaute	Internetbenutzer(in)
l'ordinateur (m)	Computer
l'accro d'Internet	Internetfan
le mordu d'informatique	Informatik-Begeisterter
surfer (sur Internet)	surfen (im Internet)
le fournisseur d'accès Internet	Online-Anbieter
le disque dur	Festplatte
la carte son	Soundkarte

télécharger	downloaden
le modem	Modem
le CD-ROM (cédérom)	CD-ROM
le lecteur	Laufwerk
multimédia	multimedial
la souris	Maus
le temps d'antenne	Sendezeit
le tunnel publicitaire	Reklameblock
le téléspectateur	Fernsehzuschauer
la redevance	TV-Gebühr
le portable	Mobiltelefon, Handy
mémoriser	speichern
le travail à l'écran	Bildschirmarbeit
le télétraitement	Datenfernverarbeitung
l'imprimante (f)	Drucker
la mémoire centrale	Hauptspeicher
la copie pirate	Raubkopie
le logiciel	Software, Programm
la reconnaissance de langage	Spracherkennung
le clavier	Tastatur
l'enregistreur de CD-ROM	CD-ROM-Recorder (»Brenner«)
le CD vierge	CD-Rohling
le CD imprimable	beschreibbare CD
le logiciel de traitement de texte	Textverarbeitungsprogramm
le vidéodisque	Bildplatte
la caisse à scanner	Scannerkasse
l'achat (m) en ligne	Onlineshopping
l'agenda électronique (m)	Organizer
l'annexe (f), le fichier joint	Attachment (Anlage zu einer E-Mail)
le centre commercial virtuel	virtuelles Einkaufszentrum
le chercheur Web	Suchmaschine
le cybercafé	Internetcafé
la discussion directe	Chat
l'étiquette (f) de réseau	Netikette
l'explorateur (m) de réseau	Browser
la foire aux questions	FAQ (häufig gestellte Fragen)
le fournisseur d'accès	Provider
l'infogroupe (m)	Newsgroup
le journal sur Internet	elektronische Zeitschrift
la liste de diffusion	Mailingliste
le message publicitaire	Werbebanner
le mot de passe	Passwort
les opérations (f) bancaires à domicile	Homebanking
la page personnelle	Homepage

le pare-feu	Firewall
le pirate informatique	Hacker; Cracker
la réalité virtuelle	virtuelle Realität
le RNIS	ISDN
la signature électronique	elektronische Unterschrift
spamer	spammen
le téléachat	Teleshopping
télécharger vers l'aval	herunterladen
le télétravail	Telearbeit
le Web	WWW (World Wide Web)

l'environnement … Umwelt

le contrôle antipollution	Abgastest
à circulation réduite	verkehrsberuhigt
contaminé	verseucht, infiziert
le stockage	Lagerung
le ministre de l'Environnement	Umweltminister
les déchets (m) nucléaires	Atommüll
le retraitement	Wiederaufarbeitung
l'écologiste	Umweltschützer(in)
énergétique	Energie-
l'oxyde (m) de carbone	Kohlen(mon)oxyd
l'effet (m) de serre	Treibhauseffekt
le combustible	Brennstoff
le gaz carbonique	Kohlendioxyd
souffrir de	leiden an
la pénurie (en)	Mangel (an)
le CFC	FCKW
la bombe aérosol	Spraydose
le conteneur pour la collecte sélective des déchets	grüne Tonne
la taxe pour l'environnement	Umweltabgabe
la catastrophe écologique	Umweltkatastrophe
la protection de l'environnement	Umweltschutz
le papier recyclé	Umweltschutzpapier
la pollution	Umweltverschmutzung
l'écopoubelle (f)	Biotonne
le produit jetable	Einwegprodukt
la déchetterie	Müllsammelstelle
la bouteille consignée	Pfandflasche
le recyclage	Recycling
la revalorisation	Wiederverwertung
la couche d'ozone	Ozonschicht
les rayons (m) ultraviolets	UV-Strahlen
toxique	giftig

les métaux lourds	Schwermetalle
la centrale nucléaire	Atomkraftwerk
polluer	verschmutzen
récupérable	verwertbar
l'usine (f) de retraitement	Wiederaufbereitungsanlage
irradié	verstrahlt
le plutonium	Plutonium
l'éolienne (f)	Windkraftanlage
le nucléaire	Kernenergie
l'énergie (f) de substitution	alternative Energieform
l'agriculture (f) biologique	biologische Landwirtschaft
génétiquement modifié	gentechnisch behandelt
le désherbant	Unkrautvernichtungsmittel
la vache folle	Rinderwahnsinn
l'incinérateur (m)	Müllverbrennungsanlage
l'essence (f) sans plomb	bleifreies Benzin
la nuisance sonore	Lärmbelastung
les résidus (m)	Rückstände
stocker	lagern
généralités	Allgemeines
le casque bleu	Blauhelm
la photo satellite	Satellitenbild
la génération en baskets	Turnschuhgeneration
séropositif	HIV-positiv
l'élevage (m) industriel	Massentierhaltung
le travail à temps partagé	Jobsharing
la zone non-fumeurs	Nichtraucherzone
la soirée de prestation de services	Dienstleistungsabend
la sidologie	Aids-Forschung
les propositions de désarmement	Abrüstungsinitiative
les cotisations sociales	Sozialabgaben
un interphone	Gegensprechanlage
l'assurance-dépendance (f)	Pflegeversicherung
la banane	Gürteltasche
le benji	Bungee-Jumping
le coussin de sécurité	Airbag
l'effet (m) boule de neige	Schneeballeffekt
le kit mains libres (auto)	Freisprechanlage
la mère isolée	alleinerziehende Mutter
la microfibre	Mikrofaser
le monospace	Multivan
le navetteur, la navetteuse	Pendler(in)
le rappeur	Rapper

le raveur, la raveuse .... Raver(in)
le smurf .... Breakdance
le soap-opéra .... Soap/Seifenoper
la télé-réalité .... Reality-TV

l'euro .... der Euro
la Banque centrale européenne .... Europäische Zentralbank, EZB
la Banque centrale nationale .... Landeszentralbank
la Cour des comptes européenne .... Europäischer Rechnungshof
le Fonds monétaire international .... Internationaler Währungsfonds, IWF
le traité de Maastricht .... Maastrichter Vertrag
l'euro (m) .... Euro
l'introduction (f) de l' euro .... Einführung des Euro
la fixation de la valeur de l'euro .... Festsetzung des Wertes des Euro
le kit euro .... Starter-Kit
le passage à l'euro .... Umstellung auf den Euro
la pièce (en) euro .... Euromünze
l'eurosceptique (m/f) .... Euroskeptiker(in)
la conversion .... Umstellung
le moyen de paiement .... Zahlungsmittel
la bascule .... Umstellung
le chèque libellé en euros .... Scheck in Euro ausgestellt
la circulation .... Umlauf
la commission de change .... Umtauschgebühren
la condition d'admission .... Eintrittsbedingung
la conversion de l'argent liquide .... Bargeldumstellung
la conversion monétaire .... Währungsumstellung
la date de l'introduction de l'euro .... Stichtag
le déficit budgétaire .... Haushaltsdefizit
la dette publique .... öffentliche Verschuldung
le distributeur automatique de billets .... Geldausgabeautomat
le double affichage (des prix) .... doppelte Auszeichnung (von Preisen)
les fluctuations (f) de change .... Wechselkursschwankungen
le fonds monétaire .... Währungsfonds
l'impôt européen (m) .... Europasteuer
le marché intérieur .... Binnenmarkt
l'ordonnance monétaire (f) .... Währungsordnung
le paiement en espèces .... Barzahlung
le risque de change .... Wechselkursrisiko
la stabilité des prix .... Preisstabilität
les taxes (f) de conversion .... Umrechnungsgebühren
transfrontalier (-ière) .... grenzüberschreitend
la zone euro .... Eurozone
les pays de la zone euro .... Länder der Eurozone

Anhang

Personen- und Sachregister
Latein und Französisch

Latein

Personenregister

Sachregister

Französisch

Personenregister

Sachregister